北京大学

北大区域国别研究

第6辑

北大区域国别研究编委会 编

江苏人民出版社

图书在版编目(CIP)数据

北大区域国别研究. 第 6 辑 / 北大区域国别研究编委
会编. 一 南京 : 江苏人民出版社, 2022.12
　　ISBN 978 - 7 - 214 - 27831 - 9

　　Ⅰ . ①北… Ⅱ . ①北… Ⅲ . ①国际关系一研究 Ⅳ .
①D81

　　中国版本图书馆 CIP 数据核字(2022)第 256335 号

书　　　名　北大区域国别研究　第 6 辑
编　　　者　北大区域国别研究编委会
责 任 编 辑　于馥华
装 帧 设 计　刘葶葶
责 任 监 制　王　娟
出 版 发 行　江苏人民出版社
地　　　址　南京市湖南路 1 号 A 楼,邮编:210009
照　　　排　江苏凤凰制版有限公司
印　　　刷　江苏凤凰数码印务有限公司
开　　　本　718 毫米×1000 毫米　1/16
印　　　张　15.5　插页 2
字　　　数　250 千字
版　　　次　2022 年 12 月第 1 版
印　　　次　2022 年 12 月第 1 次印刷
标 准 书 号　ISBN 978 - 7 - 214 - 27831 - 9
定　　　价　68.00 元

(江苏人民出版社图书凡印装错误可向承印厂调换)

目　录

中国特色区域国别研究人才培养之道

——来自北京大学区域与国别研究院的思考与实践[①]

钱乘旦　兰　旻

进入 21 世纪的第二个十年,世界迎来了百年未有之大变局,中国不断加快全方位对外开放的前进步伐,并日益走近世界舞台中央。在此背景下,我国积极促进学科交叉发展,推动区域国别研究,服务于国家战略。这对我国区域国别学的人才培养提出了新的要求。然而,在缺少一级学科的背景下,对于培养什么样的区域国别研究人才、如何培养区域国别研究人才,国内学界长期以来并没有明确答案,且缺乏共识。2021 年 12 月,国务院学位委员会发布新一轮的学科专业目录征求意见稿,拟在"交叉学科"门类下新增"区域国别学"一级学科,这一举措将区域国别研究人才培养推上了新的起点。值此北京大学区域与国别研究院成立四周年之际,我们就本院的实践对上述问题进行再思考,并提出一些新的建议,希望能为新时代中国特色区域国别研究人才的培养提供有益借鉴。

---

① 本文首发于《北京大学校报》,2022 年 6 月 5 日,第 1608 期第 4 版。

一、区域国别研究人才培养的困与惑

区域国别研究人才是什么样的？要回答这个问题,首先需要明确什么是区域与国别研究。区域与国别研究不是任何一个我们当前在学科目录当中能够看得到的单独的学科,它是交叉学科,是多学科和跨学科的研究。从概念出发,区域国别研究是对世界不同区域和国家的政治、经济、文化、社会、军事、人文、地理、资源等进行全面研究,具有战略性、综合性、对策性、实用性和即时性等特征。基于此,我们认为,区域国别研究的人才培养目标既是通才也是专才。主要包括三个层次:(1) 广布于社会的通识型区域国别研究人才;(2) 分布于各行各业的领域型区域国别研究专才;(3) 扎根于高校科研院所的"既通又专"的高层次区域国别研究专家。三种类型的人才既要具备地区/国别知识,也要有相关学科的专业知识,同时一定要掌握研究对象国或地区的语言,最后还应有对对象国切身的体验和生活、学习经历。由此可以看出,区域国别研究人才的培养模式有别于现有学科目录上的任何一个单独学科,需要更为个性化、复合性、跨学科的培养体系和支撑体系。

在区域国别研究尚无单独一级学科的背景下,我国的区域国别研究人才培养通常以传统一级学科为依托,以二级学科专业或相对独立研究为方向开展的。比如在世界史、政治学等一级学科下设立二级学科的方式,培养本学科人才;再比如在外国语言文学一级学科下设立相关二级学科,培养"外语＋地区＋人文历史"的区域与国别研究"交叉"人才,侧重历史与文化,其仍然归属于外国语言文学一级学科。

遗憾的是,由于各高校区域国别研究的资源分布不均衡,相关领域的学术研究成果和人才储备严重不足;区域国别研究课程体系、教材体系、教学体系等支撑和配套体系尚未形成;人才培养经验不足,人才培养方向较为单一,目前的培养模式仍无法满足区域国别研究人才交叉型、复合型的属性需求。

二、探索创新型人才培养模式的思与行

2018 年 4 月,北京大学区域与国别研究院诞生于燕南园 66 号院,成立之初,研究院就将探索创新型区域国别研究人才培养模式作为工作的核心内容之一。经过四年的思考与实践,目前已建立起"地区学习＋语言学习＋学科学习"的三模块课程体系,实行课堂学习与对象国实地研究相结合的学习方法。通过先接触多学科,再精于某一领域的模式,培养既广泛了解对象国各方面知识,又对该国该地区某一领域及学术动向有深刻研究的交叉型、复合型人才,最终成长为有国际交往能力、潜心于学术研究、能够服务国家发展需要的新型人才。

四年来,研究院已通过推荐免试和"申请—考核"制方式共招收中东研究、中亚和俄罗斯研究、东南亚研究、南太平洋地区国家研究 4 个方向的 30 余名博士生(包括直博生和普博生两种类型)。在课程设置方面,研究院为不同背景和基础的学生提供了个性化选择,结合区域国别研究跨学科、注重田野调查与一手资料搜集等特点,将校内现有相关课程与新设课程相结合,建立了一个有 50 多门课程的课程库,其内容涉及经济学、政治学、社会学、教育学、文学、哲学、历史学、管理学、法学、国际关系学、环境科学、公共卫生学、考古学等多个学科领域,学生可以在课程库内自主进行选择,最终确定自己的学习方向。在导师配置上,针对区域国别研究的跨学科属性,研究院聘请北大 14 个院系的近 60 位教师组成高水平跨院系导师团队,采用"外语导师＋地区导师＋专业导师"的导师组形式,指导学生撰写出符合区域国别研究要求的学位论文。

在日常学习的同时,研究院还注重培养"双能型"人才,强化应用研究和实践能力。通过组建"燕南 66 优创"团队,引导学生开展公共知识产品、社会型学术产品、政策报告等方面的学术训练,培养学生参与智库工作、转化学术成果,提升研以致用、用以强学的能力,强化服务国家的目标意识。此外,研究院还打通国内国际学术交流渠道,积极构建海外学习及深度田野调研平台,提升人才培养的国际化水平。比如与柏林自由、图宾根大学签署三方合作协议,每年互派交换生,相关交流项目已进入国家留学基金委单列支持计划。

　　总结经验,我们认为,新的人才培养体系使区域国别研究的人才培养实现从"小交叉"到"大交叉"的跨越,是"学科＋区域国别研究"从平面结合到立体整合的提升。该体系有助于解决以下问题:一是进一步整合了分散在传统一级学科中的外国问题研究/区域国别研究力量,集中学科优势培养出国家需要的复合型人才;二是进一步拓宽前沿学科领域,为实现人文社科与理工医农领域的"大交叉"搭建桥梁,提供参考路径;三是打破传统学科间的壁垒,推动我国区域国别研究独立学科与教学体系的建立,为新文科建设提供重要支撑。

三、中国特色区域国别研究人才培养的期与盼

　　自2011年教育部发起国别与区域研究专项以来,国内高校区域国别研究已取得显著进展,逐步形成基于学术研究、人才培养、智库建设"三位一体"的发展模式。人才培养既是学术研究的基础和目标,也是智库建设的内生动力,而对于人才培养来说,学科建设又是重中之重。2020年12月,国务院学位委员会、教育部决定设置"交叉学科"门类,一年后,国务院学位委员会发布新一轮的学科专业目录征求意见稿,拟在"交叉学科"门类下新增"区域国别学"一级学科。这既是落实习近平总书记"厚实学科基础,培育新兴交叉学科生长点"的要求,健全新时代高等教育学科专业体系的重要举措,也为解决长期以来区域国别研究人才培养面临的"卡脖子"问题提供了关键抓手。

　　新时期下,如何以学科建设为纲,加快推进中国特色区域国别研究人才培养,成为摆在学界和社会面前的新课题。为此,我们提出以下建议:

　　一是明确目标,加快构筑区域国别研究的"四梁八柱"。学科建设是人才培养的重中之重,对于区域国别研究新学科,我们要尽快厘清它的理论与方法、内容与研究对象、二级学科的设置、研究成果向应用的转化、学科评估的体系等根本问题,为新学科搭建可持续的发展体系,明确其发展方向。

　　二是守正创新,探索中国特色区域国别人才培养新范式。人才培养是设立新学科的核心任务,也是推动该学科持续发展的动力源。我们应以培育符

合国家需要的"国别通""领域通""区域通"人才为更高要求,在借鉴传统学科人才培养模式经验的同时,创新探索更为科学的跨学科体系下的区域国别人才培养新范式。进一步完善课程体系、教材体系和教学体系,推进相应的各种配套体系的整体发展。

三是研以致用,注重锻造一专多能的区域国别知识生产者。最近10年,我国区域与国别研究的知识生产规模不断扩大,专业知识生产者持续增长,但整体上其专业知识生产仍远远跟不上需求:一方面缺乏区域国别的理论支撑和专业知识,另一方面也出现了劣质知识充斥思想市场,优质公共知识匮乏的现象。要解决知识供给难以满足知识需求和研究跟不上实践的矛盾,相关机构尤其是高校应该注重锻造基础研究和应用研究的高端"双能人才",他们既能跑田野做学术,又能服务国家战略出谋划策,也能在具体部门从事专业事务。

四是凝聚共识,构建中国特色区域国别人才培养体系。回顾我国区域国别研究的发展历程,可以看到,它与历史学、政治学、外国语言文学、社会学、人类学、法学、应用经济学等传统学科有密切关系,这些学科提供的知识是区域国别研究的知识来源。同时它还与教育学、地理学、管理学、公共卫生、环境科学等学科有相关联系,这些学科有关区域国别的研究内容也会融入新的学科范畴中去。在新形势和新的共同目标下,各学科应当主动打破学科藩篱,加强跨学科交流,想国家之所想,急国家之所急,应国家之所需,共同肩负起构建中国特色区域国别人才培养体系的责任,协同合作,推进我国区域国别人才培养的新变革。

作者简介:钱乘旦,北京大学博雅讲席教授;兰旻,北京大学区域与国别研究院项目官。

21 世纪的"跨区主义""跨区化"和"跨区性"①

庞中英　　杜海洋

摘要:"全面与进步跨太平洋伙伴关系协定"(CPTPP)及其前身"跨太平洋伙伴关系协定"(TPP)包含一个关键词"跨太平洋"。正是"跨太平洋"一词引导我们提出了"跨区主义""跨区化"和"跨区性"的研究框架。当然,这一研究框架深受欧洲的"地区主义""地区化"和"地区性"这一分析性"三位一体"的启发。为了理解 21 世纪世界的各种"跨区安排","跨区主义、跨区化和跨区性"与"地区主义、地区化和地区性"之间的区分是至关重要的。令人困惑与遗憾的,冷战结束以来,"跨太平洋""亚太"等新的区域,在理论和实践上,被广泛认为是"新的地区"。本文试图使用"跨区主义、跨区化和跨区性"这一框架讨论或者涉及一系列"跨区安排":不仅包括"亚太经济合作组织"(APEC)和"全面与进步跨太平洋伙伴关系协定"(CPTPP),而且包括"区域全面经济伙伴关系协定"(RCEP)、"上海合作组织"(SCO)、"一带一路"(BRI)以及"印太经济框架"(IPEF)。

关键词:"跨区主义""跨区化""跨区性"

---

①　本文是华中科技大学东盟研究中心开放课题重点项目"RCEP 框架下的中国-东盟关系研究"的成果之一。

导论：提出问题

在 21 世纪第二个 10 年开始不久，熟悉了冷战结束后才出现的"亚太"（Asia-Pacific）一词的世界人民，又越来越多地遇到一个新的术语——"印太"（Indo-Pacific）。如同"亚太"，"印太"是又一个新的"世界地区"（world's region）吗？

在现实世界里，"印太"如同"亚太"被误认为是一个"新的地区"。然而，"印太"并非如此，而是一个新的"跨区"（trans-region），即由各种地区行为体甚至全球行为体（regional or global actors）跨越其所在的地区（如亚洲、非洲、美洲等）而形成的"跨区"。显然，"跨区"是一个比"地区"更加复合的概念。把"跨区"误以为"地区"、对"跨区"缺少研究，是一个问题。

需要明确指出的是，这里的"地区"不是含义宽泛的"区域"（area）。"地区"是"区域"的一种。"地区"不等于"区域"。（要特别强调的是"地区"不是任何国内的"地区"，而是国际的"地区"）。"跨区"往往被误解或者被简化为"地区"或者"区域"。"跨区主义"往往被误解或者误称是一种"新的地区主义"。冷战结束后，为了增加国际正当性（international legitimacy），有的"跨区"安排曾被称为"新地区主义"（new regionalism）。"亚太"地区的各种安排，如亚太经济合作组织（APEC），就被广泛赞誉为"新地区主义"。

"跨区"是主要介于"地区"和"全球"之间的一个世界层次。今天，需要明确地把"跨区"确认为世界政治、全球经济或国际政治经济中的一个层次。人们熟悉的概念是"地区""地区主义""地区化"（regionalization）以及"地区性"①，但是，我们却缺少"跨区""跨区主义""跨区化"和"跨区性"的概念。本文的目的是提出和强调"跨区"，以及"跨区主义""跨区化"和"跨区性"的"三位一体"。在研究方法上，从"跨区"层次看到、知道的世界，与从"地区"等层次看到、知道的世界是不一样的。关于"跨区"的经济和社会理论与实践之中的

---

① "地区性"（regionness）一词来自 Björn Hettne & Fredrik Söderbaum,"Theorising the Rise of Regionness," *New Political Economy*, 5:3 (2000), pp. 457—472, DOI: 10.1080/713687778.

"跨区主义"与各种"跨区主义"之间的关系,尤其是"跨区主义"实践或者"跨区"安排之间可能的某种"协奏"(concert of trans-regionalisms or trans-arrangements)①,是本文接下来讨论和创新的主要内容。

亚太经济合作组织(APEC)成立以来的"亚太化"已经30多年了。早期的、局部性的"亚太化"——如"太平洋经济"的兴起,实际上比APEC代表的"亚太化"更早。2010年开始,尤其是2017年以来,部分的"印太化"已经开始,但是,"印太化"并不一定取代"亚太化"。

不难理解"跨区化","跨区化"是当今世界存在的主要现实之一。"全面与进步跨太平洋伙伴关系协定"(CPTPP),甚至"区域全面经济伙伴关系协定"(RCEP)②之类,是"跨区主义""跨区化"和"跨区性"的最新例证。在中文国际问题研究中,关于"跨区主义""跨区化"和"跨区性"的权威文献稀缺。在欧洲,"欧洲地区主义"(European regionalism)基础上的欧盟(EU)一直与代表美欧关系的"跨大西洋关系"(the Trans-Atlantic relations)或者"跨大西洋主义"(Trans-Atlanticism)并存,尽管"跨大西洋主义"可能不是以欧洲而是以美国为中心的。这是第二次世界大战结束以来在"北大西洋"长期存在的事实。关于"跨大西洋关系"或者"跨大西洋主义"研究的文献在美欧实在太多。在"亚太地区",冷战结束后,逐步形成了新的"跨太平洋关系"(the Trans-Pacific relations),甚至产生了新的"跨太平洋主义"(Trans-Pacificism)。"跨太平洋关系"并非完全是冷战结束后美国霸权(post-Cold War American hegemony)的产物。霸权主导的"跨区主义"和"跨区化"以及形成的"跨区性"只是"跨区主义""跨区化"和"跨区性"的一种。霸权,不管其处在哪个阶段,并不能垄断"跨区化""跨区主义"和"跨区性"。进入21世纪后,"跨区主义""跨区化"和"跨区性"具有多样性(plurality)、复杂性(complexity)和混合性(hybridity)的特征。各种"跨区化"或者"跨区主义"之间的关系,包括它们之间的"协奏"

---

① 这里更多地从实践而非从理论的角度理解"主义",包括"地区主义"和"跨区主义"。

② 现实上,RCEP已经被翻译为"区域全面经济伙伴关系协定"。但这却是一个不准确的翻译。本文建议该词条翻译为"跨区全面经济伙伴关系协定",因为其英文名称中的Regional直译就是中文的"地区",而不是中文里的"区域",而实际意思指的是"跨区"。RCEP包括的15个国家,来自"亚太"这个"跨区"。

(concert of trans-regionness or trans-regionalisms)的可能性与必要性,是本文末的附加问题。

经济方面,美欧之间的一个最新"跨区"安排是"美国—欧盟贸易与技术理事会"(TTC)。在2021年6月举行的"走向新的跨大西洋伙伴关系"的美欧峰会上,美国拜登政府和欧盟委员会发起成立了TTC。[①] 拜登政府同时推进"印太经济框架"(IPEF)和TTC。

本文的重点不是关于美欧之间的"跨大西洋"区域代表的"跨区主义""跨区化"和"跨区性",而是考察过去30多年(自1991以来)在"亚太""亚欧"(欧亚)和"印太"出现的各种"跨区主义""跨区化"以及"跨区性",包括:APEC和"跨太平洋伙伴关系协定"(TPP)以及TPP的继承者CPTPP、RCEP、上海合作组织(SCO),中国在21世纪第二个10年发起与推动的"一带一路"倡议(BRI),新一代国际组织亚投行(AIIB),以及2022年才发起和开始谈判的"印太经济框架"(IPEF)等。

从"亚太"到"印太"

20世纪90年代,冷战终结,美国变成"唯一超级大国"(the sole superpower),"全球化"(globalization)加速成长。在本已存在的"跨越太平洋"的市场和社会的联系,以及美国在冷战期间构筑的太平洋军事和政治同盟体系的现实下,美国等发起了促进更加广泛的"太平洋合作"的"跨区"安排。这个"跨区"安排体系的起点正是今天日趋衰落的APEC。

这里有必要陈述一些历史事实。APEC一开始就是"跨区"的。APEC的概念最早来自澳大利亚前总理霍克(Bob Hawke)1989年1月31日在韩国首都首尔(Seoul,2005年之前称为"汉城")的一次演讲。1989年11月,澳大利亚、文莱、加拿大、印度尼西亚、日本、韩国、马来西亚、新西兰、菲律宾、新加坡、泰国和美国等12个国家在澳大利亚首都堪培拉成立了APEC。[②] 其实,印尼、

---

① 见美国贸易代表办公室,https://ustr.gov/useuttc,2022-11-09。
② APEC秘书处官网,https://www.apec.org/About-Us/About-APEC/History,2022-11-09。

马来西亚、澳大利亚等也是印度洋国家，但在当时，这些国家没有也不愿突出其印度洋特性，因为那时还不存在今天这样的"印度崛起"。中华人民共和国并非 APEC 创始成员，而是与中国台湾地区以及尚未回归祖国的香港在 1991 年一起加入了 APEC。墨西哥和巴布亚新几内亚在 1993 年，智利在 1994 年，秘鲁、俄罗斯和越南在 1998 年加入 APEC，APEC 成员目前多达 21 个。这样的 APEC 大大超出了初期设计的"亚太经济合作"，更超出了 20 世纪七八十年代日本等主张的"环太平洋经济合作构想"。① APEC 的成员跨了多个"世界的地区"，来自亚洲（东北亚和东南亚）、大洋洲、北美洲、南美洲、欧亚等地区的国家经济体或者非国家经济体。② APEC 的初始目标雄心勃勃。1993 年，在美国西雅图举行了首次 APEC 领导人非正式会议。1994 年，在印度尼西亚爪哇岛的茂物举行第二次 APEC 领导人非正式会议，并提出了"茂物目标"，即"在亚太地区实现自由和开放的贸易与投资"，规定发达经济体不迟于 2010 年、发展中经济体不迟于 2020 年能够达成这一目标。然而，"茂物目标"宣布后不久，先是在"亚太"的西部一些经济体爆发了后来影响深刻的"亚洲金融危机"（1997—1999）；然后在"亚太"的东部，于美国西海岸的西雅图举办世界贸易组织（WTO）部长会议期间，爆发了"抵制全球化"的首次大规模示威活动（1999 年）。APEC 没有对"亚洲金融危机"做出任何积极的反应，反而是 APEC 的内部出现了批评发生金融危机的亚洲经济体的声音，导致 APEC 的东南亚成员和中日韩三国以"10＋3"为框架寻求"东亚合作"。APEC 没有在 2010 年如期实现"茂物目标"。迟至 2014 年，才在北京举行的 APEC 领导人非正式会议上，发表宣言成立"亚太自由贸易区"（FTAAP）。③ 但是，这一共识来得太晚，APEC 成员至今没有启动 FTAAP 的正式谈判。

　　在 APEC 的内部，早有成员对该组织不满而另起炉灶，建立了"跨太平洋战略经济伙伴关系协定"（Trans-Pacific Strategic Economic Partnership

---

　　① 　罗元铮主编：《太平洋经济共同体》，北京：中国财政经济出版社，1981 年。

　　② 　APEC 实际上还不是严格意义的"地区组织"，而一直作为一个"地区"论坛，具有非正式性（informality）。因为其年度"领导人会议"（峰会）一直称为"领导人非正式会议"。"非正式性"恰恰在冷战结束后的当今世界发挥着比正式性更重要的作用。

　　③ 　参见 https://www.apec.org/Press/News-Releases/2014/0508_fta.aspx，2022－11－08。

Agreement),即文莱、智利、新西兰和新加坡在 2006 年达成的"四国协定"(P4)。"四国协定"显示了"小国"(小型经济体)的"跨区"能力。在中国,这一事件在当时并未作为重要的新闻报道,"四国协定"也仅被归类为各种层出不穷的"自贸协定"或"自贸区"(FTA)而已,很少有人会预判到"四国协定"包含的巨大的"跨区"意义。澳大利亚、秘鲁、美国、越南、马来西亚在 2010 年加入"四国协定",加拿大和墨西哥在 2012 年加入,而日本则迟至 2013 年才加入。至此,"四国协定"走向了 TPP,12 个成员开始了复杂而漫长的谈判。由于世界三大经济体中的美国、日本的加入,TPP 才引起全球瞩目。2015 年 10 月 5日,TPP 谈判在美国佐治亚州的亚特兰大结束,同年 11 月 5 日 TPP 贸易协定文本公布。2016 年 2 月 4 日,在新西兰第一大城市奥克兰,12 个成员国正式签署了 TPP 协定。不过,2017 年 1 月 20 日上台的美国总统特朗普,却以兑现其竞选承诺为由,在上任的第一时间就宣布美国退出 TPP。2017 年 1 月 30日,特朗普政府正式通知 TPP 的其他 11 个成员,美国将不会批准 TPP。TPP的其他成员突然面对如此巨大冲击,一时感到这个协定前途未卜。不过,冲击过后余下的成员还是决定继续推进 TPP。

2017 年,越南轮值 APEC 主席,11 月在岘港(Da Nang)举行了 APEC 领导人非正式会议。这次峰会发生的两个事件非常关键,一是,访华结束首次参加 APEC 领导人非正式会议的时任美国总统特朗普在会议上大谈"印太",宣布美国的"印太战略"(IPS);二是,11 个 TPP 成员利用 APEC 峰会这个平台,举行他们自己的会议,决定把 TPP 改名为"全面与进步跨太平洋伙伴关系协定"(CPTPP),以"新协定"延续"旧协定"。这一改名具有性质与象征双重改变的意义。2018 年 1 月 22—23 日,在日本举行了 11 个成员国的高官会议,宣布完成了该协定的谈判。同年 3 月 8 日,CPTPP 各方代表在智利圣地亚哥签署了这一协定。①

TPP 以及后来的 CPTPP 都是在 APEC 等"亚太"平台上孕育出来的。也就是说,CPTPP 的成功,与 APEC 分不开。

在特朗普首次宣布美国的"印太战略"前,澳大利亚和日本等原来积极推

---

① 　Government of Canada,https://www. international. gc. ca,2022 - 11 - 08。

动"亚太合作"的国家就已经逐步转向了"印太",较美国早了好几年。① 美国从在 APEC 和 TPP 中担当"领导"到创造"印太战略",事实上受走在前头的澳大利亚和日本的影响,这是否代表着美国霸权的衰落则是另一个议题。

在全球化的大背景下,APEC 是一个充分包容以寻求充分合作的范例。APEC 差一点就把印度包括进来。在"亚太"繁荣的时代,印度也欲成为 APEC 成员。不过,印度的 APEC 成员地位一直没有申请成功。②

参加"印太经济框架"(IPEF)的各国宣称 IPEF 不是"自贸区",不是"自由贸易协议"。美国对其他参加 IPEF 的成员提供的安排"不包含市场准入承诺",这一框架要探索新的公平贸易、互惠贸易等"区域伙伴关系"。截至 2022 年 9 月,参加 IPEF 的国家经济体来自"印太"各个"地区",首批有 14 个。③ 与 APEC 不同,IPEF 并未宣称是"包容的",尽管各国的 IPS 都是"自由和开放的"。不过,印度只参加 IPEF 的"经济"部分,不参加 IPEF 的"贸易"部分。通过 IPS 和 IPEF,印度从南亚印度洋"跨区"到太平洋。如果谈判成功并生效,IPEF 将是世界经济中最大的"跨区"经济体系。

东南亚国家和东盟作为"跨区"行动者

从地理上看,东南亚是亚洲的次地区。但是,在社会、经济、历史、国际关系等方面,甚至,在不同文明之间的关系上,东南亚是世界上一个相对独立的地区。

东南亚中的印度尼西亚、马来西亚、菲律宾、新加坡和泰国在 1967 年成立了东南亚国家联盟(ASEAN,简称东盟),这是一个具有"跨区"目标和能力的地区组织。东盟对塑造"亚太"或"印太"发挥着一种"中心"作用。《东南亚国家联盟宪章》(简称《东盟宪章》),规定了东盟在与其域外"对话伙伴"之间的合

---

① 庞中英、马偲雨:《关于"印太"问题的一项比较研究》,《中国海洋大学学报》2021 年第 6 期。

② 参见 https://www. eastasiaforum. org/2012/09/17/india-and-apec-time-to-move-from-observer-to-member/,2022 - 11 - 09。

③ 参见美国白宫官网 https://www. whitehouse. gov/briefing-room/statements-releases/2022/05/23/statement-on-indo-pacific-economic-framework-for-prosperity/,2022 - 11 - 09。

作中,发挥中心作用,这就是"东盟中心性"(ASEAN Centrality)。①

　　理解"东盟中心性"是理解东盟的"跨区"作用的关键。冷战结束之后,随着东盟扩大到包括了"所有东南亚国家",东盟的"跨区"目标日益清晰、"跨区"行动坚定而持续。欲借助"东盟中心性"的非东盟国家,需要主动承认东盟在该地区的领导地位——东盟在"跨区"合作中拥有规范性权力或权威(normative power/authority)。② 为了应对亚洲金融危机,东盟寻求与东北亚国家中国、日本、韩国的合作,但要求中日韩遵守以东盟为中心的合作原则。③东盟视中日韩与澳大利亚、新西兰、印度、美国、俄罗斯等"对话伙伴国"(dialogue partners)一样。进入 21 世纪,东盟逐步走向地区共同体,但是,"东亚合作"并未朝着人们想象的"东亚共同体"方向演化。在东盟主导下,"东亚合作"逐渐归于平淡,一些在金融危机期间创设的"东亚合作"框架,如东亚地区货币合作的"清迈倡议",以及达成的"清迈倡议多边化协议"(CMIM),今天大体成为摆设或者仅留下了地区研究机构,2011 年成立的"东盟与中日韩宏观经济研究办公室"(AMRO)就发挥着某种"地区智库"的作用。④ 1996 年,东盟与欧盟建立亚欧会议(Asia-Europe Meeting,ASEM),但无论东盟还是欧盟,一直对亚欧会议的重视和投入都不够,ASEM 的影响力远不如 APEC。2005年,东盟与包括美国等在内的太平洋国家共同召开了东亚峰会(EAS)。与亚欧会议一样,EAS 只是"东亚"与美国等西方国家之间维持"接触"(engagement)的又一个平台而已。前述东盟成员文莱、新加坡、越南、马来西亚是 TPP/CPTPP 的创始成员。当美日澳印等转向"印太"时,东盟不得不发表了回应性的《东盟的"印太"愿景文件》⑤,并在美国发起"印太经济框架"

---

　　① 见《东盟宪章》第 1 款第 15 节(Article 1.15)。

　　② 中国从地缘政治、经济、社会、文明等意义上也可视为东南亚国家。但是,目前世界格局中的"东南亚国家"并不包括中国。东盟宣称是现今所有东南亚国家的地区组织,排除了中国有朝一日成为东盟成员的可能。2003 年,中国与东盟签署了《东南亚友好合作条约》(TAC),确认中国是东盟的"东南亚域外""伙伴国"之一。见庞中英:《东盟的外交陷阱》,上海《东方早报》,2012 年 5 月 16 日。

　　③ 1999 年,"东盟加中日韩"(10+3)启动时,尚未有成文的《东盟宪章》,但是,"10+3"是以东盟为中心的。

　　④ Https://www.amro-asia.org/,2022-11-09.

　　⑤ Https://cil.nus.edu.sg/wp-content/uploads/2019/09/2019-ASEANs-Outlook-on-the-Indo-Pacific.pdf,2022-11-09.

(IPEF)后,7 个东盟成员国,包括文莱、印尼、马来西亚、菲律宾、新加坡、泰国和越南成为首批 IPEF 谈判方。2021 年 10 月 27 日,时任美国总统拜登在 EAS 上宣布了构建和谈判 IPEF。

在贸易和投资领域,近几年,东盟"跨区"行动的最大表现是其组织了 RCEP。也就是说,本文认为 RCEP 并非"地区"的,而是"跨区"的。RCEP 成员来自两大"地区"和三大"次地区":亚洲和大洋洲,以及东南亚、东北亚、南亚。作为 RCEP 创始成员的印度却在最后拒绝签署 RCEP(2019)。印度退出 RCEP,可以与美国退出 TPP 类比,使东盟没有通过 RCEP"跨区"到南亚。不过,不包括印度的 RCEP 倒是维持了 RCEP 的"亚太性"。

目前,CPTPP 和 RCEP 都没有美国和印度,美国拜登政府表明不会回到 TPP 或者加入 CPTPP,印度有权随时以创始成员返回 RCEP,IPEF 则不包括中国。

欧盟的"印太"转向、英国在"脱欧"后参加 CPTPP

基于"跨区主义"的"跨区化"本质上是"局部的全球化"(partial globalization)。① "跨区化"恰恰是"全球化"深入的一个特征。一些欧洲国家,长期以来在世界上具有重要的"跨区"能力,参与了从"亚太"到"印太"的世界性转变。在美、日等转向"印太"后,主要是法国、德国等,也在探索从"亚太"到"印太"。② 而作为拥有"共同外交和安全政策"(CFSP)的欧盟正式转向"印太"是在 2021 年。欧盟委员会在 2021 年 9 月 16 日向欧洲议会和欧盟理事会提交了《欧盟印太合作战略》(The EU strategy for cooperation in the Indo-Pacific)。③ 这一战略报告强调,欧盟在"印太"以寻求"合作"为主,"与

---

① 在中文文献里,"globalization"常被翻译为"全球化",但是,"globalization"并不一定是"全"的,实际上是"局部"的。"局部全球化"是全球化研究的一个重要结论,该术语最早来自基欧汉(Robert O. Keohane)在 2000 年担任美国政治学会主席时的演讲,见:Robert O. Keohane, "Governance in a Partially Globalized World," *American Political Science Review*, 95 (2001), pp. 1—13.

② 见德国国际问题研究所(SWP)报告《从亚太到印太》,2020 年,https://www.swp-berlin.org/10.18449/2020RP09/,2022－11－09。

③ 见 https://eeas.europa.eu/sites/default/files/jointcommunication_2021_24_1_en.pdf,2022－11－09。

在'印太'的所有相关行动者一道,加强(全球)伙伴关系",这区别于美国在"印太"与中国进行的"战略竞争",显示了欧盟外交和安全政策的"战略自主性"。

英国"脱欧"(Brexit)后力图实现"全球的不列颠"(Global Britain),具体的行动是"跨区"到"印太"。在"全球的不列颠"愿景下,从欧盟收回贸易主权的英国约翰逊(Boris Johnson)政府发现了 CPTPP 的价值,2021 年 1 月,令人意外地正式申请加入 CPTPP。① 而 CPTPP 成员则一致邀请英国加入。② 目前,英国正在与 CPTPP 成员分别谈判入会条件,预期英国将顺利加入 CPTPP。由于英国的参加,CPTPP 代表的区域更加"跨区"了。英国参加 CPTPP 提醒中国研究者,CPTPP 这样的"跨区"安排很难再被称为"新地区主义",因为CPTPP 与传统的"地区主义"(regionalism)无法挂钩。参加 CPTPP 的国家来自不同的"世界地区"。CPTPP 各方并不是为了塑造一个共同的"新地区"、分享共同的"地区性",而是为了解决他们共同面对的全球经济、贸易、科技等方面的挑战。世界贸易组织(WTO)等冷战结束后初期提出的激进的全球经济治理体制方案在今天无法解决全面且多重的全球危机。③ 各种"跨区"安排也许具有全球治理的意义,即为未来的全球经济治理提供路径。CPTPP、RCEP 等发布的宣言中,仍然在"挟天子以令诸侯",提到 WTO,不忘WTO,遵守 WTO,但这些"协定"很有可能"反哺"WTO,有助于 WTO 的改革。

转向"印太"的欧盟,具有讽刺意味的是,密切关注着其前成员英国的CPTPP 申请。英国一旦成为 CPTPP 的成员④,CPTPP 将是仅次于欧盟的世

①　Https://www. gov. uk/government/news/uk-applies-to-join-huge-pacific-free-trade-area-cptpp,2022 - 11 - 09.

②　Https://www. gov. uk/government/news/uk-welcomes-cptpp-nations-invitation-to-begin-accession, 2022 - 11 - 09.

③　美国财政部长珍妮特·耶伦(2022 年 4 月 13 日)(https://home. treasury. gov/news/press-releases/jy0714,2022 - 11 - 09)和欧洲中央银行行长克里斯蒂娜·拉加德(2022 年 4 月 22 日)(https://www. ecb. europa. eu/press/key/date/2022/html/ecb. sp220422~c43af3db20. en. html,2022 - 11 - 09)的演讲都认为,全球地缘战略紧张正在使二战后形成的全球贸易体系(WTO)过时。

④　2020 年 10 月,国际货币基金组织(IMF)在其《世界经济展望》报告认为,印度已经取代英国成为世界第 5 大经济体。印度现在稳居世界第 5 大经济体的地位。

界上最大的贸易集团之一。欧盟成员国和欧盟今后将如何与 CPTPP 互动,值得关注。

　　中国不是 TPP 的创始成员。TPP 转变为 CPTPP 后,2020 年 11 月,在 APEC 峰会上,国家主席习近平表示"将积极考虑加入'全面与进步太平洋伙伴关系协定'"。① 2021 年 9 月 16 日,中国商务部部长王文涛就中国正式申请加入 CPTPP,向 CPTPP 保存方新西兰贸易与出口增长部部长奥康纳(Damien O'Connor)提交了书面信函,随后两国部长还就此事进行了电话会议,就中国正式申请加入 CPTPP 的有关后续工作进行了沟通。② 时任中国总理李克强表示,"中国对符合世贸组织原则的区域自由贸易安排,都持开放态度并乐见其成,将同有关各方共同推动 RCEP 尽早生效实施,积极推动加入 CPTPP 进程,商签更多高标准自由贸易协定"。③ 与英国等申请者一样,中国的 CPTPP 申请需要获得 CPTPP 所有创始成员的一致同意和邀请才能开启双边和多边谈判。④

　　值得注意的是一系列"跨区"安排之间的重叠和这种重叠带来的问题。虽然不是 CPTPP 的成员,但是,"中国已经与智利、秘鲁、新西兰、新加坡与澳大利亚等 5 个 CPTPP 成员国签署了双边自贸协议","除了加拿大、智利、墨西哥和秘鲁等四国,其他 CPTPP 成员国均与中国共同签署 RCEP 协定"⑤。参加 IPEF 的国家不是 CPTPP 成员,就是 RCEP 成员。"跨区主义""跨区化"和"跨区性"的重叠、交叉意味着全球合作的潜力,也意味着全球不一致甚至潜在或直接的全球冲突。因此,各种"跨区"安排之间需要有一种"协奏"(in concert),以促进合作、避免冲突、解决冲突。

---

①　Https://china. caixin. com/2020-11-20/101630814. html,2022 - 11 - 10。

②　见中国商务部官网,http://www. mofcom. gov. cn/article/news/202109/20210903199707. shtml,2022 - 11 - 10。

③　李克强总理在第 130 届中国进出口商品交易会暨珠江国际贸易论坛开幕式的讲话,2021 年 10 月 14 日,http://www. mofcom. gov. cn/article/syxwfb/202110/20211003207715. shtml,2022 - 11 - 10。

④　庞中英:《CPTPP:"英国加入模式"成为今后"高标准"?》,《世界知识》2022 年第 21 期。

⑤　余虹:《解读中国申请参加 CPTPP》,新加坡《联合早报》言论版,2021 年 10 月 7 日。

上海合作组织(SCO)代表的
"跨区化"和"跨区性"

上海合作组织(SCO)的成立和运作,同样没有缔造一个"新地区"。参加 SCO 的国家不是为了形成一个"新地区",而是跨越它们各自所在的"地区",在 SCO 这个共同平台上进行多边合作。我们直到现在也找不到 SCO 是基于强烈的"新地区主义"①以形成一个"新地区"的有力证据。该组织成员各自的原有"地区性",如伊朗的中东性、俄罗斯的欧亚性、哈萨克斯坦等中亚国家的中亚性、印度的南亚和印度洋性、中国的东亚和太平洋性等,都一起进入 SCO。SCO 如此混合,代表了一个真正的"跨区"。

因为俄罗斯是横跨欧亚的国家,是 SCO 的发起国之一,所以,SCO 从一开始就具有欧亚之"跨区性"。SCO 不断增加的成员都是广义上的亚洲国家。2018 年,印度和巴基斯坦同时加入 SCO;2021 年伊朗加入 SCO。但是,印度和巴基斯坦不仅是南亚国家,也是印度洋国家。伊朗则是中东国家。中东横跨了西亚和北非,如同东南亚,实际上也是一个单独的地区。因此,今天的 SCO 代表的不是"新地区",而是新"跨区"。把 SCO 理解为"跨区",发现其"跨区性",可以更好地解释 SCO 的复合性。

印度的 SCO 成员地位有助于印度在包括阿富汗在内的广义上的中亚事务中发挥更大作用。在参加 SCO 的同时,自 2017 年以来,印度与美国、日本、澳大利亚一道,是"四国安全合作"(QUAD)的一方。可以说,在全球战略和区域战略上,印度能够左右逢源。

经济合作逐步成为 SCO 日益优先的对象。SCO 框架下的经济合作长期以来是不充分的、低水平的。与世界上其他的"跨区"贸易安排不同,截至目前,SCO 没有谈判建立自贸区。从经济(市场)的逻辑上看,SCO 框架下的经

---

① 庞中英于 2002 年曾呼吁"SCO 应该基于地区主义",见 https://mil. news. sina. com. cn/2002-06-24/72060. html,2022 – 11 – 10。20 多年来的实践中,SCO 实际上并未基于"地区主义",因为 SCO 并非一个"地区"组织。

济合作最终也不会成为一个自贸区。

SCO 由于扩大成员，可能会走上 APEC 等的老路，即由于成员增加，组织内部的复合性增加，最后可能很难达成集体行动的目标，包括原初的区域安全合作和现在的区域经济合作。

SCO 的未来取决于是否真正具有基于"跨区主义"的"跨区化"，并形成 SCO 的"跨区性"。但 SCO 的"跨区主义"到底是什么？这是不确定的，而且随着区域和全球形势的改变，SCO 成立时的理由——在苏联解体以后的时代主要围绕新的中亚地区展开国际安全合作，未必在未来能够继续成立。SCO 需要重建其存在的合理性，以在与其他"跨区"安排，如"印太"的关系中具有一定的"议价能力"。

基于"地区主义"的"跨区主义"和缺少"地区主义"的"跨区主义"

在国际学术界，"一带一路"倡议（BRI）被认为是一种由中国发起的"在亚洲的地区主义"（regionalism in Asia）。[①] 从"地区主义"的视角研究"一带一路"倡议确实是一种重要理论和方法。因为"一带一路"的实践确实区分了"亚洲国家"和"非亚洲国家"。不过，这一区分恰恰也意味着"一带一路"不仅是"亚洲"的，而且是"跨区"的，是一种新的"跨区主义"理论与实践。

区分"地区"之内外是"地区主义"理论与实践的重要内容。中国发起的亚洲基础设施投资银行（AIIB，简称亚投行），其章程中有"亚洲域内"和"亚洲域外"的区分。根据 AIIB 的章程，"本协定中凡提及'亚洲'和'本区域'之处，除理事会另有规定外，均指根据联合国定义所指的属亚洲和大洋洲的地理区划

---

① See Tiang Boon Hoo, Jared Morgan Mckinney（eds.），*Chinese Regionalism in Asia：Beyond the Belt and Road Initiative*，London：Routledge，2022. 庞中英是该书第九章的作者，题为《走向印太协奏与中国的作用》（"Towards An Indo-Pacific Concert of Powers and China's role in it"）。

和组成"。①

就成员数量而言,BRI 和 AIIB 的"亚洲域内"成员少于其"亚洲域外"成员。即使在"亚太","一带一路"倡议的成员也只占到"一带一路"总成员的不到 1/4。2021 年 6 月 23 日,时任中国国务委员兼外交部部长王毅在北京主持"'一带一路'亚太区域国际合作高级别视频会议",包括哥伦比亚总统等南美洲国家的领导人在内,共有 29 个国家的代表参加了这次会议。

"一带一路"以及亚投区分亚洲"域内"和"域外"的实践说明亚洲"地区主义"和超越亚洲的"跨区主义"并存,反映了区分"地区主义"与"跨区主义"的必要性,即"一带一路"和亚投行依托于亚洲"地区主义",又超越"地区主义"而指向"全球主义"。

如前所述,作为"跨区主义"的 RCEP 具有其"地区主义"的基础,即 RCEP 是以"东南亚地区主义"为"中心"的。

与"一带一路"倡议、亚投行、RCEP 不同,CPTPP、SCO 以及目前的 IPEF,很难说以哪个"地区主义"为中心,而是数个具有"跨区"能力的国家行动者和地区组织在"区域"(印太)的集团化。而且,组成 CPTPP、IPEF 的各国,实际上弱化了"亚洲地区主义",甚至抑制了"亚洲地区主义"的增长。这就是为什么东盟及其成员面对着一个悖论:一方面,东盟坚持"东南亚地区主义"实践的"东盟中心";另一方面,参加了 CPTPP、IPEF 等本质上弱化"东南亚地区主义"和"东盟中心"的"跨区"安排。

一般认为,美国通过"跨大西洋"安排——北大西洋公约组织(NATO)为二战初期"欧洲地区主义"的成长提供了安全保证,但是,当"欧洲地区主义"逐步成长,即欧洲共同体上升为欧盟(1993 年),"跨大西洋主义"与"欧洲地区主义"之间的关系就复杂化了,前者对后者有所抑制。那么,今天的美国在"跨大西洋"和"跨太平洋"上是否仍然如昨天那样既鼓励又抑制"地区主义"?

---

① 见《亚洲基础设施投资银行》章程中文版,https://www.aiib.org/en/about-aiib/basic-documents/_download/articles-of-agreement/basic_document_chinese_bank_articles_of_agreement.pdf,2022 - 11 - 10。

结语：关于"跨区"的一个研究目标和研究框架

"亚太""印太"等均是基于"跨区主义"和"跨区化"的"跨区"。用原来的"地区主义""地区化"和"地区性"等旧框架不足以解释新的"跨区性"。世界上新的"跨区"安排还有很多。"跨区"议题如此重要，应该得到单独的重视和研究。为了研究"跨区"问题，本文提出了"跨区主义、跨区化和跨区性"这一"三位一体"的研究目标和研究框架，希望将来能形成关于"跨区"的历史和未来、理论和实践的一个体系。

需要注意的是，在关于"跨区"的研究上，还有一个十分重要的议题，即各种"跨区"之间的关系。

在全球治理领域，到底是如何应对（治理）"跨区"问题的？《联合国宪章》（1945 年）承认了"区域办法"（Regional Arrangements）的现实并规定了如何应对"地区安排"，[①]却没有专门列出"跨区安排"（trans-regional arrangements）。二战结束之前，世界上的"跨区"除了"跨大西洋"，其他的"跨区"并不突出。世界贸易组织协定中，只有"地区贸易协定"（RTAs），并没有指出和单列诸如 TPP/CPTPP 那样的"跨区贸易协定"（TRTAs）。[②] 在联合国的未来改革中，是否将把"跨区安排"与"地区安排"区分和并列？ 在 WTO 的未来改革中，是否将"跨区贸易安排"与"地区贸易安排"区分和并列？

联合国和 WTO 仍然是应对不断涌现的各种"跨区安排"的主要平台。联合国改革和 WTO 改革中，应该与时俱进，单列"跨区安排"。其他治理"跨区安排"的机制也很重要。东盟是各种"跨区"安排之间相互接触的一个相对理想和有效的"正式"国际组织。东盟与欧盟之间的亚欧会议、包括美国等在内的东亚峰会、与上合组织的对话和合作机制[③]，使东盟提供了一种世界的各种

[①]　分别见《联合国宪章》第八章的英文版（https://www.un.org/en/about-us/un-charter/chapter-8，2022 - 11 - 10）和中文版（https://www.un.org/zh/about-us/un-charter/chapter-8，2022 - 11 - 10）。

[②]　See https://www.wto.org/english/tratop_e/region_e/region_e.htm，2022 - 11 - 10.

[③]　见东盟官网，https://asean.org/wp-content/uploads/2012/05/DONEOverview-of-ASEAN-SCO-as-of-Oct-17-fn.pdf，2022 - 11 - 10。

"跨区安排"之间的"协奏"。

　　欧洲各国在 1814—1915 年的百年,缔造了"19 世纪文明"和"百年和平"的"欧洲协奏"(Concert of Europe)。关于 19 世纪的"欧洲协奏"为什么成功,两百多年来,欧洲内外,争论不休。2014—2018 年是第一次世界大战爆发和终战 100 年,出现了关于"欧洲协奏"的国际史研究和国际理论,发表了一些重要成果。这些新成果把关于"欧洲协奏"的争论推到一个新的阶段。例如,著名的德国法兰克福和平研究所(HSFK/PRIF)主持的一项重大国际合作研究认为,"欧洲协奏"是 19 世纪的"大国多边主义",成功地处理了 19 世纪的"(国际)权力转移"。21 世纪的今天,世界再次面对着全球性的"权力转移","欧洲协奏"的区域历史经验具有世界意义,各国要努力缔造"21 世纪的大国协奏",以预防大国之间的战争。① 再如,米策恩(Jennifer Mitzen)的《大国协奏:全球治理的 19 世纪欧洲起源》一书认为,19 世纪的五大强国合作,以非正式的国际协议,甚至以"协奏"(歌舞升平)为形式,管理强权之间的冲突,可视为今天"全球治理"的起源。②

　　作者简介:庞中英,四川大学经济学院文科讲席教授;杜海洋,中国海洋大学国际政治专业硕士毕业生。

---

　　① Harald Muller and Carsten Rauch, eds., *Great Power Multilateralism and the Prevention of War: Debating a 21st Century Concert of Powers*, London: Routledge, 2018.

　　② Jennifer Mitzen, *Power in Concert: The Nineteenth-Century Origins of Global Governance*, Chicago: The University of Chicago Press, 2013,尤其是该书第 61 页和第 98 页。

"重新认识美国"笔谈

【编者按】

美国到底怎么了？自 2016 年以来，美国政治出现了一连串不可思议的现象：党争冲突加剧、价值冲突极端化、新民粹主义、认同部落化、媒体党派化、都市右翼崛起。特朗普的四年执政更是将美国推向深度分裂的边缘。本期笔谈聚集来自不同学科的美国研究学者，借《重新认识美国：来自当代的反思》新书发布之际，举行"集体会诊"，分析造成目前美国政治面临的困境的历史与现实因素，讨论在新的国际国内背景下，为什么需要重新认识美国，以及应该如何重新认识美国。

如何破解美国式斯芬克斯之谜

王　希

"重新认识美国"在最近成了一句很时髦的话。2020 年，人民日报出版社出了一本新书，是关于美国问题和中美关系的，书名就叫《重新认识美国》。同年，中国人民大学主办了一系列讨论会，标题也是"重新认识美国"。网上搜索一下，发现"重新认识美国"的提法早在 21 世纪初就被频频使用。将历史追溯得更远一点，我们可以说，从 18 世纪末中国人开始意识到美国的存在，我们就一直处在对美国的不断的"重新认识"之中。不同的是，每次的重新认识，都带有不同的目的，使用的是不同的棱镜，自然也就产生了不同的认知结果。今天我们再次提出"重新认识美国",一方面是因为最近美国国内政治发生了不可思议的变化,另一方面则是中国的经济实力和国际地位发生了根本的变化,最重要的则是因为中美关系正在发生实质性的变化,所以,重新认识美国成了"新时代"的一种政治需要和学术追求。

为什么要重新认识美国? 对这个问题,因为研究者的立场和目的不一样,可能有多种回答。在后冷战时代,美国学者福山预测的"历史终结"没有出现,美国主导的国际秩序遭遇了新兴国家的挑战,美国的影响力也大大削弱。即便如此,在目前的世界政治和经济格局中,美国仍然占有举足轻重的地位。中美两国的政治精英也都认识到,虽然两国的关系不再像 2008 年之前一样给各自和世界带来正面的、富有浪漫色彩的希望,但也还没有走到最坏的结果,双方仍然处于一种既竞争又合作的"战略模糊"状态。为了与美国长期地打交道,必须要清楚、准确地认识美国,读懂美国,做到知己知彼。这是中国人的古训,也是实用主义的哲学体现。

我认为还有另外一种认识美国的动机,即把美国当成一个对中国、对美国和对人类文明都非常重要的国家来研究。换言之,研究美国不是为了仰慕它,对其顶礼膜拜;也不是为了贬低它,视其为粪土,而是将它作为人类文明史上的一种独特的现象或一种先行者的实验来观察和分析。

的确,在人类文明史上,美利坚文明是一个后来者;但在近代国家发展史上,美国则是一个先行者。它在许多方面继承了欧洲和其他文明的成果,但在更多的方面,则是根据自身的需要创造了新的人类文明的成果。它的历史发展不是一种例外,而具有独特的个性。一些美国人甚至认为,它的独特性可以成为一种具有普遍意义的人类经验,其他美国人则反对这种看法,这是美国人对自己的"认知困境"。

我们也有自己的对美国认知的矛盾之处。我们有时会不喜欢美国的做法,有些人甚至憎恨美国,但另一些时候,我们又不得不承认,美国在很多方面,走在了包括中国在内的其他国家的前面。因为在某种意义上美国是在带头走一条无人走过的路,所以它遭遇的挑战一定更多,它更有可能遭遇决策的失误,它所遭遇的来自国内和国外的怨恨也一定更多。如果我们换一个角度,将美国看作一种人类政治的实验,我们也许会有另外一番研究心态和眼界,我们所关心的问题也许会超出为即刻的现实政治服务的局限。

如何重新认识美国,也是一个复杂的问题,涉及美国研究的方法、问题和条件。我们现在已经进入了一个信息数据化、文献和资料电子化的时代,加上四通八达的互联网和人手一部的智能手机,研究美国的条件早已今非昔比。举一个简单的例子,这一段时间,美国国会众议院针对 2021 年 1 月 6 日暴力攻击国会山事件举行了 7 场听证会。这些听证会可以通过电视或网络同步观看,文字材料也可以从美国的一些网站上免费获取。这样的获取研究资料的便利在过去是无法想象的。20 世纪 90 年代我撰写博士论文时,需要大量阅读19 世纪 70 年代国会关于三 K 党暴力活动的听证会材料,当时我要在大学图书馆地下室的微缩胶片特藏部里埋头阅读数月,才能掌握材料。还有一个例子,几周前美国联邦最高法院公布了关于终止联邦政府对美国妇女堕胎权进行保护的"多布斯案"的判决意见,这是一桩关于终止联邦政府对妇女堕胎权进行保护的判例。若是在从前,外国研究者要获得判例意见的原件会很费事,但是现在,不到 24 小时,判例的原件便在中国网站上出现,并且很快被翻译成准确的中文,在国内激发了一波难得一见的研习美国宪政和妇女公民权利的热潮。所以,研究美国的条件大大改善了。

对于美国问题的研究者来说,更大的挑战在于:提出什么样的研究问题,采用什么样的研究方式,如何从研究中得出中肯而有见地的认知。我觉得这些是问题的关键。

2018 年,钱乘旦老师在邀请我们组织博雅工作坊时,只提出了一个要求,就是一定要请不同学科的学者来参加讨论。他认为,与其他的区域和国别研究对象一样,美国研究是一个跨学科的领域,需要多学科学者的共同努力,才能获得高水平的、有深度的研究结果。在编辑《重新认识美国:来自当代的反思》时,我们的体会也正是如此。就"特朗普现象"的研究而言,不同学科的学者选取了不同的视角、方法和材料,如刘瑜关注的是 20 世纪 60 年代"权利革命"以来美国"左右"政治文化的冲突,张大鹏梳理白人民族主义思潮的延续与变异,赵梅讨论媒体"中立"化现象的消失,赵蒙旸勾画新媒体时代美国都市右翼的构成与活动,他们从不同的角度来解释特朗普现象为何得以产生。在分析特朗普的政治与政策方面,张毅剖析了特朗普的个性、行为方式与执政的关系,达巍和张翔则将特朗普执政放到新自由主义范式的序列中来分析,张业亮将特朗普的解构行政国家的政策视为一种反新政自由主义的动作,刁大明从政党政治的角度出发描述共和党的特朗普化现象。所有这些研究,在我看来,都是不同学科的学者力图探求新的美国研究路径的一种努力。这些研究合在一起,便为我们提供了一个更完整、更复杂,我相信也是更准确的对特朗普现象的认知。单一学科的学者往往无法做到这一点。

我们这本书的标题叫作《重新认识美国:来自当代的反思》,英文标题是"Rethinking the United States in a New Era: Contemporary Reflections",我们意在强调"新时代",所以,"New Era"是一个关键词。我们需要重新认识美国,是因为美国进入了一个新的时代。美国的内部结构和外部环境在新的时代中都发生了迅猛的变化。这个变化之突然和剧烈,对美国的体制、美国思想、美国传统和美国人都提出了严峻的挑战,不止美国人感到不适应,连美国之外的人也感到不适应,所以有了杨洁篪主任"我们把你们想得太好了"这样的反应。

我们看到很多最近出现的美国乱象,包括政党政治的极端化,分裂式政治的运作,宗教和文化价值观的冲突,来自左右两翼草根阶层的反抗运动,对权力精英和建制派极度的失望,以及围绕民权运动和权力革命的结果激烈的博弈,这些都反映出美国内部结构性冲突的加剧。特朗普在 2016 年当选当然不乏偶然的因素,但一定不是一种偶然的现象,他四年的执政进一步恶化了美国政治生态。2020 年大选中特朗普的失败透出一个信息,有相当一部分美国人企图利用现有的美国体制来阻止这个国家滑向更加失败的深渊。

然而,特朗普的下台并不意味着"特朗普现象"的消失,即便唐纳德·特朗普在 2024 年不出来参选,其他的"特朗普"也会跃跃欲试要取而代之。所以

"特朗普现象"成为新时代美国的一种政治象征,我甚至认为会成为一种挥之不去的幽灵,将长期在美国政治上空盘桓。

我们在这种情况下如何重新认识美国,这是摆在美国研究者面前的问题,回答这些问题是时代的要求,不只是要为中国找到应对之策,更重要的是探索人类政治文明的局限性和潜力,以及可能的方向,也就是说我们要跳出比较狭窄的范围来研究美国。

我最近看了美国国会众议院 1 月 6 日委员会关于暴力攻击国会的 7 场听证会,从中了解了国会山事件的许多细节。有些细节可谓触目惊心,将美国这个世界上最古老的民主体制的脆弱之处暴露无遗;与此同时,也有很多细节展示了美国体制的内在力量和韧性——许多人,包括特朗普的支持者在内,在最关键的时刻将对美国宪法的忠诚置于对特朗普本人的忠诚之上,从而避免了美国民主的失败。这是所有美国人应该感到幸运的地方。听证会也促使我思考"如何重新认识美国"的问题。应该研究的问题很多,但我觉得在未来的美国研究当中,应该更深入地研究以下四个问题。

第一,美国的选举制度。这个问题我在自己的文章有所讨论,但远远不够。选举制度在美国政治中占有极为重要的位置,是所有国家和政府权力产生的体制程序。我们对美国选举体制知之甚少,尤其不了解各州的选举程序、选区的划分、选民资格的界定与管理,以及选举计票的复杂程序等。这是美国政治中最古老的程序,从建国开始便存在,同时也是使用最广泛、最频繁的体制,美国大大小小的政府官员、议员,甚至有些州的法官都是靠选举产生的。我们对这些细节了解多少? 选举权的扩展曾经是美国民主演进历程中最伟大同时也是最血腥的故事,我们对此有多深入的认知? 与此同时,一些势力企图通过各种手段将选举权从选民手中夺走,也是最近的美国政治现实,我们对各州围绕选举程序、选民资格所展开的政治博弈了解多少? 关于权力的争夺并不只是发生在高层,而更多的是发生在基层,我们对州和地方一级的选举制度是否了解? 由此可以引申和展开研究的其他一系列问题,包括选民的构成、选民的区域分布与变化(与美国人口的变化和流动密切相关)、选举文化等。还有就是选举的政治运作，包括选区的划分、选民的动员、党派候选人的安插、主要政党的党纲写作、选民的意识形态的建构等，这些是我们过去对美国选举制度及其文化了解不深的地方。

第二，党派性政治。近期美国政治的一个显著特征是"分裂政治"（divisive politics）的加剧和政治博弈中党派妥协空间的消失。美国政治得以有效运作的前提是博弈各方有达成妥协的意愿，但在"党派性"（partisanship）主导了政党政治的时候，"民主的政治"就会可能演变为"党""政"不分的政治。目前国会内部的许多僵局正是因此而产生，而联邦最高法院内部的保守派与自由派之分也与此有密切关系。但什么是"党派性"？它如何产生，又如何不断增强？"党派性"与各级政府决策中的"公共性"（超越党派政策目标的政策）如何平衡，如何博弈？党派性的政治伤害极大，政治代价极高（在历史上有许多前例），但为何在政治博弈中反而愈演愈烈呢？目前出现的联邦政府的权力因为跨党派立法（bipartisan legislation）的缺乏基本失效而地方权力（尤其是州权）的十分活跃的困境与党派性的关系何在？与此相关的其他问题包括："共识制造"的失败，政党重组的历史与现实，政党内部不同利益势力的博弈与内部规则的建立，州一级的政党委员会的构成与运作，政党意识形态的建构，名人参政等，都值得深入和系统地研究。

第三，暴力与民主。暴力（violence）与民主（democracy）形影相随，两者的关系是美国历史和美国政治的经典题目，但我们知之甚少。首先是"暴力"的定义：什么是正当的暴力，谁能使用正当的暴力；此外，还有非法的暴力，谁又在使用非法的暴力等，这些问题需要研究。仔细阅读美国政治史，我们会看到，从美国建国开始，对暴力的使用与控制一直是美国政治（包括民主政治）的重要内容。美国独立是一场暴力革命，之后的美国内战——被称为是"第二次建国"——是一场更加血腥的暴力革命。内战之后的重建中，白人至上主义者为了阻止获得解放的黑人公民行使选举权更是使用了"合法的"和"非法的"暴力。持枪的宪法权利与白人种族主义的意识形态合流，对少数族裔参与政治形成威胁，这种情形延续到20世纪60年代，直到联邦司法部根据《1965年选举权法》采用联邦执法后才被禁止。相关问题还包括："显性暴力"与"隐性暴力"在国家制度中的建构与行使,执法部门(包括州与地方治安、警察队伍)对暴力使用的规范与尺度,联邦政府内部暴力实施机构的建构与协调等,都是国内的美国研究的空白。这些事实上是"国家制度建构"(state-building)的重要内容。需要明白一点:民主是美好的政治理想与愿望,但民主不是一张画饼,而是建立在"安全"基础上的;不同时代的"民主",需要有不同内容的"安全"保障,而所谓"安全"与暴力的定义与使用密切相关。

第四,"法治"的力量和局限。这是我从国会听证会中受到的最大启发之一,也是对美国"法治"(rule of law)的最深感受。虽然特朗普认为他任命的官员应该按他的指示来行事,但在涉及宪政规范的问题上,许多他任命的官员(包括内阁成员、司法部高级官员)和州政府的官员,都遵循以宪法为上的政治操守,对特朗普提出的许多违反宪法常规的做法和"命令"予以劝诫、阻止、反对和公开的抵制,许多人在关键的时刻辞去官职,以示抗议等。这些官员曾经是特朗普的支持者,在意识形态上是分享共和党的价值观的,至今也是如此,但他们在涉及宪政问题(如大选是不是有舞弊现象;总统是不是可以单方面在没有证据的情况下就宣布大选无效;总统是否有权命令司法部宣布某州的选举结果无效;州立法机构是否可以在没有证据的情况下,配合特朗普的需要,宣布本州大选无效等)时,却能够做到放弃"党派忠诚"、维护宪法程序的权威,他们如何做到这一点,他们为什么要这样做等,是需要研究的。因为这不是一个简单个人良心和政治素质的问题,这里面涉及许多的问题。特朗普推翻2020 年大选结果的企图没有得逞,相当一部分原因在于他任命的司法部高级部门官员的抵制与关键州州议会共和党人议长的抵制。所以,美国政治中"法治"的内容、程序、文化值得深入研究。

与之相关的是"法治"的局限性。这也是一个大问题。我在关于特朗普如何当选的文章中对此做了初步的讨论———一个选举经验丰富、选举制度规范、选举历史悠久的国家为何产生了特朗普这样的总统,是美国人值得深思的,也是所有外国的美国研究者值得深思的。如果美国是一个无足轻重的国家倒也罢了,但是美国的选举牵动许多国际问题和国际秩序,直接影响许多双边关系,不管我们是否承认,美国选举不再是一个美国的国内政治问题,而是一个具有国际影响和后果的美国问题。美国法治的局限性及其修正的可能非常值得研究。

　　传统的美国象征是自由女神像,给人一种美好的希望。现实中的美国则更像是古希腊传说中的"斯芬克斯"(Sphinx),它具有一种不断变换的奇特组合,令人捉摸不透,并不断地给人出难题。我们现在面对的,也许可以被称为是一种美国式的"斯芬克斯之谜"。

　　作者简介:王希,美国宾夕法尼亚州印第安纳大学历史系教授。

美国研究再出发

赵　梅

　　重新认识美国确实是摆在中国学界研究美国问题学者面前非常重要的问题。现在的美国出现了许多新的问题,社会愈加分裂,冲击国会事件,1 月 6 日国会听证,美国社会在堕胎问题上、枪支管制问题上的极度分化,等等。危机重重的美国,似乎已经不是我们以前印象中的美国了。

　　"特朗普现象"虽然是在特朗普执政时期出现,但是特朗普现象对我们来说具有特别的意义,因为它为我们敲响了警钟。当今世界处在百年未有之大变局,美国也处在这个变局当中,美国社会出现的一些新问题值得密切观察和研究。

　　《重新认识美国:来自当代的反思》汇聚来自不同学科的中国学者对变化中的美国、对"新美国"的思考,这本书的出版具有里程碑意义。过去几年间,美国发生了一些我们意想不到的事情,一个自誉崇尚法治的社会怎么会发生冲击国会的事件呢? 尽管我们目前拥有发达的网络系统,可以更加便捷地获取研究资料,但是在过去的三年间,由于新冠疫情和中美关系恶化等原因,中美人文交流受阻。我和大多数中国学者一样,无法赴美实地调研,亲身感受新冠疫情下美国社会所发生的变化和面临的挑战。疫情肆虐的近三年时间里,中美两国学者进行了许多视频对话,对于增进相互理解起了一定的积极作用,但无法取代线下面对面的沟通和交流。希望在疫情结束之后,中美人文交流能够尽快恢复。

　　关于"特朗普现象",我同意学界的普遍看法,即特朗普虽然下台,但是特朗普主义犹存。特朗普现象包含哪些内容呢？一是美国优先，让美国再次伟大；二是打击非法移民，收紧移民政策；三是在外交政策上"退群"，在经济和对外贸易政策方面，认为美国"吃亏"了，对华发起贸易战，放松管制和减税；四是在与媒体关系上，特朗普打破了长期以来美国总统和媒体间既博弈又相互依赖的关系，把美国主流媒体称为"人民公敌"；五是基督教福音派是特朗普的主要支持者。特朗普政府时期，"白人主义至上"甚嚣尘上，种族矛盾升温，"黑人的命也是命"运动遍及全美。特朗普任命了三位保守主义倾向的大法官，使得最高法院中保守派占大多数，这是特朗普最重要的政治遗产。

拜登上台以后，曾有媒体刊登了一篇文章，标题为《特朗普走了，特朗普主义犹存》。在外交上，拜登政府延续了特朗普政府对华遏制政策的主基调，但是改为联盟的方式；在移民问题上，拜登政府改变特朗普政府一些不人道的做法，但边境安全和非法移民问题依然困扰美国；在经济政策上，拜登政府采用了"新政"——大政府的方式应对危机，刺激经济；在种族问题上，拜登政府采取了一些措施，种族冲突稍有缓解，如 2021 年将"奴隶解放日"（又称"六月节"，设为联邦假日，拜登签署《新冠仇恨犯罪法案》（Covid－19 Hate Crimes Act)，以遏制在新冠疫情期间出现的针对亚裔的仇恨犯罪和暴力激增的情况。而在与媒体的关系方面，拜登胜选后，有学者提出拜登上任之后是否会改变特朗普政府与主流媒体的紧张关系。从拜登上台以来主流媒体的评论和报道来看，媒体在很大程度上依然起着"看门狗"的作用，比如在阿富汗撤军的问题上，美国主流媒体对美国阿富汗撤军给当地造成的混乱提出诸多批评。

在拜登时期，美国社会分裂表现在身份政治、取消文化、教科书问题、关于美国历史起源的"1619 项目"、警醒文化，以及美国社会围绕堕胎、枪支管制等问题的论争。此外还有诸多经济问题，如美国正经历 40 年以来最为严重的通货膨胀。当前美国社会面临社会分裂、通货膨胀和政治极化等问题，美国是否能再次出走危机取决于其纠错机制能否继续发挥作用。美国历史学家小施莱辛格的《美国历史的周期》中谈到美国历史发展的钟摆效应。从美国历史上来看，美国曾经历过多次严重的危机，但通过自下而上的推动和自上而下的改革，美国最终走出了危机，如 20 世纪初的进步主义运动时期和 20 世纪六七十年代的民权运动时期。克林顿政府采取中间路线,最终使美国经历了长达十年的经济繁荣。美国是否能够走出当前所面临的危机? 美国的纠错机制是否能够继续发挥作用? 这是一个新的观察点。

作者简介:赵梅,中国社会科学院美国研究所研究员。

历史研究的创新需要跨学科的
方法和理论

梁茂信

因为《重新认识美国:来自当代的反思》一书的作者分别来自历史学、政治学、社会学、法学、国际关系学和行政学等多种学科,我便在推荐语中,使用了"会诊"二字来描述这本书多学科书写特征,意将"特朗普现象"比作一个病因不确定的患者,把来自各学科的作者比作来自各科室的"医生",他们从不同角度,共同诊断,分析病理。这种特点,在国内学界推出的成果中,并不多见,在美国史研究中还是第一次。

特朗普现象,作为一个历史和现实问题,既有其内在的历史逻辑,也有鲜明的个人和时代特征,其深刻的根源在于冷战结束后美国的经济发展。而且,"特朗普现象"并不会随着特朗普的卸任而在历史的长河中消失,《重新认识美国》作为对特朗普现象探索的比较早的成果,因为它涉及特朗普现象的各个方面,比较全面,也是将来学术界评价和重点引用的对象。应该说,特朗普现象是在经济全球化的推动下,美国经济的每况愈下与国际竞争力日衰中出现的。在这种背景下,美国国内政治、族裔和社会力量发生了一系列新变化——制造业空心化的竞争劣势,常年的贸易赤字、量化宽松的货币发行政策与债务上限的不断调整和攀升,就业市场的结构性失衡引起的区域性失业问题,社会财富的两极化趋势,非白人移民的大量涌入和白人在美国人口中占比的下降,美国外交上的单边主义和贸易战及其给美国自身带来的挑战,国内两党价值观的分裂及其政治生活中妥协的退化,等等,一切都预示着美国在新自由主义时代的新挑战。其核心便是白人的族群利益、生活方式和价值观受到了挑战。许多人不再相信美国的价值观和美国人的说教的重要性。这些挑战,在许多方面是美国历史上不曾有过的,有些挑战超过了美国历史上的最严重的程度。这些问题都需要从新的角度、新的方法和理论去解读,明确其在美国大历史中的走向和未来发展趋势。

对于上述问题,《重新认识美国:来自当代的反思》这本书采取了由一位学者针对其中的一个问题进行论述的形式。在这种由不同学科的学者各抒己见的条件下,《重新认识美国:来自当代的反思》具有了跨学科的特点,但在每个问题的论述上,依然是各展所长,每个人从各自的学科角度发表自己的意见,每个人的成果本身并没有体现多少跨学科的知识、概念和理论。这是这本书中的美中不足之处。这些问题的出现,意味着我们在跨学科研究方面,仍然有很大的提升空间。希望在今后的研究中,特别是在组织跨学科研究的团队围绕一个主题展开研究的过程中,从选题到框架的建构、写作提纲、论述的角度等每个重大环节中,都能进行跨学科的交流,并将各学科的优长融入研究成果之中,而不是每个人在完成了自己的成果后再坐在一起"神仙聊天"式的交流。

在我看来,《重新认识美国:来自当代的反思》的书写,给我们提出了几个值得思考的问题。

首先,特朗普现象作为一个兼容历史与当下特质的问题,有些成果在书写中融合了历史学科的一些特征,整体架构中的"当下"特征更加鲜明。但是,对于历史学科的学者而言,其挑战可能比非历史学科更大。1998 年,我在作为富布莱特学者在美国辛辛那提大学访问研究的时候,与接待我的美国著名的移民史学家罗杰・丹尼尔斯的交谈中问道:"美国历史学界为何很少能看到当代史特别是最近十多年来的一些问题的研究?"他回答说,美国的历史学家研究的问题一般都是在 30 年前发生的已经尘埃落定的历史问题,否则今天的结论就会被明天的变化推翻。2008 年,我在加州大学圣迭戈校区与该校"移民比较研究中心"的主任韦恩・科尼奥列斯教授谈到相同话题的时候,他也给了同样的回答。我在承担的美国人才吸引政策和关于留学生的课题研究中,就遇到这样的困难,所能阅读到成果,很少有历史学者的成果。所以,研究特朗普现象,历史学科的短板可能更加突出。但是,我们不能"为历史而历史",也需要关注历史的延续及其在当下现实中的走向与变化,这就需要向非历史学科学习。历史学科与非历史学科真正形成一种优势互补的作用。从研究的学术价值看,跨学科的研究对于历史学问题的研究十分重要。非历史学科的研究因为观察的是新生事物,是社会发展的方向,而且其关注对象在研究中需要被概念化、思想化和理论化,这是历史学科所不具备的,因此,非历史学科的研究,可以为历史学研究提供丰富的思想和理论资源,当然,历史学科的研究也可以反过来对非历史学科的研究提供丰富的实证参考,甚至是修正作用。历史与非历史学科相互补充,方能较好地观察特朗普现象,或者是美国社会出现的不曾有过的其他现象。

其次,《重新认识美国:来自当代的反思》给我们提出的问题是,重新认识美国,不仅仅是重新解读当下,更重要的是如何重新解读美国的历史。新的解释需要新的概念、思想和理论,这就需要借鉴跨学科的知识。然而,如何将跨学科的知识应用于历史研究之中,是一个值得考虑的问题。历史学作为一个学科,关注的是历史的变化、差异、连续性和临时性,而不是过去的某些特殊问题的临时性。"临时性作为一种认识上的标记,本身的意义并不大……不管是它发生在昨天、去年还是几个世纪之前。这就是说,一切知识都是历史的知识。时间的消逝,以及它为概念和行为所留下的痕迹,本身就是一位社会科学家或者是人文学者调查的一部分。毕竟,对于那些希望从任何一个学科的角度认识人文学科的人,那些希望从过去学习追求这种认识的人来说,那些构成所谓'当下'(the present)的现象都是值得关注的问题。"①

最后,从操作的角度看,要让研究成果真正体现跨学科的特征,还需要进一步的学习和研究,因为在英文中,跨学科的概念在微观上还可以再进行划分。英文中有 multidisciplinarity, interdisciplinarity, intradisciplinarity, transdisciplinarity, cross-disciplinarity。这几个概念的含义各不相同,在研究

---

① Peter Dear and Sheila Jasanoff,"Dismantling Boundaries in Science and Technology Studies", *Isis*, Vol. 101, No. 4 (December 2010), pp. 772; https://www.jstor.org/stable/10.1086/657475 (2022-07-08)

中体现的特征和面向也不尽相同。如何在研究中做到更加精准地使用,急需要相应的知识,还需要成熟的方法论和认识论上的思考。更重要的是,30 多年来,我一直在研究中尝试,在移民史、族裔关系史、劳工培训与就业政策史、城市史等领域,尽量吸收和借鉴美国学界的跨学科成果和方法,领域包括经济学、法学、社会学、民族学和政治学等。这种习惯部分源于我在攻读硕士和博士学位期间的学习心得。我在攻读硕士学位期间,除了选修了美国史课程外,还选修了两门社会学的课程。在攻读博士学位期间,我的导师丁则民教授,曾经与吉林大学的刘传言教授协商,专门安排我们几个弟子去吉林大学经济系学习美国经济的课程。丁先生在指导学生的过程中,也经常强调借鉴非历史学科的理论和方法。我在指导硕士和博士研究的过程中,也承袭了这一传统。但是,距离真正的跨学科的研究,还有很长的路要走。

　　比较而言,美国学界在历史研究中的跨学科方法探索,远远走在我们的前面。作为一种思维和教学方法,跨学科教育开始于 20 世纪初进步主义时期的教育改革,目的是鼓励学生"关注各学科共享的概念"。它"以相互关联而非相互分离"的方式观察问题,让学生更加有效地观察和认识问题,进而增强学生的理解和认识。[①]在当今美国高校的教学中,音乐与历史的结合,科学、社会科学与人文学科的融合,已经成为一种主流趋势,这种多学科的融合,不仅避免将学生的专业知识局限于某个单一的学科之内,甚至可以实现从文科到理工科的跨越,而且,在研究中,实现科学与人文学科的结合。这种特征在当代美国学界研究贫困、战争、人口过剩、种族、民主、性别、文化、环境、司法与社会犯罪、移民和同性恋问题时都体现得非常突出。例如,自 20 世纪 60 年代以来,美国学界关于奇卡诺女性史(Chicana history)的研究中就出现了从史学、文学、文化人类学、社会学等多学科进行研究,研究主题、方法论和资料等和分析

　　[①]　Frederick Burrack and Tammy McKenzie, "Enhanced Student Learning through Cross-Disciplinary Projects", *Music Educators Journal*, May, 2005, Vol. 91, No. 5 (May, 2005), pp. 46; https://www.jstor.org/stable/3400142(2022-07-08)

中的多样性特征。①另一个例子是美国的司法史研究。司法问题又是一个跨学科的问题,根植于犯罪学、心理学、教育学、社会学、哲学和法学,因而任何研究若局限于某一单一学科,都显得残缺不全。

有的美国学者在总结跨学科研究中的体会时说:人类的这些问题,没有一个问题,可以用严格的单一学科方法解决,需要从跨学科的角度分析。甚至这种现象已经体现在区域与国别研究中,因此,跨学科领域已经形成了自身的新兴学科。那就是人文学科与科学的结合,它被应用于从性别、种族到民族和文化诸多领域,并且引发了进一步的跨学科专门化研究。②

一言以蔽之,中国的美国史研究,要有质和量的提升,并且推出更好的新成果,跨学科研究是一个必然趋势。从这个意义上说,我们还有很长的路要走。

作者简介:梁茂信,东北师范大学美国研究所教授,中国美国史研究会理事长。

---

① Miroslava ChÁvez-GarcÍa,"The Interdisciplinary Project of Chicana History: Looking Back, Moving Forward", *Pacific Historical Review* , Vol. 82, No. 4 (Nov. , 2013), pp. 542—565 ; https://www. jstor. org/ stable/ 10. 1525/phr. 2013. 82. 4. 542(2022-07-08)

② Priya V. Hays, " Epistemic Cross Talk:: Why We Need—and Should Desire—Interdisciplinarity", *Interdisciplinary Literary Studies* , Vol. 15, No. 2 (2013), pp. 224—225 ; https://www. jstor. org/stable/10. 5325/ intelitestud. 15. 2. 0221,2022-07-08, p. 225 。

新自由主义政策范式的消失
与重新认识美国

达　巍

2021 年 3 月 18 日,中美两国高层在美国阿拉斯加州的安克雷奇会晤,这是拜登政府上任后中美高层首次面对面的交流。中共中央政治局委员、中央外办杨洁篪主任在会晤开始阶段曾与美方展开过一场激烈交锋。杨主任有一句话尤其让人印象深刻。他说,"我们把你们(美国方面)想得太好了。"这句话在其上下文语境中应该主要是批评美方不遵守外交礼仪。但是如果稍微引申一下,我想这句话确实符合大多数中国人最近五六年对美国的认识,就是从官员到学者再到大众,可能很多人都觉得过去我们把美国"想得太好了",现在正在重新认识美国这个国家。因此,这句话在一定程度上暗合了《重新认识美国:来自当代的反思》这本书的立意。

中美两国有很大差别。即便是在过去中美关系比较稳定的时期,我们两国也都承认,双方在意识形态、社会制度、文明文化以及诸多现实利益上存在很大差别。既然中美本来就很不同,为什么我们曾经把美国想得"太好"了?以至于我们现在突然发现,我们需要重新去认识那个国家?另外,如果我们去美国调查一下美国的政府官员、学者和普通民众,其实反向的对华"失望"情绪也是普遍存在的。解释这种双向"失望"心理的角度之一,就是我和另一位作者在本书中所探讨的"新自由主义政策范式"的问题。

从 20 世纪 80 年代开始的大约三十多年,美国的内外政策开始转向一个新自由主义的阶段。中国和美国尽管一个是发展中的社会主义国家,一个是发达的资本主义国家,意识形态和社会制度都有很大差异,但在经济政策(以及与经济政策配套的其他政治、社会政策)的总体取向上是有契合之处的,即在经济上主张减少政府的干预,依靠市场的力量,强调生产要素的自由流动。因此,过去我们对美国的认识,或者美国对中国的认识,很大程度上是在这套政策范式中,一个获益者对另一个获益者的想象。我们彼此想得"太好"了,其实是因为中美两国虽然基本国情差异很大,但是在相当长的时间里,在经济政策范式上其实没有那么大的差异。而且我们当时都认为,在这套政策范式之中,两国都有较大的绝对获益,而且这种局面可以无限期地延续下去。

2008 年金融危机之后,这一套范式在美国开始遭到反思、批判和背离。把美国想得太好了,实际上不仅是因为美国做了一系列有损中国具体利益的事,更是因为美国背离了我们所熟悉的治国的范式。我们发现美国做了一系列我们过去无法想象的事情。"新自由主义政策范式"基本是我们过去对美国想象的边界,但是我们忽然发现美国居然可以如此"出格"地行事。比如我们熟悉的自由贸易、国际制度、相互依存关系等,都遭到了美国政府粗暴的干预。我们过去大概无法想象,美国总统可以对几千亿美元的中国输美商品加征关税,可以对中国的头部企业施加赤裸裸的限制和排除措施,可以对中美人员交流施加没有任何道理的限制。中国人感到吃惊,不仅仅是因为这些事情损害了中国的利益,而且是因为这些事情超越了过去很多中国人对美国想象的边界。美国过去给中国传递出的信号似乎是,只要你遵循我这套新自由主义政策范式,我可以接受你一直发展下去,甚至有一天超越我。现在似乎恐怕多数中国人感到,就算中国遵循那套范式,美国也不会接受中国一直发展下去,因为那会威胁美国的霸权。这些认知的改变是否准确我们暂且不讨论,一个客观事实是,多数中国人都觉得,过去五六年以来的美国,与我们曾经熟悉的或者曾经想象的那个美国不一样了。

在《重新认识美国:来自当代的反思》的相关章节中,我们两位作者认为美国的范式调整是从奥巴马时代开始。换言之,重新认识美国的起点不是所谓"特朗普现象",而是在 2008 年金融危机。美国从那个时候开始尝试对其政策范式做比较大的调整。奥巴马政府开始通过全民医保、加强金融管制等做法来试图缓解矛盾。其政策调整主要面向美国国内,且力度较弱。尽管当时中美关系已经出现了紧张态势,学界也开始讨论是否中美关系"临界点"的问题,但是整体没有发生质变。在奥巴马政府之前,新自由主义政策范式原来是在美国国内推动新自由主义议程,并且尽力将其推广到全世界去,也就是说这是一个"无边界的全球新自由主义范式"。奥巴马政府的重点在于扭转国内的政策方向,对外政策仍是"无边界"的,比如试图推动"跨太平洋伙伴关系"(TPP)、跨大西洋贸易与投资伙伴协议(TTIP)等,因此奥巴马政府推动的是一个"无边界的弱新自由主义范式"。

真正让全世界感到美国政策范式调整冲击的是特朗普政府时期,这也是为什么有了"特朗普现象"这个说法的原因。奥巴马政府着力纠正国内新自由主义范式的弊端,但是到了特朗普政府,其国内政策特别是经济政策恰恰返回了原来新自由主义的意识形态,特别是在去监管和减税方面。特朗普的药方主要放在对外政策上,其外交政策走向了民族主义、本土主义,试图通过重新强化民族国家的边界来解决新自由主义范式。而特朗普的重点则是恢复国内的新自由主义范式,但是加强国家主权的作用。特朗普是一个以"修墙"著称的总统,他修的不仅是美墨边境墙,更是国际贸易关税墙,国际人员流动墙,跨国科技合作墙。特朗普的"限制"几乎是限制了世界上所有的国家,包括欧盟、日本等发达经济题以及墨西哥等新兴经济体都与美国龃龉不断,所以特朗普政府的外交政策使得美国多少有点变的"孤家寡人"。当然,中国是美国要排斥的最大对象,因此中美关系发生了质变也就不奇怪了。但是总而言之,特朗普政府的政策范式大概可以归结为"以美国国家边界为边界的新自由主义政策范式"。

拜登政府上台一年半以来,美国国内政治继续高度分裂,拜登的支持率一路下跌。显然,美国还没有形成两党和社会多数公众都接受的政策范式共识。从中国的视角看,重新认识美国的进程远没有结束。拜登在上台前曾经自比推动了新政的罗斯福总统,但是在上任后,其内政的主要精力消耗在应对新冠疫情、缓解种族矛盾、提振美国经济、应对通货膨胀之上,其国内政策并未向新政自由主义方向也就是左翼移动太多。对外政策上,拜登政府强调盟友伙伴的重要性，避免特朗普的单打独斗，但是继续将中国作为最大的竞争对手，试图与中国"脱钩断链"。也就是说，拜登政府推动的，是一个"排斥中国的弱新自由主义范式"。在较弱的新自由主义方面，拜登继承了奥巴马；在其扩展范围方面，拜登既没有像奥巴马政府那样"没有边界"，也没有像特朗普政府那样"筑墙"到自我封闭的程度，而是试图将盟友、伙伴以及其他尽可能多的国家拉进来，把中国推出去。换言之，"修墙"的不仅是特朗普，拜登也同样在"修墙"。只不过后者试图通过"修墙"建造更大的"院子"，拉入更多的国家，这个"院子"仅仅不包括中国等少数国家。俄乌冲突爆发后，美国和西方对俄罗斯实施了空前严厉的制裁。俄罗斯的经济规模比中国要小，与外部世界的联系也比中国要弱。当前俄与西方的冲突，可以看作是美国"排斥中国的弱新自由主义范式"在较小规模、较极端程度上的一次模拟和实验。拜登在20世纪90年代曾经是推动民主党向中左方向移动的干将，也在奥巴马政府担任了8年的副总统。当前拜登政府的这些做法无论与20世纪90年代相比，还是与奥巴马政府的8年相比都有很大的变化，这对中国来说当然很难接受。这或许也是中国官方和民间认为"美国变了"的一个重要原因。

美国寻找新的政策范式的进程还远未结束，未来的方向依然很难确定。2024年之后，特朗普或者不叫特朗普的特朗普会不会回来？根据我们的观点，特朗普从来就没有离开。"特朗普"这个意象代表了美国在寻找新的政策范式和新的方向，这个问题没有解决，"特朗普"就不会走。这个议题还值得长期讨论下去。

另外，对于中国来说，重新认识美国这个问题，也包含着如何认识过去四十年我们所熟悉的新自由主义政策范式的问题。在这个范式之下，发展中国家究竟有没有发展出路，能否突破"中心—外围"的宿命，都是值得怀疑的。中国一方面希望借助经济全球化带来的有利条件，另一方面保有自己的主动权，把握好平衡。这一想法和做法，到了美国人那里就成了美国人常讲的所谓中美之间存在"不公平竞争"的问题。我们重新认识美国，也包含着进一步思考中国未来发展的路径的问题。过去中国是与美国一起在冷战后的国际秩序中实现了巨大的发展。现在美国试图把中国推离这一秩序，那么我们应该怎么办？我们能否顶着美国的压力，继续与世界上多数国家保持连通性，把美国筑的墙推回去？还是说中国还有其他的平行路径可以走得通？或许这是"重新认识美国"这个命题带给我们的更直接的思考。

作者简介：达巍，清华大学社会科学学院国际关系学系教授，清华大学战略与安全研究中心主任。

重新认识美国的三个角度
及再看特朗普的个人作用

刁大明

重新认识美国非常有必要,不仅因为这个国家在最近一段时间内发生了比较激烈的变化,也是因为这个国家始终在变化当中,只是有一些是非常显性的,甚至具有戏剧性、爆炸性的变化,另外一些变化是比较隐性的,但持续积蓄着巨大的能量。我们应该持续对美国保持所谓重新认识的紧迫或者警惕性。我们并不是因为今天有了特朗普才重新认识,而是对美国的重新认识一直在路上。

如何重新认识美国?从我自己对美国进行国别研究的经验总结,可能有以下三个角度。

第一,打开美国,从美国内部重新认识美国。任何国家都不是铁板一块,美国也不例外。美国相对于其他国家来说更为突出的特征是美国明显反对着美国自身。我们必须厘清美国内部的机制和变化,尽可能捕捉到美国的新变化,思考新变化,以及这些新发展的根源和影响。

第二,绕开美国,从美国之外重新认识美国。美国是一个具有世界性影响力的国家,需要从第三方视角来重新认识。美国国内的很多行为或许在国际舞台上的表现更加淋漓尽致,如果连起来看能够更加清楚地看到美国国内的真实需求与深层次意图。前段时间学习到钱乘旦老师关于美国西进运动的观点。钱老师认为美国对当前亚太地区地位的强化,或者所谓的亚太、印太战略,可以理解为美国继续西进的表现。这个观点对我启发非常大,应该说具有方法论上的意义。另外,不久之前,耶鲁大学法学院教授阿齐兹·拉纳的著作《美国自由的两面性》被翻译到国内,这本书的主要观点认为,美国一直秉持着"定居者主义"(settlerism)的气质或者理念,不但在国家建构和发展历程上,而且在对外战略和具体对外政策上也是如此。换言之,美国在不断通过对内对外对于其认定的他者的征服或者塑造,来体现、验证、维护自认为在制度层面、价值观层面所谓的优越感。因此,绕开美国,以第三方视角来重新认识美国是极其重要的关注点。

第三,从认识自己的角度出发重新认识美国。美国有变化,有发展,需要不断重新认知,我们自己也有变化,也需要不断更新自我认知。我们需要不断发问:美国怎么了? 这样的国家对我们意味着什么? 我们要怎么样认识美国和世界? 我们需要一个怎么样的美国与世界? 关于这些问题的与时俱进的回答和思考,应该是有助于我们始终保持清醒的头脑,继续在中美互动当中坚定正确的航向。"最远大的旅程是通向内心深处的旅程",这是一句来自我导师的、让我印象极其深刻的感悟。到今天为止,我仍然没有办法理解透这句话的含义,但每每想到这句话我都陷入深思、慎思。

在重新认识美国的维度上,关于特朗普个人在美国政治现实中的作用,有两个方面值得观察,以 2022 年中期选举和 2024 年大选区分。

关于特朗普个人的作用以及在 2022 年中期选举中的影响。特朗普的确改变了共和党,共和党在某种程度上也接受了特朗普的影响。我将这种现象称之为"特朗普化",但是很显然特朗普个人并不是一个"造王者"。目前 2022 年中期选举的初选已经赛程过半,特朗普的背书似乎被认为是稀缺品、万灵药,有些舆论开始吹捧特朗普所谓的回归,实质上,至少有三个观察点值得关注。

第一,特朗普更多的背书是给予谋求连任的共和党人(在任者)。按照我自己的初步统计,特朗普目前背书的共和党人当中 38% 的州长人选,55% 的参议院人选和 82% 的众议院人选都是在任者。我们知道,美国竞选政治中在任者的优势非常明显,说明特朗普更希望沾这些在任者的光,来提升或者再次确认自己的影响力,他不是在"点石成金",反而颇有一种"狐假虎威"的意味。

第二,特朗普的背书并非全然具有逆转性的效果,或者说这种逆转性效果是非常有限的,是有条件的,有地域限制的,有不同地域选民结构限制的。目前我们看到特朗普背书的逆转性效果大概出现在 2016 年奇迹般地为共和党赢得了中西部的选票,典型的就是帮助《乡下人的悲歌》的作者 J. D. 万斯逆转锁定了俄亥俄州参议院的提名。但是特朗普的背书到了所谓的"深蓝地区"就不能"为所欲为"了,比如他在佐治亚州州长的共和党人选上就彻底地背书失败,以及在亚拉巴马国会参议员共和党候选人初选的问题上,特朗普也不得不临阵改变立场,最终转向支持地方实力人选。

第三,2021 年 1 月 13 号,美国国会众议院在对特朗普进行第二次弹劾的时候,投票支持弹劾的 10 位共和党人,均因面对着特朗普背书者的挑战,大概率会失去本党提名。但这到底意味着什么呢? 目前,我们很难明确判断这是因为特朗普本人,还是共和党选民无法接受本党政治人物背叛本党总统(无论本党总统是谁)。因此,可能不易高估特朗普目前在共和党内部的作用,特朗普的确重要,但是有条件的重要,而不是无条件地彻底主导。

关于特朗普在 2024 能否完全锁定提名,或者 2024 年是不是特朗普对拜登的"重赛"(rematch),总体上看现在都还为时尚早,但我也尝试谈三个关注点。

第一,特朗普目前的高民调支持率到底有什么意义? 当前,因国会山骚乱事件相关调查等一系列拖累,特朗普在共和党内部的民调支持率有所下降,但是仍旧保持 50% 左右的水平,比德桑蒂斯高一倍,还是独大。有人认为这种独大足够了,有人认为独大还太早,到底怎么判断呢? 我觉得,目前做出判断的确是比较早,但也不是没有意义。如果回顾短暂的历史,2014 年 7 月关于 2016 年共和党内部候选人的民调尚不能显示谁能赢,但是 2010 年 7 月关于 2012 年共和党候选人的民调却基本锁定了罗姆尼,所以早未必没有意义。不过,目前的这些民调数据从来没有经历前任总统再次参加选举的情况,还是缺少历史依据。如果特朗普独大的局面保持到明年夏天,可能就需要极其认真地评估了。

第二,德桑蒂斯支持率的上升到底意味着什么? 过去一段时间德桑蒂斯的支持率上升比较明显,但仍旧是特朗普一半的水平。这个变化应该只能意味着共和党内部某些力量对特朗普的进一步否定,但不是对德桑蒂斯的完全肯定。因为德桑蒂斯今年也要连任,而且 2024 年共和党候选人民调也就是总统政治级别的民调对他连任的造势会有一定的帮助,所以这并不意味着共和党已经锁定了一位完美的特朗普的替代者。此外,德桑蒂斯虽然来自关键的佛罗里达州,但是摇摆州在总统选举政治意义上从来是关键但未必充分的。

　　第三,特朗普个人在主观上到底会如何选择? 特朗普自身的选择必然在极大程度上影响着 2024 年的美国选举走向。特朗普代表共和党参选的可能性是一种巨大影响。但另外一种可能性也不可小觑,即如果特朗普没有办法获得共和党党内提名,转而以第三党或者独立人士身份参选的情况,类似 1912 年的西奥多·罗斯福。其结果大概是民主党坐收其利。因此,如何"安排"好特朗普个人对于共和党而言极为重要,甚至比如何击败民主党更加棘手。

　　总结而言,当出现以某个个人的名称界定的现象,这个现象本身和这个人如果关系非常密切,那么这种现象可能很活跃、很激烈、很夺目,但同时更难以判断。但这个现象如果和界定现象的那个人开始越来越远,最终毫无联系,可能意味着这个现象本身的影响更加固定、更加固化、更加成形,更值得研究。2024 年对"特朗普现象"或"特朗普化"而言大概就是一种剥离的过程,这也有助于我们更能看清特朗普背后的真实的美国。

　　作者简介:刁大明,中国人民大学国际关系学院副教授。

美国民主制度的缺陷

张　毅

本次笔谈的主题是"重新认识美国",各篇文章的作者都认同有重新认识的必要。为什么有这个必要,或者从哪个角度需要重新认识美国,每个人的结论可能还不大一样。我个人关注美国国内政治和政治制度。

美国政治这几年发生了很多变化,比较引入瞩目的是特朗普的上台和执政,包括他在 2020 年大选后不承认失败,采取多种行动试图改变 2020 年大选结果。我对特朗普现象的定义相对比较窄,我比较注重他作为一个人的个性和风格。我认为他的很多言行跟风格、个性有关,而且他个性和风格是非常独特的,所以我在《重新认识美国:来自当代的反思》一书中的文章题目是《独特的特朗普》。从比较窄的定义来讲,我不清楚特朗普现象对美国政治有多长和多深的影响。

在本文中,我想谈另外一个问题,即美国选举制度问题。我写过另外一篇文章,讲美国选举制度的缺陷,发表在北京大学的《国际政治研究》2020 年第 5 期上。我觉得这个问题值得关注。我在这里也只是把这个问题提出来,没有太多的理论分析和横向比较。在当今美国,尤其是在当今美国政治极化的情况下,美国选举制度当中的一些东西,尤其是美国宪法本身设计的一些缺陷,使得美国变得越来越不民主,或者说民主的质量在下降。

美国三权分立,立法、行政和司法三个部门官员的产生就有很多不民主的地方。

在总统选举方面,选举人团制度导致有的人虽然输掉了普通选票,但因为赢了选举人团票还可以当选总统。美国迄今为止举行了 59 次总统大选,少数票总统出现过 5 次,两次发生在最近,就是 2000 年和 2016 年。从 1992 年克林顿第一次当选以来的 8 次大选中,共和党只有一次赢得了普选票,就是 2004 年小布什的连任选举。现在看来,2024 年共和党人如果再次当选总统,很大可能还会输掉普选票。少数票总统现在基本上成了一种常态,或者说每几年就出现一次,这个问题很值得我们关注。

参议院选举也是这样。美国宪法规定,每个州无论人口多少都能选举两个参议员。另外,从 1998 年到目前为止的 24 年当中,从所得选民选票来讲,共和党一直是少数党,但从参议院本身席位来讲,24 年当中有 14 年共和党是多数党。

共和党在众议院也有类似的情况。美国有一种说法叫席位红利(seat bonus),就是共和党要么获得选票少但席位占得多,要么获得的选票多但席位更多,不成比例地多。很大的原因大家也知道,就是在美国州层面有严重的 gerrymandering 情况,我把它叫作“怪状选区”,直译就是“杰利蝾螈”。因为共和党控制的州议会比民主党多了很多,所以通过重新划分选区基本上可以造成即使拿的选票少但是席位还是拿得多的情况。

以前美国最高法院还干预过怪状选区。如果太过分,最高法院会指这种行为违反了宪法第 14 条修正案的法律平等保护原则,要求重划选区。可是最近一二十年以来,共和党任命的最高法院的大法官对怪状选区基本采取了置之不理的态度,导致这个现象更加严重了。最高法院的观点是,这是政治问题,应当通过政治程序来解决,实际上这是完全不成立的。有些东西是可以通过政治程序来解决,但选举不行。在选举本身设计有问题的情况下,还要通过选举来解决,这是行不通的。这个完全应由最高法院介入的事情它却决定不介入。

美国最高法院刚刚接受一个新的案子,下一年度要审理。这个案子涉及北卡罗来纳州划分选区的问题。2020 年人口普查前,北卡有 13 个联邦众议院席位,8 个是共和州议员,5 个是民主党议员。2020 年人口普查以后,席位增加一个变成 14 个,需要重划选区。北卡罗来纳州议会由共和党控制,州议会重划的结果很可能导致 10∶4 的结果,就是 14 个席位当中共和党稳拿 10 个。

民主党当然不能罢休,知道在联邦法院无法赢得官司,就诉诸州法院,依据是州宪法。州的最高法院同意民主党的诉求,要求州议会重划选区。这个案子本应到此为止,因为利用的是州宪法,州的最高法院也已经做出了判决。但共和党把官司送到联邦法院,联邦最高法院最近也同意要受理。联邦最高法院有可能要根据联邦宪法裁定,州法院对州议会确定的重划联邦众议院选区的方案,没有审查权。这个就很奇怪。一个州根据自己制定的州的法律举行联邦官员的选举,居然可以不需要符合自己州的宪法的规定。这种理论在美国叫 independent state legislature theory。联邦最高法院已经接受审理这个案子了,接受本身就有可能意味着接受这个理论。结果就会是,联邦法院不能根据联邦宪法受理怪状选区的案子,州法院也不能根据州宪法审理怪状选区。

联邦法官的任命我觉得离民主原则也越来越远。从道理上来讲,联邦法官的任命由民选出来的总统提名,由民选出来的参议院批准,所以跟民主还是有一定的关系。但是最近几十年,这个关系好像越来越松了,因为偶然性变得很强。卡特 4 年没有任命一个最高法院大法官,老布什 4 年任命了 2 个,克林顿、小布什和奥巴马 8 年执政各任命 2 个,里根 8 年任命了 3 个,特朗普 4 年就任命了 3 个。进一步分析,特朗普本人就是少数票总统,参议院批准特朗普任命的 3 个大法官的时候,基本上是按党派投票,批准票数大概是 50 票、52 票。参议院虽然从席位上来讲共和党占多数,但从得的选票来讲共和党是少数党。所以这三个大法官是少数票总统提名,少数党批准,却完全改变了最高法院的构成,使得最高法院牢牢被共和党保守派控制。最高法院最近刚结束的年度当中有很多判例,都达到了保守派的目的,包括推翻了罗诉韦德案的判决。

最高法院法官是终身任职。细想这个事情,若由民主党人或者按民主标准来判断的话,可能有点绝望,因为这三个大法官在特朗普提名时都 50 岁左右,再干二三十年没问题。其他三个保守派大法官年龄也没有那么大,六七十岁,起码有足够时间选择什么时间退休。假设十几年当中总有共和党人当选总统,他们可以选择在共和党人当总统时退休,六个大法官所保持的保守派的多数就可能是无限期或者在很长时间内延续下去。民主党怎么办?以后如果哪一天民主党控制了参、众两院,同时控制总统,是不是会像富兰克林·罗斯福那样要扩充法院呢？如果民主党扩充法院，轮到共和党是不是也要这样做？

　　法官在美国的权力很大，任命法官应该是很严肃的程序，现在搞得像儿戏一样。斯卡利亚去世以后，奥巴马提名加兰德接任，明明当时离大选还有 269 天，共和党居然说不行，要等大选结果出来，大选之前不能再通过新的任命。但是在金斯伯格逝世以后，当时距离大选只有 40 几天，共和党居然又说不用等大选，就强行通过了巴雷特的任命。

　　从选举机制来讲，我觉得美国的确是有很大的问题，我并不知道这个问题怎么解决，修改宪法很难，修改法律也很难。如果政治本身不那么极化，不民主的选举造成的后果也许不那么严重。以前最高法院两个最有名的自由派大法官布伦南和马歇尔，居然敢选择在老布什当总统的时候退休，现在是不可想象的事情。所谓的温和保守派肯尼迪选择在特朗普当政的时候退休，就是希望特朗普来任命他的继任者。金斯伯格在 2014 年中期选举之前，就有人劝她尽快退休，因为 2014 年中期选举共和党有可能夺回对参议院的控制（实际上共和党确实夺回了控制），她没有退。到 2016 年选举之前，毕竟当时奥巴马还是总统，还是有人劝她退。但是从当时民调结果来看，大概率是希拉里·克林顿要赢，所以她还是没退，结果特朗普上台后想再耗四年没耗过。巴雷特接替她后，发生了许多重要判决。在美国体制当中不管司法审查是不是受到宪法的支持，但这么多年以来最高法院确实有司法审查这么大的权力。

　　美国民主机制出了问题，我今天就提出来这个问题。谢谢！

　　　　作者简介：张毅，美国吉布森律师事务所合伙人。

另一个美国：
（白人）民族主义与"特朗普现象"

张大鹏

  我提交的文章名字是"另一个美国：（白人）民族主义与'特朗普现象'"，这个并不是我的原创，而是来自美国作家哈灵顿，他在 1962 年的时候写了一本书叫作《另外一个美国》，写道："世上有个人们熟悉的美国，各种讲话、电视和杂志的广告都在为它歌功颂德……人们在做这些事的时候，都有一种潜在的假设，即美国已经解决令人头痛的经济问题……当这种讨论在继续的时候，人们忘了还有另外一个美国，在这片国土上，居住着四五千万穷人，他们过去是穷人，现在还是穷人。"这里我借用这个意象，把"另一个美国"作为主标题，来反思为什么在熟悉的美国之下存在另外一个美国，这也是特朗普当选的原因之一。

  首先我们讲一下熟悉的美国，是建立在"共同价值观"之上的美国。一些人认为美国是超越传统民族国家的"例外"的国家，是建立在"共有价值观"之上共同体，这种崇尚自由、民主的价值具有"普世"性，是全人类追求的目标。因此美国不仅要在国内建立价值观共同体，还肩负起把整个世界改造为价值观共同体的神圣使命，任何人只要信奉美国信条（American Creed）就可以成为美国人。一些人在过去很多时候熟悉的美国，跟特朗普现象形成非常剧烈的反差。

  我们来看一项数据，2016 年 10 月有一项调查，在特朗普支持者当中，关注"白人民族主义者"这个话题的人大概占 35.5％。当然这个数据是不准确的数字，但通过这样的数据得出一个信息，在特朗普支持当中，支持白人民族主义者占相当大一部分。

　　这里简要梳理一下美国民族主义在历史的变迁、流变。在殖民地时期,美国是白人国家的思想始终贯彻于他们的政治设计之中,白人男性有产者新教徒位居殖民地社会政治核心,在建国初期,这样的思想依然延续。比如说 1790 年归化法,明确规定只有"自由白人"才是美国公民,而印第安人、黑人是不能成为美国公民的,不得拥有选举权,妇女也没有选举权。特朗普所推崇的杰克逊,被专家学者认为是白人至上主义者。因为杰克逊在 1820—1828 年执政时期,赋予了大部分白人普选权,但是只是白人,对于其他的有色人种还是排除共同体在外的。杰克逊是民族主义美国社会的起源,特朗普后来当选跟杰克逊也是有一定的关系。

　　除了种族肤色,宗教也是划定白人范围的依据,比如在 19 世纪 40 年代发生了"一无所知运动",针对当时大批爱尔兰移民,因为爱尔兰移民是天主教徒,跟以新教为主的美国社会形成矛盾、冲突。南北战争是为了解决黑人问题、奴隶问题,而在战后 1877 年海斯妥协以白人至上主义的民族意识重塑了民族国家,南北双方在牺牲掉黑人的前提之下达成了和解。内战原本的目的被白人刻意抹杀和遗忘。到了 19 世纪末,随着美国人种逐渐复杂化,美国对"美国是白人国家"的规定也越来越频繁,法律出台规定越来越频繁,比如说1882 年《排华法案》以及 1917 年《亚洲人禁区法》,就对亚洲人提出严格限制(菲律宾除外,菲律宾也是当时美国的领地),一直到 1924 年的国籍配额制度(针对东南欧,白人内部也有等级现象。西北欧、北欧人处于种族结构的深层,而东欧和南欧在历史上的某段时间内不被称为白人,他们成为白人是在 20 世纪 30 年代以后的事情,白人概念不是现在理解的,只要肤色是白色的就是白人,在历史某个时期爱尔兰人、东欧人、南欧人等不被称为白人)。通过梳理就可以看出,以肤色、种族以及宗教作为民族界定的要素始终存在,并且在 20 世纪 30 年代之前在不断加强。

　　我们熟悉的美国的发展可以追溯到罗斯福新政。因为罗斯福是自由主义者,他拓宽了美国政治的包容性,并且在对立面逐渐汇聚起保守主义跟自由主义,形成明确分野。同时二战也是种族历史发生明显变化的历史转折点,自由的话语成为二战中美国组织和动员反法西斯力量的口号。在二战中以及二战后,知识界对种族主义展开了持久的批判,20世纪初盛行的种族主义已经退到边缘,被划归为病态和缺乏理智的思想。美国白人内部的转变之外,黑人、新左派以及女权汇聚联合起来,开始使用多种形式的抗争,实现并拓展宪法赋予美国人的法律保障,边缘群体权利意识的觉醒在根本上提供了重构美国民族的特性的基础。

《1965年移民法》的颁布推翻了1924年的国籍配额制度,宣布美国开始接受多元族裔社会的道路,加速了"多元文化主义"(multiculturalism)在美国社会的普及,因此我们熟知的美国才到来。同时对于"白色研究"(Whiteness Studies)在20世纪80年代开始兴起,对白人特权,甚至在美国控制法律、公共政策和权力结构之中的白人特权批判越来越广泛,这就是为什么后来很多美国人认为"我明明是社会的主体,我反而受到歧视",引起他的不满。

以族裔、肤色为核心的民族主义逐渐让位给主张种族平等的多元文化主义,推动美国社会的重塑。我们观察美国每十年移民数据,可以看出来美国的移民在20世纪中后期,就是60年代以后开始迅猛增长。伴随美国多元化主义的盛行,美国民族主义并没有消亡,它的生存空间虽然在逐渐萎缩,但是依然顽固地存在着,并且逐渐分裂为以宗教为核心的宗教民族主义与依然以种族为主的白人主义,以及强调传统价值观的文化民族主义。宗教民族主义依然强调基督教的身份对于美国的重要性。同时共和党也开始跟福音派在内的保守主义者达成政治同盟,比如说尼克松与里根都利用宗教的力量达成政治的胜利。

废除了种族隔离后,黑人和白人在政治、文化、经济、出行上开始实行平权,让白人非常恐惧,担心自己的种族系统受到污染。"南方战略"就是共和党利用南方白人对黑人的恐惧来增加南方白人选民对它的政治支持,这一战略重塑了现在共和党。

特朗普在2016年当选跟白人主义互动是有莫大的联系。特朗普的竞选主题反奥巴马,因为很多白人认为奥巴马并不是一个美国人,很多白人民族主义者认为奥巴马篡改自己的国籍身份,他是一个黑人,他是穆斯林,否定奥巴马的当选资格,并且对奥巴马的很多政策深恶痛绝,这些政治诉求都具有浓厚的民族主义色彩。同时,互联网技术为的种族主义思想传播以及重新凝聚,增添新的活力,将分散于各地的种族主义分子聚合在网络空间,因为在 20 世纪后反种族歧视话语在美国社会有主流优势,互联网空间为种族主义者重新聚集提供了新的工具以及新的利器。

　　白人民族主义在美国始终是一股强大而不可忽视的力量,虽然近几十年以来,特别是民权运动以后被批判和抑制,但始终暗流涌动。特朗普巧妙地将白人民族主义被压抑后的不满怨恨,转化利用为其提供政治能量赢得选举,颠覆了近几十年来形成的多元文化主义在美国势不可当的印象。提醒我们需要对美国草根民众的思想动态更加重视,而不能把目光仅仅聚焦于知识分子或者主流媒体。

　　作者简介:张大鹏,暨南大学历史学系讲师。

后特朗普时期美国右翼的新趋势

赵蒙旸

自 2015 年以来,我在美国纽约和费城两个城市通过线上线下观察和参与了一些社会运动,所以《重新认识美国:来自当代的反思》一书中《特朗普时代美国激进右翼的谱系:观察与分析》一文是基于我的参与和自己现在在宾夕法尼亚大学的教学经历写的。这篇文章大部分内容是四年多前写的,有些数据其实是需要更新的,结合目前社会状况来看,有一些趋势还是在持续的,比如其中提到有一个很重要的白人至上组织,是"欧洲身份","身份"一词是借用欧洲极右翼的身份主义运动。这个组织前两年已经改了名字,后来直接解散了。所以现在《重新认识美国:来自当代的反思》出版的时候,里面有一些组织已经不存在了。但这些组织的主要成员往往只是换到别的组织里面,整个极右翼的网络没有发生太大的变化。

2022 年 6 月联邦堕胎权保护被推翻以后,国际舆论上经常会谈论的说法包括现在美国彻底全国性大分裂了,保守派和自由派之间有一些不可弥合的价值观的分裂;有人觉得美国要么直接分裂,要么一些部分地区可以直接并入加拿大;等等。这些论调在特朗普执政时期也曾经出现过,好像每次美国出现大事都会有类似言论出现,但其实这些并非特别准确的预设。我们通常认为进步派阵营民主党主导的地理区位是政治和文化上相对进步和安全的区位,大家会觉得好像边缘群体基本权利在所谓的蓝州是受到保护的。但是,我们没有必要把美国保守派、右翼、更极端的白人至上主义者进行他者化,认为他们本质上跟自由进步正义的阵营不同,认为他们是被遗忘的白人工人阶级等。

之前有很多观点认为白人工人阶级被遗忘,因此他们投票出来支持了特朗普。

我们去看整个美国右翼动员的光谱会发现,我们通常认为的蓝州,包括自由派的高校所在的纽约、西雅图、波特兰等大城市里面,其实存在很多极右翼的势力。这些极右翼的人也会承认目前美国整个右翼网络还是精英中产富人的网络,以律师、医生、军人、司法系统的人为主,代表的群体往往也不是我们认为所谓的白人"红脖"工人阶级。像国会山事件以后变得特别出名的有两个右翼组织——"骄傲男孩"(Proud boys)和"誓言守护者"(Oath keepers)在美国主要大城市都有分布,且组织结构去中心化,比如说全国总部不能直接控制地方分部的行动,后者可以总部的名义发起活动,这其实也是右翼分散风险的方式。

另外,很多日常右翼的暴力没有被公众和媒体所讲述,比如我有朋友在新泽西公立高中开设性别正义的课,因被右翼家长投诉举报而终止;还有熟人在课上支持巴勒斯坦被投诉反犹,或被右翼学生举报不教右翼理论。在每一个大城市这种政治极化的论争一直存在,也带来比较紧张的局势。

极端右翼和主流的保守派之间,其实也一直有着很强的传承和互相转化的关系。比如很多成为极端右翼中坚力量的成员,他们早期都是从高校的保守派学生社团、高校共和党人,或者更新组建的"转折点美国"开始做起的。主流的保守派年会,也会经常邀请一些极右网络内的人士。而有研究发现,美国的反堕胎运动中很多的学生骨干之前其实是支持堕胎的。所以人的政治观念没有那么稳定,左右横跳的情况还挺多。

现在罗诉韦德案被推翻以后,大家也开始重新重视整个美国法学院保守派精英的塑造过程,包括联邦党人学会在其中的巨大作用,这些保守派学生组织都可以在高校进行自由的招募和网络的运作。美国的《异议》杂志旗下有一个非常有名的追踪右翼的博客,叫作"认识你的敌人"(know your enemy)。这个播客有一期采访了一位右翼组织的年轻人内特·霍克曼(Nate Hochman),他说了自己是怎么从一个高校的自由派变成右翼分子的,主要是他觉得自己作为白人男性在高校受到逆向歧视。他认为保守派看上去在高校弱势,但实际上掌握了更多的资金和制度资源，比如可以申请很多保守派的奖学金，内特自己就拿了非常多保守派的资金支持，他现在是《国家评论》（*National Review*）的专栏作家。保守派组成的小圈子内部更有团结感，年轻人如果有志向，容易被邀请参与会议，被高层接见。

也是因为这种在高校非常强的渗透力，所以很多青年人都在加入保守派的阵营。美国如今的这种右翼和极端右翼势力，非常善于学习新的组织和动员策略的。这些新组织非常善于借鉴和采用新颖的行动方式，包括行为艺术、快闪、在公共图书馆和电线杆贴贴纸、创作纪录片、短视频。他们采用的通信软件和网络媒体也一般比左翼组织要更多元，比如音频播客和 Substack 邮件组都是现在很流行的右翼传播方式。像 Substack 这个平台类似微信公众号，过去两年非常火，是可以打赏订阅的，也是右翼募款的一种手段。

这两年美国右翼运动有非常激烈的文化转向。是否支持工人和劳工权益已不再是辨别左右阵营和党派倾向的主要标志，最大的裂痕还是来自文化战争的领域。共和党逐步意识到从文化、家庭、宗教、高中教科书领域入手是比较有效的动员手段，甚至能打动比较激进的工人阶级。去年一项调查显示，美国高达 20% 的工人阶级持有文化保守主义观念，他们会反同性婚姻、反跨性别、反堕胎、反移民，其中移民和少数族裔工人的比例很高。像亚裔、拉美裔的新移民很大程度是保守的，因为这反映的是母国的价值观，然后 80 年代以来的非洲移民也是比较保守的，因为很多人是合法途径进入美国，而且企业家多，所以会反对非法移民。非裔因为信仰宗教的人口比例高，所以也有一个庞大的文化保守主义群体。但另一方面说，从全国的数据来看，2021 年美国定期去教堂、清真寺等的人数比例第一次降到了一半以下。所以我感觉现在美国处在一个非常矛盾的状态。从大的环境来看是有进步趋势的，但是因为保守派垄断了高院，而且两党都开始懂得控制高院就控制了文化战争，所以双方都在想各种办法去绕过民意这个问题。导致前段时间我去观察线下抗议，感觉周围的参与者都非常绝望，大家觉得高院的任命太随机了，大家对司法体制已经失去了信任，现在有个抗议口号是"流产最高法"。然后因为很多大城市经常发生枪击，一般保守派持枪的又多，大家也很担忧越发不敢出门抗议。所以目前进步派的街头运动也属于一种动力比较停滞的状态。

作者简介：赵蒙旸，美国宾夕法尼亚大学社会学系博士学位候选人。

16 世纪奥斯曼帝国的海洋事业

昝　涛

一、前言

　　一般来说,人们说起奥斯曼-土耳其帝国,往往会认为它是一个纯粹的大陆帝国,但这其实是一种误解。当然,它的确有大陆帝国的一面,但跟中国这样的更像是一个大陆帝国的古代国家相比,奥斯曼人所处的地缘环境并不允许它成为一个纯粹的陆上国家。

　　不过,上面说的这种误解的产生是可以理解的,因为,在近代海洋成为重要的甚至是决定一个国家的实力和霸权的新空间后,与欧洲人相比,大部分东方国家的确在海上探索方面,显得是相对故步自封的。奥斯曼-土耳其人也不例外。但是有一点不同的是,奥斯曼帝国显然处在一个地中海世界,我们可以看得到,在奥斯曼人的极盛时期,奥斯曼帝国显然占据了这个地中海世界相当大部分的沿岸地区,尤其是在中部和东部地区。在这样一个被认为是海洋文明发祥地的世界中,红海、黑海都是奥斯曼帝国的"内海",地中海大部分是其势力范围,在这样的情况下,奥斯曼帝国不可能不去关注和发展海洋事业。

　　另外,大家再看一下地中海的形势,就会发现,它有一个特点极为明显:南北窄,东西宽,它往西只有一个出口,也就是直布罗陀海峡,且这个出口很窄;但是,地中海世界也是足够宽广的,因为它容纳了欧洲海上军事强国的传统力量,最强的是意大利的威尼斯,还有热那亚,当然更早的还有腓尼基人、希腊人、拜占庭帝国,此后就到了奥斯曼帝国,当然也有近代的西班牙,等等。在地中海的东半部的周围,还有马穆鲁克、伊朗这样的陆地强国。而俄罗斯崛起以后,它必然要和土耳其竞争黑海,更重要的其实就是所谓出海口的问题。再往后,当然形势又变了,也就是奥斯曼–土耳其衰落了。不管怎么说,即便是到今天,相对于奥斯曼帝国来说已经大大缩小了的现代土耳其,因为其所处的这个海洋世界的地缘政治格局,它仍然必须发展海洋力量,因为,它始终面临着海上的重要威胁,也有来自海上的重要机遇。

二、奥斯曼人的海洋形势概观

说到海洋,当然有很多不一样的地方,不断有哲学家试图去理解,所谓海洋式的生存与大陆式的生存有何区别;从基础的条件来说,海洋是一种技术性的生存,而大陆是一种本能式的生存。在人类走出海洋,进化了以后,人类已经无法在海洋里作为一种生物自然地生存了,所以,在人类从大陆再回到海洋之后,就必须发展出一些技术,而大陆上的生存对技术的要求相对来说比海洋要低一些,因为海洋的风险要高很多。另外,海洋上的生存是流动性的,从航行的角度来说,海洋式生存颇类似于大陆上的游牧民族,只是"游牧"的方式不同罢了。海洋式的民族不会像定居农业民族一样固定在一个地方,因为除了渔业,海上的生存主要是商业,所以,他们生活的半径更长,视野更加宽广。海洋秩序有着不同的规则,需要的人也是不同的。正所谓"海门以出,洇沫粘天,奔涛接汉,无复崖埃可寻,村落可志,驿程可计也"。"那些没有出洋经历的人,只会把海洋看作一个充满危险和无序的混乱空间。"对海洋式生存来说,如果一个地方出现了困难和问题,它也不会老死在这个地方,还会去其他地方,这就是殖民。部分地是为了缓解人口增长的压力,古希腊就有许多殖民地,到北非、地中海岛屿、小亚细亚等地,当然这和后来说的近代殖民主义还不太一样。

这大概是海洋式生存的一些特点。

有一些民族,如地中海周边的一些民族,确实存在着一种海洋式生存的传统,这个传统对他们的民族文化和政治文化产生了深远的影响。从其他方面来看,像东亚地区的中国,应该说主要是大陆式的生存,俄罗斯早期也是大陆式的生存,这是一种民族特点;奥斯曼-土耳其,从起源上来说确实也不是威尼斯、热那亚、希腊这样的海洋民族,它没有一个很深刻的海洋传统。但即便如此,在早期对奥斯曼人祖先的追溯上,也有一种说法,虽然未必靠谱,就是认为奥斯曼家族的祖先起源上也可能是海上的海盗之类的人。这样说起来就非常奇妙了,因为关于奥斯曼人的起源有不同的说法,比如皈依伊斯兰教的欧洲人说、中亚游牧民族说、海盗起源说,等等。海盗起源说似乎是最少被提及和讨论的。为什么会这样呢?这可能也跟一种近代的西方中心主义的叙事传统有关,那就是现代性的重要组成部分就是海洋性,但现代性只属于欧洲,海洋性在传统上也就只能是欧洲性的一部分了,没有自发地产生现代性的东亚、俄罗斯或穆斯林就只能是陆地性生存了。对这个问题来说,我估计跟这个强势的欧洲中心主义的叙事是有关系的。不过,为什么会产生奥斯曼人的海盗起源这种说法呢?大概是跟奥斯曼人比较早就拥有了加入他们团队的海上力量有关系,在众多的小亚细亚的诸侯国中,奥斯曼人是其中较早跨过海峡到欧洲去的,所以,它应该有一支相对基础性的海上力量。另外一点,奥斯曼人所占据的地盘处在布尔萨——小亚细亚西北部分,因此,它跟拜占庭人、希腊人有很多密切交往和合作,所以,它对海上的生存和战斗的方式应该比较早就熟悉了,它也可以利用各个民族的特长。作为一个起源于边疆地带的"劫掠同盟",奥斯曼集团里面是既有穆斯林又有非穆斯林的,既有土耳其人,又有非土耳其人,还有一些从拜占庭脱离出来的小公国,这些政治体后来也皈依了伊斯兰教,淹没在穆斯林的历史中,但他们是地中海-小亚细亚的本地人,对土耳其人起到了很好的补充作用。

所以,即便普遍认为奥斯曼人是来自内陆亚洲的草原民族,不习海战,也没有海洋式生存的传统,但是,奥斯曼人是一个复杂的集团,它不等于是土耳其人,或者不只是有土耳其人,而是集结了小亚细亚以及后来欧洲的各种成分。在 1453 年,奥斯曼人攻陷了君士坦丁堡并建都在此以后,来自帝国各个不同地方甚至帝国之外的西班牙的乃至欧洲其他地方的人群,比如被迫害的犹太人,也逐渐来到了帝国的首都和一些富庶的港口,对帝国的手工业、商业和金融业等的发展做出了重要贡献。此外,还有医学,奥斯曼帝国的皇帝往往让犹太人担任财政官吏、医生等职务,他们显然是专业技术人才;与外国人打交道的时候,所需的外语人才当然也主要是基督徒充当的;此外,奥斯曼帝国的海上力量,也很自然地使用希腊臣民。这些问题对我们理解作为一个多元帝国的奥斯曼帝国来说是非常重要的。也就是说,我们不能单纯把奥斯曼理解成一个内陆亚洲和草原传统占主导的帝国,基于自身的处境,它对海洋也是有意识的。

另外一点,我们已经提到,地中海是南北非常窄的,今天大家都非常熟悉地中海东岸和南岸的穆斯林移民如何到了欧洲,并且已经造成了欧洲的所谓难民危机和右翼政治的发展。我一直有一个观念,也就是,基督教世界和伊斯兰世界其实是各占地中海的一部分的,这两个"世界"或许在文明、文化、心理上的距离非常遥远,但是,其实体现在空间上的距离方面它们又是极其近的,尤其是借助于海峡和地中海的各个大小岛屿,两个世界又呈现出一种犬牙交错的状态。从阿尔及利亚和突尼斯,乃至从摩洛哥(当然奥斯曼帝国一直没有拿下摩洛哥)和的黎波里(这些都是非常重要的港口)去西欧,那是非常容易的。来自地中海南岸最重要的港口当然是阿尔及尔、突尼斯这些地方。埃及以西的北非叫作马格里布地区,这个地方以及它们的腹地如果出现了重大危机,那么,很自然地,人们就会聚集在这些港口并寻找向外的机会,对面的欧洲并非遥不可及。历史地看,近代马格里布国家的兴起,是以突尼斯、的黎波里、阿尔及尔这几个城市的兴起为基础的,而它们兴起的背景就是海盗;这几个城市是由海盗所积累的财富及其政治和军事力量所奠定的,海盗不只是掠夺财富,更会掠夺人口,比较突出的就是白人奴隶,据估计,历史上有上百万的白人奴隶被掳掠和贩卖到北非。当然这并不奇怪,这是适合于当地的自然地理环境的历史特征。

对于地中海的情况,我们至少需要以上的整体把握。

　　16 世纪初,奥斯曼帝国的苏莱曼大帝继承了一个广阔的帝国;他的父亲塞利姆一世帮他打下了大片的领土,其中很重要的一点就是征服了以埃及为中心的马穆鲁克王朝。这就造成了一个很重要的后果,也就是地中海的东岸、南岸的一部分进入了奥斯曼帝国的版图中;这些地方进入这个版图以后,当然会威胁到传统欧洲的香料贸易和丝绸之路等。对于传统的地中海贸易,意大利人和西班牙人自然是非常重视的(在大航海以后葡萄牙人主要是绕过非洲南部的好望角进入到印度洋以及西太平洋),所以,在地中海的争夺中就出现了这样的局面,即意大利人、西班牙人等大大小小的欧洲传统海洋强国和新兴的奥斯曼帝国之间的竞争。尽管奥斯曼国家一开始还没有马上成长为地中海上的一个霸权,但是请注意,海洋贸易离不开的是港口,所以对于马穆鲁克王朝的征服,就使得很多优良的港口,无论是地中海东岸的还是南岸的,都进入奥斯曼帝国的版图。这对奥斯曼人当然是一个很重要的优势,而对别人就是威胁;与此同时,奥斯曼人也扩大了自己的视野,除了在欧洲的扩张仍在继续(当然这是一个拉锯状态),如何更好地控制地中海上的海洋贸易带来的财富,就成为他们下一步要考虑的问题。而这个考虑首先就是要直面与西班牙、威尼斯这样的海上强国的对抗。所以,奥斯曼人这时候就必须去建立强大的海军,这支海军不只是为了运输人,还要能打仗,这就使得奥斯曼人的海上策略也从原来的那种保守的状态开始向进取的方向来转变。这个转变的目标有两个:一是对抗欧洲海军;二是建立扩张后的势力范围。尤其是西班牙在北非的扩张,更是给奥斯曼人一个很重要的刺激。

　　在北非,伊斯兰化已经经历了很长的时间,所以,北非主要还是由不同的穆斯林政权来控制的。1516 年,在奥斯曼人征服马穆鲁克王朝之前,阿尔及尔就曾经向奥斯曼人伸出橄榄枝,当然不是给奥斯曼政府,而是给后面我们要提到的海盗"巴巴罗萨"兄弟,希望他们帮助阿尔及尔这个政权来对抗西班牙人的扩张。海盗兄弟来了之后,不仅帮助他们对抗了西班牙人,而且还把当地政权最终推翻了,然后自立为王。这样的情况下,他们有了重要的根据地,就既可以自己独立生存,又可以相时而动。海盗们的视野很宽广,他们做了权衡,从各个方面来说,他们认为加入奥斯曼帝国对自己来说是非常有利的,所以,他们就接受了奥斯曼帝国的册封,进而把自己控制的地方变成了奥斯曼帝国的一个省。

当然,这对奥斯曼人也是一个很好的机会,因为它没费力就把马格里布地区变成了自己的新领土,奥斯曼人对当地有很好的控制。另外,阿尔及尔作为一个基地,也可以非常有效地威胁意大利和西班牙。所以,对奥斯曼人来说,海盗带来的阿尔及利亚变得非常重要。

三、征服罗德岛

苏莱曼大帝在北边跟匈牙利人作战,他拿下贝尔格莱德以后,在围攻中欧的维也纳之前,曾有一段空闲时间,他打算利用此做海上的扩张。海上扩张的一个重要目标就是靠近今天土耳其本土的罗德岛(当然今天这里属于希腊而不是土耳其共和国。顺便说,土耳其当年建国前在国际会议上进行领土划分的时候,是很不利的,基本上,希腊的国境线快到土耳其的家门口了,而大家今天也可以理解,为什么欧洲难民危机的时候希腊人那么难以控制自己的边境,面对这一系列的大大小小的岛屿,的确是太难管理了,从叙利亚来的难民船贴着这个方向进入希腊和欧洲,是很容易的)。

我们要说的是 1522 年奥斯曼帝国征服罗德岛的问题。这是奥斯曼帝国一系列海上扩张的模板,也是非常重要的一个转折点,因为这意味着在地中海东部的奥斯曼人开始确立其霸权。

在当时,罗德岛实际上是由一波十字军的后代所控制的一个岛屿。十字军的兴盛,在这个时候已经是很久以前的事情了,到 1522 年,十字军已经有四五百年的历史了。此时,罗德岛被所谓圣约翰骑士团占据,他们是十字军的后代。十字军的出现是因为欧洲人想拿回圣地耶路撒冷,它其实是犹太教、基督教和伊斯兰教三大教共同的圣地,在 7 世纪中耶路撒冷被穆斯林征服以后,实际上基本上一直控制在穆斯林的手中。随着欧洲形势的发展,欧洲人后来出现了十字军运动,以前叫“东征”,但是我们的教材现在一般叫“东侵”,在汉语里的“征”“侵”“伐”都是有特定对象的,需要注意这种用词。十字军也是由各个国家的人共同组成的,他们之间也有联军。其中有一群人是给朝圣者和后来的人提供医疗服务的(如果要去耶路撒冷朝圣,无论是在耶路撒冷,还是在路上,都是需要医疗服务的)。有一支得到意大利人资助的医疗队,因为驻扎在圣约翰教堂旁边的医院里,所以被叫作圣约翰骑士团,又叫医院骑士团,之所以有这样的名称,是因为这批人后来就转化了自己的功能,从医疗队变成了一个骑士军事的团体。这支十字军的团体到第三次十字军运动的时候就已经变成了一个非常强大的军事力量。

当然,穆斯林的力量也是一个此消彼长的过程。马穆鲁克人在 13 世纪末的时候,把地中海东岸的医院骑士团这一批十字军的后代打败了,赶跑了,最后,他们坐船到了罗德岛,当时也没有什么强大的力量在这里。医院骑士团的后代由此就占领了罗德岛,这里成为一个强大的军事基地,也是他们日常生活的据点。随后,他们半商半盗地发展。(其实,海盗并不都是靠抢掠生活的,往往条件好的时候他们也经商,条件不好的时候主要靠抢。)当然,在我们讨论的这个时期,他们主要战斗的对象就是奥斯曼人。奥斯曼人虽然此时还没有成为海上强国,但他们在地中海也有很大的商贸利益,只是经常被罗德岛的这些医院骑士团的人骚扰和劫掠。这对奥斯曼人来说当然是一个奇耻大辱。其实,早在 1480 年的时候,奥斯曼人就想去征服罗德岛,结果大败而回,之后一段时间也没有精力处理这个问题。

到苏莱曼大帝的时候,这样一个大的帝国的扩张运动,自然地会波及小小的罗德岛,奥斯曼人要想在这个地方确保自己的海洋霸权,就必须把罗德岛拿下。所以,在攻陷了贝尔格莱德,相对稳定了在中欧地区的局势以后,苏莱曼大帝就把目光转向了罗德岛,想要一举攻占罗德岛。当然,罗德岛并不容易被攻占,因为越是小而精的地方,就越是易守难攻的,而且十字军的后代在岛上按照各国来源划分,比如英国、法国、西班牙等,守不同的方向,当时罗德岛被称为基督教世界最坚固的堡垒。在得知奥斯曼帝国的苏莱曼大帝正在进行战争和军事的动员、想要征服罗德岛的消息以后,这些人认为形势很危险,毕竟奥斯曼人现在如此强悍,圣殿骑士团的人到处去求救,然而,基本上也没有人帮助他们。这很像当年奥斯曼人攻占君士坦丁堡的过程,希腊人当时也是到处求救、等待援军，但是，没有人来。

关于奥斯曼帝国的兵力，包括后勤苏莱曼大帝一共动员了十万人，过了一个月之后，他也御驾亲征。在 1522 年，奥斯曼人从达达尼尔海峡的加里波利出发，到了罗德岛，十万人把岛围起来，企图困死罗德岛。罗德岛当时只有六千多人，有身份、能打仗的骑士也就是七百多人，剩下的都是平民，所以，此时面对土耳其人的进攻，圣殿骑士团要防备的是百倍于自己的军事力量，如果纯粹从军事力量对比来说，实力就相差过于悬殊了。

但罗德岛上进行了非常充分的准备，围攻者耗得时间很长。到苏莱曼大帝的时候，攻占城堡的技术和攻占君士坦丁堡时没有太大变化，就是对城墙发动炮击，往城墙上发射燃烧弹；但是在攻城炮战之后，发现这效果不太明显，虽然城墙被打出了一个缺口，但骑士团的防守还是很有效，于是，奥斯曼人又尝试使用地道战的方式，从岸边往前挖，推动到骑士团的城根下。当然，圣殿骑士团也有很好的办法来对付土耳其人，后者死了很多工兵，结果是炸塌了一段墙，步兵紧接着发起攻击，但是并没有成功攻入，因为这个地方恰好属于英格兰的骑士防守，这些士兵打仗很英勇，双方交战多次，死伤惨重，最终土耳其人还是被击退了。

一个多月过去了，土耳其人发现这个本来以为可以轻而易举拿下的地方居然这么难以攻下，于是士气开始低落，当年在攻占君士坦丁堡的时候也有过这么一段类似的时间。9 月下旬的时候，间谍战开始发挥作用，罗德岛的间谍告诉土耳其人，这一段不易攻破，最好去进攻西班牙人守的那一段城墙，那一段比较脆弱。刚开始的时候，土耳其人确实感觉挺容易，但是经过一次反扑，奥斯曼-土耳其人又被击退了，苏莱曼大帝很生气，换掉了前线的司令；攻城战一直进行到 10 月，对守城者来说当然耗费很大，但是对土耳其人来说耗费更大，又持续了两个月，一直进行到 1522 年 12 月，双方此时都形容凄惨，而且进入冬天后，土耳其人军中出现了流行病，结果军队就大量减员，土耳其军队伤亡很多，当然，罗德岛的圣殿骑士团打得也没有剩多少人了。奥斯曼-土耳其人攻打一个百姓和军队加起来不过一万人的罗德岛，竟然花了这么大力气，看来是非常不顺利的。

此后,双方开始和谈,苏莱曼大帝说,既然奥斯曼早晚都会赢,希望骑士团能够投降,投降之后他可以既往不咎,保证骑士团的安全。不过罗德岛的人对此并不放心,双方进行了长时间的谈判,苏莱曼大帝十分愤怒,再次攻打西班牙的那段城墙,并再次攻占了这里。然后在 1522 年 12 月 20 日,双方又进行了和谈,主流观点认为,苏莱曼大帝还是比较仁慈的,没有彻底消灭医院骑士团,而且允许战败的骑士们保持自己的荣誉,既不投降,也不归顺,也不杀死,而是撤走了,他们就撤到了马耳他岛,这对奥斯曼人来说又留下了一个隐患。不论如何,罗德岛最终是被攻占了。当然,西方人后来渲染说奥斯曼-土耳其人作风恶劣,虽然圣殿骑士团投降了,但还是发生了大屠杀。苏莱曼大帝在海上的一个大动作就是攻占了罗德岛,以此为标尺,大概半个世纪以后,土耳其人在地中海尤其是其中部和东部可以说纵横无阻,直到勒班陀海战。

这是一个重要的开端。由此,我们需要明白奥斯曼人的海洋战略到底意味着什么。

四、与西班牙和葡萄牙人的竞争

15 世纪初,奥斯曼人就和地中海的海上强国威尼斯进行了争夺,之后西班牙崛起;虽然欧洲人一开始是各自为战的,但后来发现土耳其人过于强大,欧洲人建立了神圣同盟,多次与奥斯曼-土耳其人发生海战,而且争夺非常激烈。总体上来说,从奥斯曼人 15 世纪发展海上力量开始,一直到奥斯曼帝国灭亡,在地中海上的斗争是非常激烈的,奥斯曼人大力发展海军的第一个目标,就是对付威尼斯人。威尼斯人当然在武器上、技术上是相对先进的,但奥斯曼人非常善于学习,在船上配备了最新的武器,所以,到 16 世纪初,奥斯曼人已经取得了在地中海东部的制衡权,其标志就是夺取罗德岛。

16 世纪,奥斯曼帝国对北非和地中海东岸的统治逐渐巩固,使得奥斯曼海军有了更强大的基础去对抗接踵而来的西班牙舰队的威胁;其中一个很重要的方面就是,在罗德岛战役中,刚刚归顺奥斯曼帝国不久的巴巴罗萨海盗也参加了对罗德岛的围攻。当然,他在更晚一些时候才成为一个很重要的角色,尤其是在 16 世纪 30 年代的时候巴巴罗萨成了奥斯曼帝国海军总司令。此后，奥斯曼帝国的海军对威尼斯和西班牙形成了压倒性的优势，迫使威尼斯人和西班牙人结盟，即使如此，他们也没有打破奥斯曼人的优势，最后被迫和奥斯曼人议和。

值得关注的是，威尼斯是一个长期存在的传统威胁，但西班牙的威胁是如何出现的呢？

到这个时间点为止，奥斯曼人基本上是处于上风的，似乎欧洲人一直处于溃败中。但事实并非如此，大航海时代的开拓早在 16 世纪之前就已经开始了，大家都知道，哥伦布发现美洲是在 1492 年。此时，西班牙和葡萄牙是两个相对比较小的国家，虽然他们是大航海时代的开创者。西班牙和葡萄牙所处的岛是伊比利亚半岛，这个半岛实际上从 8 世纪以后长期被穆斯林控制。白衣大食也就是所谓倭马亚王朝征服了伊比利亚半岛。到公元 750 年阿巴斯王朝取代了倭马亚王朝后，倭马亚王朝的后裔逃到了伊比利亚半岛，作为穆斯林政权，他们在这里控制了比较广阔的地盘。所以，当年穆斯林的势力从西边的欧洲伊比利亚半岛，一直扩展到东边的君士坦丁堡、小亚细亚、中亚、中国、北非、印度。从基督徒的角度说，西班牙北部的基督教王国也发展起了所谓"收复失地运动"，又称"再征服运动"。到 15 世纪初的时候，西班牙和葡萄牙崛起了。

西班牙是在排除伊比利亚半岛上的穆斯林势力的过程中，完成了统一，并紧接着开始对外扩张。这实际上是跟奥斯曼帝国的崛起是同步的，基督教文明实际上在此时在伊比利亚半岛进行了扩张，伊斯兰势力在这里是退缩的。以奥斯曼帝国为代表的伊斯兰势力，在地中海北部大陆上进行了很成功的大扩张，所以，双方有一个此消彼长的过程。西边伊比利亚半岛上的穆斯林只能退回到了北非，主要是阿尔及利亚等地，这是一个长期的过程。经过几百年，穆斯林的力量在西班牙、葡萄牙越来越少。到 1609 年的时候，最后一个穆斯林被送上了前往摩洛哥的船只。而政治上基督教势力取胜的标志则是，1492 年伊比利亚半岛上的格拉纳达，也就是最后一个穆斯林政权被西班牙人推翻。

实际上,当西班牙人在西边扩张的时候,曾经一度与埃及的马穆鲁克王朝结盟,因为他们其实也害怕奥斯曼-土耳其人的力量。伊比利亚半岛上陷入基督教围攻当中的穆斯林,尤其是格拉纳达的穆斯林统治者,联系了奥斯曼帝国。实际上奥斯曼和马穆鲁克人的竞争,跨越了整个地中海的东西两岸,其中存在着复杂的国际政治关系。格拉纳达被围攻的穆斯林也希望得到奥斯曼人的支持。所以实际上,西班牙和奥斯曼人的竞争很早就开始了。格拉纳达在1492年的陷落,标志着西班牙人完成了再征服运动;到此为止,伊比利亚南部穆斯林的统治已经延续了八百年,随着穆斯林统治的结束,西班牙人重新统一,西班牙人在美洲发现大量金银财宝,以及后来传播到世界各地的美洲作物,这些都为西班牙人带来了巨大的财富,使得西班牙人迅速成为欧洲的强国,并一度称霸。

西班牙的贸易有两个方向,一个是传统的地中海贸易,一个是新开辟的大西洋贸易。往西,大西洋贸易和奥斯曼土耳其人基本上没有关系,而往东,西班牙人就与此时正好也在地中海东部扩张的奥斯曼帝国相遇了。所以,这个冲突其实是不可避免的。西班牙人的策略是,先占领还没有被土耳其人控制的北非地区的港口,这确实也是西班牙人扩张的一个需要。但与此同时,西班牙人不仅面临奥斯曼帝国的威胁,最重要的是这些地方都是海盗,西班牙人也要反击海盗对他们的骚扰。西班牙跟葡萄牙不太一样的地方就在于,西班牙人在北非对大陆没有直接的兴趣,对新世界即美洲反而兴趣更大;所以,他们对北非这些地方的应对,不是全心全意的,而是不得不做的,真的被威胁到才行动,这就是说,西班牙在这里没有特别积极主动的战略。

16世纪初,西班牙在马格里布地区夺取了阿尔及尔、的黎波里等地,对这些港口进行了控制;不过,西班牙人对这个地方的控制不像海盗或奥斯曼人控制得那么牢固,而主要是一种临时性的行为。在当地港口生存所需要的基本物资都是从西班牙本土运来的,所以,他们对当地港口的腹地也没有进行很好的管理和控制。而在之后,奥斯曼人借助海盗顺利地控制了北非的港口,西班牙人于是就失去了这些港口。这些港口就变成了奥斯曼人的军事基地,西班牙人开始和奥斯曼人互相争夺。

奥斯曼人在 16 世纪后期也经历过两次失败,先是远征马耳他失败,后来是在伯罗奔尼撒半岛北部的海湾勒班陀海战的失败。但是,奥斯曼人在大多数时候还是比较成功的。

苏莱曼大帝以后,奥斯曼帝国保持着海上的优势,并在 1571 年的时候达到顶点,当年奥斯曼人征服了塞浦路斯,确保了从开罗到伊斯坦布尔航线的安全。塞浦路斯的丢失,让欧洲人尤其是威尼斯人特别恐慌,因为,土耳其人现在已经把海洋生命线都抓在手里了。于是,双方在勒班陀进行了一场海战,这场海战实际上是欧洲联军对抗奥斯曼人,这令欧洲人非常震动,因为很长时期以来,他们面对奥斯曼人只有惨败。这场海战对欧洲人心理上的作用非常大,因为胜利提升了他们面对异教徒奥斯曼-土耳其人的士气,欧洲人也发现只有团结起来,才可能战胜土耳其人。《堂·吉诃德》的作者塞万提斯参加了勒班陀海战,并受伤失去了左手,从此获得一个绰号叫"勒班陀的独手人";作为一个骑士一般的人物,塞万提斯在地中海上后来参加了多次战役,在回国的途中还被海盗俘虏了一次,五年之后家里人才花了一笔钱把他赎回去。在当俘虏期间,塞万提斯进行了一些创作,《堂·吉诃德》中那一段俘虏的经历就是作者经历的反映。所以,塞万提斯这个名人的经历,也是地中海历史的一个片段。

勒班陀战败后,土耳其人重新组建了海军,并进行了反攻,迫使威尼斯人签定了和约,所以,勒班陀海战对奥斯曼帝国的影响没有那么大,也不是真正的转折点。1574 年,奥斯曼人夺回了被西班牙人无敌舰队占领的失地。所以,从攻占重要的港口据点和岛屿来说,奥斯曼人在地中海上的霸权,即使到勒班陀的时候,也是不能撼动的。直到 17 世纪后期,奥斯曼人还能够与西班牙人在海上进行竞争,攻占了克里特,确保了自己在爱琴海上的制海权,18 世纪初,奥斯曼人还从威尼斯人手里夺取了伯罗奔尼撒半岛。尽管这个时候奥斯曼已经衰落(主要面临财政困难),但仍能守住领地,尤其是北非的主要港口基地,从这里能继续袭击基督徒的船,导致北非的港口腹地比如突尼斯、阿尔及利亚、利比亚等都成为奥斯曼帝国的正式领土。伊斯坦布尔的苏丹派到北非的官员,也在阿尔及尔、突尼斯和的黎波里进行了管理。不过,他们主要是住在城镇里，港口腹地的事务基本还是自治的。

而在地中海之外，奥斯曼人的主要精力就集中在对付葡萄牙人，那个时候还没有苏伊士运河，红海两岸都是土耳其人控制的领土，也就是说，奥斯曼帝国控制了阿拉伯地区和埃及，他们在这里可以建立自己的舰队。

在西班牙崛起的同时，葡萄牙也经历了亨利王子引领的大航海时代。1511 年的时候，以印度的果阿为基地的葡萄牙人占领了马六甲，1517 年，他们占领了中国香港的屯门，16 世纪中叶，葡萄牙人已经占领了澳门。所以，这真是一个海洋的时代。红海地区再往东就是波斯湾地区，这里其实都有葡萄牙人的势力，因为它面向的就是印度洋。此时，奥斯曼帝国也有向印度洋扩张的想法，因为他们控制着埃及和阿拉伯半岛，以及也门、埃塞俄比亚、亚丁湾，葡萄牙人总是在这里与他们发生冲突，其实奥斯曼人也是不放心，所以，他们就要继续在这里进行竞争。16 世纪初，葡萄牙人到达红海的时候马穆鲁克人还在。随着土耳其人组建了红海舰队，他们就进入了印度洋，而葡萄牙人也在这里占领了据点。

双方最初都没占到什么便宜。奥斯曼人有一个计划，就是从波斯湾进入印度洋，扩大领土，那里有一些小的王公，他们为了反对基督教异教徒还向奥斯曼人求救过。但总体来说，奥斯曼人在印度洋的活动是非常有限的，最终，他们被葡萄牙人打败了。这就改变了奥斯曼人的海上战略，他们认为海洋不值得经营，转而局限于港口，于是，奥斯曼人对也门、埃塞俄比亚等地的港口城市进行了控制，主要是借助于港口进行海洋活动。

显然，这种做法是一个保守的策略，也就是说它不是一个远洋的策略，而是紧贴大陆发展海洋事业；所以，奥斯曼人向东部海上的扩张缺乏海上的基础，海军力量不大，也缺乏海洋方面的人才，最后，就变成了仅仅是在大陆上牵制葡萄牙人。这和欧洲长期的、有组织、有计划的海洋探险是不一样的。不管是从东地中海地区，还是从印度洋的扩张来看，都可以看到奥斯曼人在海洋上的行动有他们的被动性，和欧洲小国相比，奥斯曼人的海洋战略实际上主要是为了配合他们在陆地上的活动。他们没有努力地去发展远洋贸易和海上贸易，也没有去经营海洋工业的战略，这可能也孕育了奥斯曼人走向衰落的种子：大航海的时代和海洋的世纪已经到来了，这是脱离大陆向外拓展、空间急剧膨胀的时代，但也似乎是注定了奥斯曼帝国走向落后的时代。

这就是奥斯曼帝国海洋战略的基本情况。

五、海盗与北非

最后我们补充讲一下前面多次提到的海盗。

海盗和陆地上的土匪其实是相似的，河里和湖里的叫"水贼"，海里的就叫"海盗"，陆地上叫"土匪"。在人类两三千年的历史中，海盗是很常见的，大家熟悉的维京人就是 8—11 世纪时活跃的北欧海盗。15 世纪的大航海之后，海上运输日益发达，相应地，海盗就越来越猖獗，这也是可以理解的。地中海地区的海盗也是一种私人的地方武装。其实，这种海盗团伙里面包含了多个民族和多种宗教的信徒，基督徒和穆斯林都有当海盗的。比较来看的话，在东亚的"倭寇"中，也包含了多元的族群。我们之前说过的圣约翰医院骑士团中，有一些人后来也沦为海盗，1522 年以后他们就以马耳他为基地。在 15、16 世纪以前，地中海上的海盗其实还是以基督徒为主的，后来崛起的是北非的穆斯林海盗。

北非海盗的出现其实有一个大的历史背景，它和我们之前谈到的西班牙的再征服运动有很密切的关系，因为，西班牙被穆斯林占领了几百年，随着基督徒逐渐收复失地，这个过程中自然就爆发了很激烈的宗教-政治冲突。结果大量的穆斯林被驱逐（当然还有一些犹太人也被赶走了）。这些穆斯林在西班牙这个地方生活了好几百年，他们没有办法，只能到北非去定居。

在这个过程中，他们对西班牙人尤其是西班牙的政权，自然是充满了仇恨的。后来，奥斯曼帝国政府出手帮助过来自伊比利亚半岛的穆斯林难民，给他们土地，进行安置。有一种学术观点认为，这些从北边来的难民实际上很多人素质很高，他们高超的文化水平、建筑技术、管理技能都为北非伊斯兰文明的发展做出了很重要的贡献。

一方面，被驱逐的伊比利亚半岛的穆斯林憎恨西班牙人，另一方面，有些人也想要进行报复。所以,在 15 世纪末、16 世纪初,北非的穆斯林对西班牙海岸发动过多次报复性的攻击,在格拉纳达还没有陷落的时候,他们就和格拉纳达的穆斯林形成了呼应,当然,最终他们也失败了。在这个过程中有一批人沦为海盗,他们的主要目的是劫掠西班牙人的商船,并报复西班牙人。当然,还有一些人成为职业海盗,在北非的地中海岸边的港口比如突尼斯、阿尔及尔、的黎波里这些位置很好的地方(这些位置几乎可以说是为海盗所准备的天然港口)盘踞,而且这些地方长期以来都是由一些当地的弱小统治者控制,他们根本无力对付海盗,甚至还被海盗灭掉。此外,还有一些人在摩洛哥沿岸的大西洋也占据了地盘,这些人很快也成为职业海盗,袭扰欧洲沿岸的船只,掠夺战利品。海盗也致力于掠夺白人奴隶,这是司空见惯的。白人奴隶被称为“白色的金子”,足以说明其获利之高。这些白奴大部分都融入了当地人口当中去。16—18 世纪上百万的欧洲白人被掳掠为奴,更不用说还有大量财富和物品被掠夺。西班牙人对这些海盗是很头疼的。一百多年前,一位英国作家写过一本书《西班牙摩尔人和地中海巴巴里海盗的故事》,是了解这段历史的重要材料,已经有中译本。

奥斯曼人主要就是利用北非海盗和欧洲人进行竞争,同时利用他们来控制北非的港口。简单来说,奥斯曼人的做法就是把当地原来就存在的海盗,以某种形式纳入了奥斯曼帝国的体制内,把他们制度化了(institutionalized),实际上,在历史上,海盗集团和很多不同国家的政权都有这种类似的复杂关系。如果国家能力弱,就只能听之任之。毕竟海盗属于非法行为,有一些弱的地方政权就干脆跟海盗合伙,向海盗发放许可证,于是,海盗也就合法化了,成了当地政权的合伙人。欧洲很多政权也给他们的海盗发过许可证,当然,条件是他们只能袭击敌国的船只,不能袭击自己的。但在实际情况中,也未必管有那么精准。荷兰、法国、西班牙等国的王室都曾经利用海盗给敌国造成麻烦。他们一致要消灭海盗,其实要到了 18、19 世纪才开始做到。

在这个过程中,巴巴罗萨兄弟俩就在北非先找到了合伙人,他们每次抢劫完回去之后一定比例的战利品归当地统治者所有,大部分情况下他们抢劫的是基督徒的船只,还会劫掠基督教社会的海岸村庄、港口和城市,做法和倭寇差不多。"事业"做大了之后,很多有名的海盗和一些有野心的人,就会想要投入他们的名下,做他们的手下,大家一起"干大事"。在再征服运动中,穆斯林被西班牙人赶出伊比利亚半岛,巴巴罗萨海盗还派了一些船,把穆斯林从西班牙撤到北非来,所以,当时他们也因此获得了很高的声望。

巴巴罗萨兄弟俩中的哥哥,后来被西班牙人打死了,弟弟巴巴罗萨·海雷丁后来就成了奥斯曼帝国著名的海军将领。实际上,兄弟俩和奥斯曼人的合作从苏莱曼大帝的爸爸塞利姆一世的时候就开始了,1518 年,塞利姆一世就接受了兄弟俩称臣,册封他们做当地的地方官,给了大约一千人的禁卫军,允许他们合法地招兵买马,给钱财、给船。所以,可以看得出来,奥斯曼人的这个目的是很清楚的,只要海盗能够帮助对付西班牙人就行,所以,这个合作是双赢的。经过这个转型,海盗算是主动被"招安"了,他们就成为奥斯曼帝国体制内的人,不再是非法的私人武装。而且,对海盗来说,奥斯曼帝国这个"东家"也足够强大。通过海盗,奥斯曼帝国就把阿尔及尔变成了他们事实上的海军基地,海盗积累的大量财富把这个默默无闻的地方变成了地中海上非常富裕的一个港口城市。

1538 年巴巴罗萨率领奥斯曼舰队击败了意大利、西班牙等国的欧洲联合舰队。从此之后,他们就在地中海一枝独秀,这是巴巴罗萨最辉煌的时代。历史上也把这个时代叫作大海盗的时代,之后三四十年的时间,可以说巴巴罗萨是所向披靡的。巴巴罗萨死后,他自己培养的海军将领继续延续他的能力和能量。突尼斯多次被西班牙人和奥斯曼人抢来夺去,西班牙人还发动过对阿尔及尔大规模的远征,可见这里的威胁有多大,只是因为风暴,西班牙人的远征失败了。此后,奥斯曼人又夺取了西班牙人控制下的的黎波里。

历史上,对地中海北岸的西西里、意大利的主要基地的袭击,就是从这些北非的由海盗控制的港口出发的。当然海盗们坐大了之后,背后也有了奥斯曼人的支持,欧洲有一波野心家发现和北非海盗合作能挣大钱,就有人暂时皈依伊斯兰教,加入了北非海盗,一起去抢基督徒的财富,然后,这些人拿了钱,有的又改宗回去变成基督徒。这种情况也是有的。

总之,在这个时期,西班牙人、奥斯曼人和他们的海盗盟友进行了互有胜负的斗争,但是,到 1580 年,他们认为互相攻击对双方都没好处,就签定了和约,希望维持现状。到 1583 年,西班牙人吞并了葡萄牙。1588 年,英国人打败了西班牙人的无敌舰队(当时英国的指挥官其实也是海盗出身的),西班牙从此走向衰落,就逐渐放弃了对北非的野心。这样,海盗的出身的人就成为北非地区主要的领导者,与此同时,他们日益深入地被纳入奥斯曼人的体制中。海盗的后代中有一些就变成了官兵。

　　到 16 世纪后期,除了摩洛哥,北非大部分领土已经成了奥斯曼帝国的行省,比如阿尔及尔、突尼斯、的黎波里。奥斯曼帝国借助海盗打下的基础,对北非领地进行了不是非常严密的控制,也就是说,奥斯曼帝国中央的权威并不寻求对当地的所有领土进行辐射,他们主要控制了沿海地区,尤其是有重要的经济和战略意义的地区。港口的腹地还是柏柏尔人、阿拉伯人部落的所在地。这些地方在奥斯曼帝国的统治下维持了几百年的稳定。奥斯曼帝国的这种控制模式对当地精英来说也是有利的,他们可以继续纵容和支持穆斯林的海盗与北方来的基督徒海盗进行

巴巴罗萨·海雷丁(1466/1478—1546)

竞争。这几百年来海盗积累的财富也是使北非现代国家能够兴起的基础。可见,奥斯曼人和海盗的关系,对北非的历史影响是非常大的。

　　实际上,北非海盗有时候也会袭击奥斯曼人的商船,但更主要的是给西方人造成了巨大的威胁。海盗毕竟是双刃剑,不那么容易控制。18 世纪后期美国诞生之后,美国海军为了保护自己的商业利益,也被迫卷入到对地中海海盗进行打击的过程中;直到 19 世纪,欧洲人才基本控制住了北非海盗,但是,也没有将其彻底消灭。进入 21 世纪,我们仍能见到海盗。

　　总之,要讲奥斯曼人的海洋政策,我们涉及了两个重要线索:一个是官方

海军对地中海岛屿进行的控制和争夺,以及利用沿海港口进行军事和商业活动;另一个就是利用海盗,以北非地区作为基地,和基督教世界进行竞争,以及后来逐渐把这些地方纳入政治统治的范围。

作者简介:昝涛,北京大学历史学系教授。

法国大选与马克龙政策调整

王　朔　武亦文

摘要：在法国2022年大选中，现任总统马克龙得以连任，但没能在接下来的议会选举中取得绝对多数，反映出法国社会已发生重大变化，政治碎片化、民粹化进一步加剧。马克龙作为欧洲新一代政治家，素有理想信念，可以预见其必将继续推进改革路线和欧洲战略自主，但同时也面临诸多严峻的内外挑战。总体看，马克龙连任有助于保持法国和欧洲对外政策的延续性，亦有利于中欧关系的稳定。

关键词：法国　大选　中欧关系

2022年4月至6月，法国举行总统大选和国民议会选举。现任总统马克龙得以连任，但其所领导的执政党阵营未能在国民议会取得绝对多数。对于一直将复兴法国大国地位视为己任的马克龙来说，如何弥合国内政治分歧、继续推进改革并重振欧洲战略自主，将是其接下来5年任期的主要任务。本文拟从法国此次大选的情况入手，与2017年的大选进行对比，分析法国国内政治社会所发生的重大变化，并结合马克龙的执政思维和逻辑，借以分析马克龙未来执政的前景，并研判其可能给中欧关系带来的影响。

一、法国大选基本情况

法国属于典型的"半总统制半议会制"，总统在国家政治中占据十分重要的地位,与议会一样拥有相当大权力,且事实上总统的权力更大,制约也更少。根据法兰西第五共和国 1958 年宪法第 5 条规定,总统监督宪法的遵守,通过其仲裁保证公权力的正常运行及国家的延续。简言之,第五共和国总统实际上起着"保证者"和"仲裁者"的作用。其权力主要包括:任免总理并批准总理提名的部长;主持内阁会议、最高国防会议和国防委员会会议;有权解散议会,但一年内不得解散两次;可不经议会将某些重要法案直接提交公民投票表决;在非常时期,拥有"根据形势需要采取必要措施"的全权等。[①] 在实际选举中,总统大选采取"多数两轮投票制",由全民直接投票选举总统。第一轮投票如果无人获得 50% 以上绝对多数票,则第一轮中得票最多的两位候选人进入第二轮,得票多者胜选。由于自 1962 年实行总统普选以来,无人能在第一轮投票中得票 50% 以上直接获胜,历届总统大选都进行两轮选举。因此,无论是从总统职位的重要性还是选举程序的审慎性上看,总统大选在法国的政治生活中都可谓意义重大。

按照宪法规定,法国在总统大选结果揭晓之后会很快举行国民议会选举。如果总统所在的政党阵营能够在国民议会中占据绝对多数,那么由此产生的政府内阁将成为总统政策的实际执行者,总理将成为总统的"大管家",此时的政策效率会较高。但如果总统所在的政党阵营无法在议会中占据绝对多数,政策效率就较差,会出现两种情况:一种是反对党组阁,选出的总理必然会与总统争权,也就是所谓的"共治";另一种是执政党组阁,但成为弱势政府。在第五共和国的历史上,"共治"并不罕见,主要在于 1958 年宪法规定总统任期为 7 年,而国民议会选举是每 5 年一次,这样会造成一个时间差,导致总统和总理党派相异、政见相左。比如 1986 年左翼社会党的密特朗任总统期间,右翼保卫共和联盟的希拉克出任总理,二者就产生了严重的左右路线之争。又如 1997 年右翼的希拉克担任统统期间,左翼若斯潘出任总理,同样使政治陷入僵局。但 2002 年希拉克第二次出任总统期间,对宪法进行了修改,总统任期改为 5 年,这在很大程度上避免了"共治"的出现,也有利于法国国内政治的相对稳定。

---

① 吴国庆:《法国政治史:1958—2017》,北京:社会科学文献出版社,2018 年,第 12—14 页。

在 2022 年 4 月 10 日举行的第一轮总统选举中,中间派共和国前进党的马克龙得到了 27.85％的选票,居第一位,极右翼国民联盟的勒庞紧随其后为 23.15％,极左翼不屈法兰西党的梅朗雄为 21.95％。按照规定,由马克龙与勒庞进入第二轮,最终在 4 月 24 日的选举中,马克龙获得 58.54％的选票,战胜勒庞的 41.46％,得以连任。

表 1 2022 年法国总统大选第一轮结果

人名	政治派别	所属政党	得票率
马克龙	中间派	共和国前进党	27.85％
勒庞	极右翼	国民联盟	23.15％
梅朗雄	极左翼	不屈法兰西党	21.95％
泽穆尔	极右翼	光复党	7.07％
佩克雷斯	右翼	共和党	4.78％
雅多	左翼	绿党	4.63％
拉萨尔	极左翼	抵抗运动!	3.13％
罗塞尔	极左翼	法国共产党	2.28％
杜鹏-艾尼昂	极右翼	法国崛起党	2.06％
伊达尔戈	左翼	社会党	1.75％
普图	极左翼	新反资本主义党	0.80％
阿尔索	极左翼	工人斗争党	0.70％

数据来源:法国内政部网站(www.interieur.gouv.fr)

表 2 2017 年法国总统大选第一轮

人名	政治派别	所属政党	得票率
马克龙	中间派	前进运动	24.01％
勒庞	极右翼	国民阵线	21.30％
菲永	右翼	共和党	20.01％
梅朗雄	极左翼	不屈法兰西党	19.58％
阿蒙	左翼	社会党	6.36％
杜鹏-艾尼昂	极右翼	法国崛起党	4.70％

（续表）

人名	政治派别	所属政党	得票率
拉萨尔	极左翼	抵抗运动！	1.21%
普图	极左翼	新反资本主义党	1.09%
阿瑟里诺	右翼	人民共和联盟	0.92%
阿尔索	极左翼	工人斗争党	0.64%
雅克·舍米纳德	极左翼	团结与进步党	0.18%

数据来源：法国内政部网站（www. interieur. gouv. fr）

　　相比 2017 年总统大选，不难看出，法国政治版图已经发生深刻变化。首先是传统大党"断崖式"衰落。第五共和国以来，法国政坛上一直是左翼社会党和右翼共和党（名称有所变化）为主，大致处于轮流坐庄的局面。2017 年大选时共和党候选人、前总理菲永本来占优，声势超过当时刚出道的马克龙和极右翼的勒庞，但因为选前突陷"空饷门"丑闻，没能进入第二轮，才给了马克龙机会。马克龙当时拉走了左翼社会党的部分选票，使得社会党候选人阿蒙得票没能超过 7%。而 2022 年的总统大选，左右两大传统政党可谓是彻底"沉沦"，呼声较高甚至被视为马克龙挑战者的共和党候选人佩克雷斯得票不到 5%，社会党候选人巴黎女市长伊达尔戈得票甚至不到 2%，可谓是惨淡收场。

　　其次是极右势力进一步崛起。在此次大选中，极右翼勒庞不仅再次进入第二轮，重演了 2017 年的一幕，而且与马克龙更加接近，二人得票比率超过 2∶3，而不是 2017 年的 1∶2，这也反映出民众对马克龙的支持度在下降。事实上，如 2017 年一样，马克龙获胜很大程度是得益于法国的选举制度安排和所谓政治正确的原则，而并不是他比勒庞占据多少优势。也就是说民众还没有准备好真正要接受一个民粹的总统，但力量的对比在发生变化。特别是此次大选中异军突起的"黑马"泽穆尔，其政策主张比勒庞更为激进，民粹主义色彩更强，而且在短时间内就得到了很多人的追捧，这更加令人警惕。

　　再次是民众对政治愈发不信任。一方面，法国民众的政治参与率在欧洲是相对较高的，但近些年来却在呈不断下降的趋势。例如，2020 年法国市镇选举第一轮投票率仅有 38%，而 2021 年的大区选举投票只有 34.69%，是法国除全民公投以外所有选举中弃权率最高的一次。2022 年总统大选第一轮的投票率仅为 25.48％,低于 2017 年的 28.54％,议会选举第一轮也仅有 39.42％,也是 2002 年以来最低。① 另一方面,此次总统大选极右翼和极左翼已经得到大约 2/3 的选票支持,远超过 2017 年时的不到 50％,同时梅朗雄的极左翼联盟在国民议会中已经成为最大的反对党团,而极右翼国民联盟更前所未有地得到了 90 个席位。这都显示出民众对现有政治越发不感兴趣,其中既有对政治体制的不信任,也有对政党代表人物的不满意,整个社会也正在变得更加分裂。

二、马克龙的政策思维

马克龙与法国传统的政治人物有较大不同,是所谓的“素人”,但年轻且有思想,对于法国和欧洲的前途有自己的见解和追求。目前看,马克龙的政策体系主要包括三部分内容,即对内改革、大国地位和欧洲建设,而其内在的思维基础则是进步主义。

首先是对内改革。事实上,法国自 20 世纪 90 年代起就陷入低增长、实力下滑的困境。虽然欧洲一体化带给法国不少制度性红利,但一些结构性桎梏始终没能从根本上得以解决。特别是 2008 年金融和债务危机以来,法国自身的问题进一步暴露无遗,甚至被指为“欧洲区定时炸弹”“问题儿童”和“欧洲病夫”。事实上,法国诸多产业起步早、基础好、体系成熟,亦培养出大批工程技术人员,并能够产生大量新的创意,但国内始终未疏通将技术和创意转换成本土生产力的有效渠道,导致过去数十年来科技进展相对缓慢,人才大量流失。同时,社会保护力量又过于强大。法国社会一直以来都是国家概念较强,奉行“从摇篮到坟墓”的高福利政策,政府财政支出压力大。加之民众普遍不愿意信任市场,工会势力强大,动辄与政府唱对台戏,罢工示威乃家常便饭。营商环境的不佳使企业对扩大生产抱有疑虑,不愿加大投入,甚至大举搬迁海外,进一步造成产业空心化,反过来更加剧国内失业和财政负担。对此,无论是左

① 数据来源于法国内政部网站,www.interieur.gouv.fr,2022-09-10。

翼社会党还是右翼共和党执政,都很难进行彻底的改革,不是不愿意改,就是改不动,只能任由法国的包袱越背越重。正如欧洲央行首席经济学家普雷特所言,法国"最令人惊讶"之处有二:一是"并无他国那样的严重债务或银行业危机,经济却表现疲弱";二是"政府改革意愿真实,却选择碎步推进,至今成果有限"。① 马克龙2017年就是在民众普遍求变的心理下当选的。可以说,他是打着改革旗号上台的,国内改革是其所有政策的核心,也是其执政根基所在。目前看,马克龙实行的是经济向右的改革策略,同时一定程度兼顾社会公平,主要着力点在于劳动力市场,目的就是创造资本友好型的营商环境,从根本上提升法国的产业竞争力。

二是大国地位。法国是一个素有大国梦想的国家,很多民众崇拜路易十四、拿破仑和戴高乐,这当然与法国的历史文化传承有关。因此,相比其他国家,法国人对总统外交成就的认可度更高,事实上法国的外交决策很大程度上也是由总统大权独揽。但现实是,法国虽然还是联合国安理会常任理事国,也是核大国,实力却是呈下降趋势。当今的法国已经不再是当年的"法兰西帝国",因而常被人讽为"二等票做头等车"。马克龙致力于重振法国的大国地位,自认为戴高乐-密特朗主义的继承者,甚至自诩拿破仑,不仅是个人雄心的体现,也是顺应了法国民众的普遍心理。马克龙对全球外交投入了巨大的精力,推进气候变化《巴黎协定》的落实,参与叙利亚、利比亚、伊朗等诸多热点地区问题的解决,与中美俄等大国领导人积极互动,重建与非洲的伙伴关系,等等。尤其是在近期爆发的俄乌冲突中,马克龙顶住压力,致力于危机的和平解决,同样是在力图发挥法国的大国作用。一般而言,大选中民众关注的更多是民生问题,但此次俨然外交也成了内政议题,无疑马克龙在这方面有相对优势,而他也将继续发挥这一优势。这既是马克龙重振法国的理想目标,也是其巩固执政地位的现实手段。

三是欧洲建设。法国是欧盟核心国,和德国一道被称为一体化的发动机,很大程度上影响着欧盟的内外政策制定。二战后几十年的一体化进程让法国

---

① AFP, "La BCE 'surprise' de la faible croissance française", http://bfmbusiness. bfmtv. com/monde/la-bce-surprise-de-la-faible-croissance-francaise-925391. html,2022 - 08 - 06.

已经深刻融入欧洲,马克龙深知,法国和欧洲是一荣俱荣一损俱损的关系。无论是国内改革,还是大国地位,都离不开欧洲建设这个平台。换言之,国内改革依赖整个欧洲的政策和经济环境,欧洲不好法国的改革就很难成功,反过来国内改革搞得好,马克龙在欧洲就更有话语权,就更能够依托欧洲在世界上展现法国的大国地位。因此国内改革、大国地位与欧洲建设息息相关,互为依托。马克龙积极倡导欧洲战略自主,强化法德核心,推进欧元区改革和欧洲防务建设,就是意识到欧洲建设之于法国的重要性和必要性。

所谓时势造英雄,但人同样也有自身的能动性。应该看到,马克龙本人具有一些非常鲜明的特点,并在很大程度上影响到了法国的内外政策。一是有自信。马克龙年轻有为,从其成长经历看,无论是经商还是从政鲜有败绩。例如,他为竞选总统组建的共和国前进党,就是在短短的一年时间赢得了议会选举。这也很大程度塑造了他言必行、行必果的个性。二是有思想。马克龙年轻时曾师从两位哲学大师保罗·利科和雅克·阿塔利,并得到了诸多前辈的指点和提携,对问题有独到的见解,常被称脑袋里装了个"老灵魂"。马克龙提出重振法国,是将自己的政治抱负与法国的前途命运绑定,这与其他很多西方政客有很大的不同。三是重实际。马克龙受法国自启蒙运动以来的进步主义思潮熏陶,奉行"不为万物、只为改变"的进步主义主张,认为要将具体政策"置于技术层面""少谈主义,多就事论事"。在他看来,只要能够达到目标,就可以突破限制,实用主义优先,方法上不拘一格,更崇尚"抓到耗子就是好猫"。这与马克龙的理想主义并不相悖,现实主义只是实现其理想的手段和工具。四是标新立异。马克龙喜欢制造新概念,抛出新思想,即便"搅局""越界"亦在所不惜。例如,他提出的"西方霸权衰落"和"北约脑死亡"论断就搞得举世哗然,被西方世界认为是"异类"。又如,他在接受《巴黎人报》采访时还曾言辞激烈,称"对于那些未接种疫苗者,我真想把他们气死",也颇有语不惊人死不休的感觉。① 当然,面对法国结构性桎梏和强大的社会惯性,马克龙不拿出点破釜沉

---

① "Europe, vaccination, présidentielle … Emmanuel Macron se livre à nos lecteurs," *Le Parisien*, https://www. leparisien. fr/politique/europe-vaccination-presidentielle-emmanuel-macron-se-livre-a-nos-lecteurs-04-01-2022-2KVQ3ESNSREABMTDWR25OMGWEA. php,2022 - 08 - 06.

舟的气势也是行不通的。

三、马克龙的执政挑战

当前,法国内外面临诸多挑战,新冠疫情余波未平,乌克兰危机正陷胶着,国内经济复苏乏力,政治愈加分化,欧洲建设更是举步维艰,种种问题摆在连任后的马克龙面前。他在其竞选纲领中明确提出,自己的执政方针将基于"三个哲学信念",即"人民主权的回归""对(技术、科学和社会)进步的信心"和"人文主义"。同时,他还特别强调,这对于法国和欧盟来说都是要做出"历史选择"的问题。[①]

一方面是继续推进国内的改革。改革的思路无非是开源和节流,一面要做大蛋糕,一面要分好蛋糕,而马克龙对这两方面无疑都非常看重。在开源方面,马克龙在选前正式提出了"法国 2030"计划,旨在使法国在从现在起到2030年后疫情危机时代、迅速变化着的世界中,赢得"(工业生产领域的)独立战争",提高生产,"重新成为一个伟大的创新民族"。[②] 根据该计划,法国将投资 300 亿欧元,重点关注十大领域,包括能源和经济脱碳(80 亿)、交通(40亿)、健康(30 亿)、农业和食品(20 亿)、电子和机器人技术等所需零部件供应(60 亿)、战略原材料供应(10 亿)、初创企业(20 亿)、针对战略部门的创新培训(25 亿)、文化(6 亿)、太空和海底(14 亿)。为保障该计划的实施,马克龙提出所需要的 6 个条件:一是要确保获得必要材料,包括确保获得塑料、金属、稀土以及开发这些材料的回收利用技术;二是要保障电子元件供应,将法国半导体的产量和创新能力提高一倍,并转向更小的芯片;三是需要安全数字环境,法国或欧洲要提供解决方案,如建设主权云;四是要确保人才,加快培训适应未来新部门和职业的技能以满足需求;五是以横向方式支持对创新部署具有决

---

① Avec vous(马克龙竞选网站),https://avecvous. fr/wp-content/uploads/2022/03/Emmanuel-Macron-Avec-Vous-24-pages. pdf,2022 – 08 – 09.

② 《"法国 2030"科技强国计划出炉》,《欧洲时报》,2021 年 10 月 13 日,http://www. oushinet. com/static/content/france/2021-10-12/897697408879046656. html,2022 – 08 – 09.

定性意义的初创企业的建立和产业化;六是支持高等教育、研究和创新生态系统。①

在节流方面,主要是针对社会福利改革,目的是创造更为公平的社会环境。马克龙认为,作为法国"独立的条件","我们必须更加努力工作"。为此,他希望将 1969 年及以后出生人的法定退休年龄逐步提高到 65 岁,逐个季度进行,但也强调"就业时间长和残疾问题"应由专业分支机构进行谈判,以使该制度适应"职业的现实",并计划建立相应的"一站式服务",以取代现在的就业中心。同时,马克龙还打算修订直接和间接遗产税数额,并将社会福利直接支付到受益人的银行账户,以打击包括欺诈行为在内的一些不法行径等。此外,他还提出其他诸多社会方面的改革措施,包括照顾残疾、投资教育、解决"医疗荒漠",等等。例如明确提出,在第二任期内争取男女平等的斗争仍然是"伟大事业",将"做更多的工作来支持单亲母亲比例达到 85% 的单亲家庭",支持长期以来一直被认为是"禁忌"和"不公正"的妇女健康等问题。②

另一方面则是续推欧洲战略自主。2009 年的欧元区主权债务危机给欧洲以沉重打击,影响从经济层面向社会和政治层面渗透,加之周边地区传统和非传统安全热点问题接踵而至,欧洲在大国竞争中越来越深感无力。面对这一局面,早在 2018 年 4 月,马克龙在法国 BFMTV 电视台接受采访时就提出:"我相信一个主权的欧洲。我相信我国在取决于它的这些问题上的主权:移民、安全等问题……但我相信欧洲主权。我认为欧洲的觉醒应该来自这一主权。"他还进一步解释道:"主权欧洲就是它所保护的欧洲。面临巨大的风险、巨大的转变:无论是信息风险还是税收风险。"③而现实是当下的欧洲仍是危机频发,不稳定因素进一步增加:英国脱欧烂尾,一体化遭遇前所未有的重大挫折;"铁娘子"默克尔告别政坛,德国新的大联合政府遭到普遍质疑;意大利政

---

① *France 2030*, https://www. gouvernement. fr/france-2030,2022 – 08 – 09.

② Avec vous(马克龙竞选网站), https://avecvous. fr/wp-content/uploads/2022/03/Emmanuel-Macron-Avec-Vous-24-pages. pdf,2022 – 08 – 09.

③ "Initiative pour l'EuropeUne Europe souveraine, unie, démocratique," https://www. elysee. fr/emmanuel-macron/2017/09/26/initiative-pour-l-europe-discours-d-emmanuel-macron-pour-une-europe-souveraine-unie-democratique,2022 – 08 – 09.

府更迭频繁,政治动荡持续不断。尤其是俄乌冲突再起,美国借机重启北约,强化欧洲对美捆绑,使得欧洲战略自主遭受重大损失。为此,马克龙 2022 年 5 月 9 日在斯特拉斯堡欧洲议会发表演讲,提出应建立一个更为广泛的欧洲政治共同体。按照他的设想,将由乌克兰、格鲁吉亚和摩尔多瓦等国组成一个特殊的、独立的"政治联盟",因为这些国家"有着共同的欧洲价值观",但出于某种原因,目前不愿意或无法加入欧盟,而"英国决定离开我们的欧盟,但它可以在这个政治共同体中占有一席之地"。马克龙还称:"这个新的欧洲组织将使欧洲民主国家……为政治合作、安全、能源合作、运输、投资、基础设施和人员流动找到新的空间。"①事实上,近年来欧洲内外政策均发生了一些较为明显的变化,法国的印记更为清晰,即出现法国化的倾向。② 因此,无论这个计划最终能否落实,被冠以"欧洲最后一个总统"的马克龙俨然成为欧洲一体化的实际主导者,而按照其思维逻辑,他也必然会抓住这样的机会,无论是对内强化自己执政的合法地位,还是对外让法国扮演欧盟领头羊的角色。

由此可见,相比第一任期,马克龙的任务更重,但在政策推进上力度也会更大,以期在最短时间的内尽可能地实现其重振法国的政治理想。当然同样的,马克龙面临的挑战也十分严峻。首先是国内的政治分歧。马克龙要想内外有所作为,首先需要的就是一个强有力的政府和议会的充分授权。但目前马克龙的执政阵营在议会里是相对多数,但不是绝对多数,也就是说民众并没有赋予其所期望的权力,这就导致马克龙虽然指定了自己的政府和总理,但在接下来的政策制定和实施中受到的掣肘不可避免。表面上看马克龙面对的是一个相互制衡的议会,但背后却是一个越来越去中心化、反体制的、碎片化的社会。对于中间派执政阵营而言,理想的选择是同右翼的共和党结盟,但共和党那边并没有多少回应,而与极左翼和极右翼结盟又显然不是现实选择,弱势政府或者说是"动态共治"恐将成为必然,这也为未来马克龙推行自己的执政

① *Bilan de la présidence française du Conseil de l'Union européenne*, PRÉSIDENCE FRANÇAISE DUCONSEIL DE L'UNION EUROPÉENNE, https://presidence-francaise.consilium.europa.eu/fr/actualites/bilan-de-la-presidence-francaise-du-conseil-de-l-union-europeenne/, 2022 – 08 – 09.

② 张健:《欧盟法国化趋向及其影响》,《现代国际国家关系》2022 年第 2 期。

方略埋下了重大隐患。

其次是强大的社会阻力。马克龙是打着改革旗号上台的，民众选择他是因为改革，因此尽管有人反对，但马克龙还是要改。但问题是这样的一个社会中，近乎三分之二的人走向了极左和极右，无论马克龙干什么或者不干什么都会有人反对。马克龙2017年上台后，诸多内外危机连续不断，黄背心、交通大罢工、新冠、俄乌冲突等，让其改革进程不得不停下脚步。谁都知道法国得改，不改只能离自己希望的大国地位原来越远，但越改社会的阻力也必然越大。在危机状态下，通胀高企，经济低迷，本就该偏向公平，增大保障力度，要改退休、减福利实在很难。所以，未来在相关政策落地时，必然会引起更大的社会动荡，甚至逼着政府收回，这几乎是马克龙肯定要面对的情况。

最后是法国自身实力有限。马克龙想接默克尔的班，但正所谓"欲戴王冠必承其重"，他同样也会面临很多现实问题。法国缺乏德国的经济实力，更多是在欧盟内充当"政治棋手"，其他成员国会质疑法国的自私主义，即为法国和马克龙的一己之私而不顾他人的利益，甚至在法国跟美国唱反调时，还有人认为这有法式冒险主义的嫌疑。尤其是这些年欧洲内部东西、南北矛盾加剧，俄乌冲突又进一步凸显了欧洲不团结的窘境。欧洲在这场冲突中绝对是受害者，物价高企，军费增加，战争风险上升，但法国乃至欧洲似乎都无法左右冲突形势的发展，更谈不上解决。而且冲突持续的时间越长，带来的冲击就越大，给各国内部社会政治层面的影响也越大。如果马克龙想当欧洲的领导者，这也是他必须要面对的难题。

四、中欧关系前景

近年来，中欧关系出现了较大的波折。一方面，中国作为世界第二大经济体，潜力巨大，制造业体系和供应链体系完备，在全球经济中占据重要位置，中欧合作无论在广度、深度还是规模上都取得了长足进展。根据中国商务部公布的数据，2021年中欧货物贸易总额达到8281.1亿美元，同比增长27.5%，创历史新高。2022年前两个月，中欧贸易继续保持良好发展势头，同比增长

14.8%,达到 1371.6 亿美元,成为中国第一大贸易伙伴,而 2020 年中国就已经超过美国成为欧盟的第一大贸易伙伴,中国同德国、法国的贸易额也均创历史新高。目前,欧中双边贸易已经占到了欧盟货物贸易总额的 16.2%,美国紧随其后占 14.7%,英国占 10%,位居第三。① 另一方面,欧盟对华的防范竞争心理也同时存在。中欧关系的竞争性与合作性的两面体现得越来越充分,尤其是竞争性上升更为明显。

在中欧关系正在进入"新常态"的形势下,如何塑造相对理性的中欧关系,在管控分歧的同时继续保持互惠互利,已经成为中国和欧盟都迫切需要认真面对的问题。法国乃欧盟核心国,一直是中国多领域、多层次的合作伙伴,尤其是马克龙任内更同中国保持着较为良好的关系。马克龙将中国看作实现自身外交雄心的重要工具,务实求变是其对华政策的核心特点,同时考虑到法国在欧盟地位的进一步上升,马克龙此番连任法国总统,不仅有利于中法之间的双边关系,也有助于中欧关系的稳定和持续。

首先,法国将影响欧盟总体对华政策。中国对于马克龙的外交风格和对华政策已有大致的掌握和判断,其变数相对较小,连任后会大体保持原有的节奏。当前,面对一个向美国靠拢的德国和一个试图与美国相对独立的法国,把握住中法关系对于平衡欧盟对华政策有重要意义,同时马克龙所提出的重振欧洲经济、实现数字化转型等主张也与中国有交集,具备利益可能对接的空间,未来欧盟对华政策无疑将会更多受马克龙政策思维的影响。

其次,欧洲战略自主符合中国多极化主张。从以往的外交实践来看,法中关系与法美关系具有某种程度的"逆相关"关系。② 马克龙多次在公开场合指出,欧盟需要构建和完善身份认同,需要以自己的方式和政策活跃在国际舞台上,这一追求战略自主的诉求将成为中欧关系的契机。中国与法国和欧盟都是维护多边主义的重要合作伙伴,以法国为例的欧盟国家与中国在地缘政治和安全方面不存在直接利益冲突,中欧更有立场加强对话。

---

① 《欧盟重回中国最大贸易伙伴! 专家:应推动中欧投资协定重启》,商务部网站,2022 年 3 月 22 日,http://chinawto.mofcom.gov.cn/article/e/r/202203/20220303287433.shtml,2022 - 08 - 09。

② 张宏明:《"多重关系"交互作用下的中法在非洲关系》,《西亚非洲》2019 年第 3 期。

　　再次,为中欧开展多边合作提供可能。中法两国可以加强全球公共卫生治理方面的合作,履行中法两国的大国责任,尽量消除法国和欧盟对中国的偏见、误会和敌视。同时,法国在《欧盟印太合作战略》框架下明确提出要积极推动与包括中国在内国家展开合作,加强安全、气候等领域合作与对话,并通过"战略自主"以自身的价值理念来主导和牵引印太地区秩序的重构。① 中国的"一带一路"倡议与之存在对接的可能,将中欧在印太地区的关系由竞争为主转变为合作为主。中法与中欧可以在基础设施建设、经贸合作、文化交流等领域开展各项活动,同时满足三方战略所需,切实为印太地区的安全稳定做出贡献。

　　当然,应该看到马克龙的对华外交实用主义的反面,仍然存在一些制约因素。一方面,中法中欧存在现实利益竞争。另一方面,法国对美国的独立性也存在局限。以上这些因素会在不同的语境和背景下成为中法、中欧关系发展的挑战。但总体看,马克龙连任仍然是积极因素,会给中法关系、中欧关系发展和世界格局的变化提供多领域多维度的机遇,对于中法、中欧的双边和多边合作带来益处。

　　作者简介:王朔,北京外国语大学国际关系学院教授,主要研究欧洲一体化及法国问题;武亦文,北京外国语大学北外学院讲师,主要研究法国问题。

---

　　①　邢瑞利:《欧盟与美国在印太地区的战略互动探析》,《新疆社会科学》2021 年第 6 期。

　　当地时间 2022 年 7 月 13 日，美国总统拜登抵达以色列，开启了总统任上对中东的首次访问。本次讲座恰逢拜登开始访问中东之际，北京大学区域与国别研究院副院长、北京大学国际关系学院副教授王锁劳老师以中东为着眼点，以"拜登中东之行"为题，以访问路线——以色列、巴勒斯坦、沙特阿拉伯三站为线索，探讨了拜登这次迟到的中东之行。虽然拜登本人对此次中东之行非常重视，但这次访问或许很难取得大的成果。

拜登中东之行

王锁劳

一、拜登总统延迟的中东之行

　　一般来讲，美国总统上任后会首先访问加拿大或者墨西哥这样的周边国家，然后在任期第一年，具体说是在前几个月就要访问中东。拜登上任之后首次国外之行是在 2021 年 6 月 11 日到 13 日，当时他参加了在英国以及在布鲁塞尔召开的一些大的活动，比如参加了在英国举办的 G7 峰会，以及在布鲁塞尔举行的北约峰会。也就是说，拜登既没有首先访问周边国家，而且他的中东之行也大大延迟了。从这个角度来讲，他稍微打破了美国最近几任总统的惯例。

　　尽管拜登没有第一时间去中东访问，但是他在美国本土接见了来自中东的领导人。第一位就是阿拉伯联合酋长国阿布扎比酋长国的王储，最近由于他同父异母的哥哥去世了，他也就成了阿联酋总统，在他哥哥去世之前这些年他一直代表阿联酋在国际舞台上非常活跃。此后，拜登在2021年7月会见了约旦国王阿卜杜拉，可以看出约旦国王也是美国的传统盟友，几乎每一任美国总统在位的时候都会邀请约旦国王来访问。此外，拜登在2021年8月会见了以色列总理贝内特。应当说，尽管拜登没有第一时间到中东访问，但他与中东保持了密切的接触。

　　梳理美国历任总统的中东之行路线选择问题，可以看出，尼克松总统在位时期访问了一些中东国家，不过那个时候美国在中东非常重要的盟友除了以色列还有伊朗，所以尼克松总统去了伊朗访问。卡特应当说是深度卷入中东的总统，他1978年在以色列和埃及之间斡旋举行了第一次"戴维营会谈"，达成了《戴维营协议》，使埃及和以色列在1979年建交。卡特总统在任期内总共出访了31个国家，其中出访中东6次，包括伊朗1次、埃及3次、以色列1次、沙特1次，伊朗是卡特总统首先出访的中东国家。到了里根总统时期，他在8年任期内总共出访其他国家48次，首次出访是前往加拿大，但是他并没有出访中东。老布什总统在4年任期内出访60次，其中出访中东国家4次，包括沙特2次、埃及1次、土耳其1次。1990年伊拉克入侵科威特，美国在1991年组成了多国部队，打垮了伊拉克总统萨达姆，解放了科威特。而美国出兵是以沙特作为基地，这两次访问沙特可以说极大地拉近了美国与沙特的关系，但是后来也由此引发了本·拉登集团对美国的憎恨。此后克林顿总统在8年任期内出访其他国家133次，中东国家16次，包括以色列4次、巴勒斯坦1次、沙特1次、埃及4次。可以看得出来在那时埃及在美国人看来是非常重要的伙伴和盟友。克林顿任期内在白宫主持了《奥斯陆协议》的签署，那时巴勒斯坦和以色列中东和平进程的开展非常有成效，达到了一系列的协议，后来克林顿主持了第二次会谈，但是很遗憾最后中东和平进程之后再次陷入僵局。到了小布什总统时期，他在8年总统任期内出访其他国家140次，其中出访中东国家19次，包括以色列2次、巴勒斯坦1次、沙特2次、埃及3次、伊拉克4次。

小布什被认为发动了伊拉克战争,而伊拉克也成为美国重要的包袱,直到现在伊拉克国家安全、政府稳定、人民社会生活都存在很大的问题。奥巴马总统 8 年任期出访其他国家 120 次,其中出访中东国家 11 次,包括以色列 2 次、巴勒斯坦 1 次、沙特 4 次、埃及 1 次。与其他总统不太一样的是,尽管奥巴马首次出访的国家也是加拿大,但是他第一个访问的中东国家是土耳其,不过很快就访问了埃及。奥巴马任内很重要的任务是与伊斯兰世界和解,他在埃及发表了重要的演讲,同时从伊拉克撤军,但撤军也产生了一个很大的副作用,那就是"伊斯兰国"的崛起。奥巴马在任内 4 次访问沙特,凸显了沙特对美国的重要性。特朗普任总统后,完全颠覆了美国历届总统首脑外交的习惯。他的第一站出访不是加拿大、墨西哥、英国等,而是中东,具体说就是沙特,接着是以色列和巴勒斯坦。当然由于疫情的原因,可能还有其他原因,特朗普的中东访问就只有这一次。现在拜登所访问的国家可以说与特朗普完全一致,只不过顺序有些不同。考虑到拜登总统很可能不能连任,这次中东之行非常重要。

拜登总统中东之行延迟可能有以下几个原因。第一可能与疫情有关。拜登总统第一次出访是在 2021 年的 6 月,而之前的总统一般会在 2 月上任之初就访问加拿大或者墨西哥,因此疫情肯定是重要的原因。第二可能和拜登的个人经历有关。拜登本人对中东特别熟悉,他在奥巴马政府任内做副总统,曾多次访问中东,当然也包括这次所访问的三个国家,和相关领导人都有过会面。第三可能和特朗普留下来的遗产有关。特朗普是个特立独行的总统,他颠覆了美国的中东政策,中东国家对特朗普的看法也各不相同,一些国家对特朗普是非常赞赏的。而拜登的很多政策与特朗普不一样,但是考虑到中东的现实又不能完全不一样。因此,拜登在任的一年多也在琢磨中东之行想达到什么目的、能达到什么目的、能不能被中东国家接受,这也是延迟很重要的原因。

二、拜登总统的以色列之行

7 月 12 日,以色列著名的报纸《耶路撒冷邮报》发表了一篇专栏文章,题目叫作《不能指望拜登对以色列的访问取得进展》("Don't expect Biden's visit to Israel to 'make progress'-opinion")。根据《耶路撒冷邮报》透漏的消息，拜登到以色列会访问几个地方，第一个要访问以色列著名的国家犹太大屠杀纪念馆（Yad Vashem），这对犹太民族来说是非常重要的缅怀犹太历史的地方；此外，拜登还会访问位于东耶路撒冷橄榄山上的奥古斯塔维多利亚医院，这个医院是当年英军修建的，规模非常大，关键是它位于东耶路撒冷，拜登现在到这个地方访问，似乎是在宣誓他的立场，也似乎在暗示某些东西。

拜登访问以色列面临一个难题，那就是 6 月 30 日以色列议会通过决议，解散了现在的议会。按照以色列领导人达成的协议，在贝内特担任总理 18 个月以后副总理兼外长拉皮德会继任总理的位置。然而现在议会提前解散了，以色列将于 2022 年 10 月 1 日举行新一届议会大选，谁能当选总理还是未知数。现在是以色列看守政府时期，拉皮德是看守政府总理，许多人分析看守政府不可能在许多重大的问题上做出决策。因为在以色列，议会可以说作用非常大，重大的决策要通过议会的投票。拜登此行就要和拉皮德、贝内特以及前总理内塔尼亚胡会面。

对于此次以色列之行，很多人的态度并不乐观，拜登想要推翻特朗普做出的几个历史性的决策恐怕并非易事。比如特朗普在 2017 年宣布承认耶路撒冷为以色列首都，这颠覆了美国几十年的政治习惯。早在克林顿担任总统时期，美国国会通过一项决议要求克林顿政府将驻以使馆从特拉维夫迁往耶路撒冷。克林顿为了推动巴以和谈，先后多次使用总统特权推迟执行这一法案。从那以后历任总统基本上都会继续推迟执行，特朗普刚上任的时候也推迟了，但是到了 2017 年底就尊重了国会的决议，将大使馆迁到了耶路撒冷。在以色列建国 70 周年的时候，特朗普派他的女儿伊万卡去耶路撒冷主持了美国驻以色列大使馆在耶路撒冷的开幕仪式。驻耶路撒冷大使馆是在原来美国驻耶路撒冷总领馆的基础上改建而成的，不是永久地址，美国将找一个新的地址再建永久办公场所。但是美国以前驻耶路撒冷总领馆不仅服务于以色列人，也服务于巴勒斯坦人，可以说是美国与巴勒斯坦人联络的非常正式的官方渠道，但是由于特朗普把美国驻耶路撒冷总领馆变成了大使馆，巴勒斯坦与美国的官方联系变得非常困难,甚至也影响了许多耶路撒冷老百姓。2021 年以色列总理访问白宫的时候,曾经与拜登谈到过这些问题,拜登当时打算重新开放美国驻耶路撒冷总领馆,但是他的想法刚刚披露不久就遭到以色列政府的强烈抨击。贝内特和拉皮德都不认同拜登的想法。拜登不太可能推翻特朗普定下的政策,重新把美国驻耶路撒冷大使馆迁回特拉维夫,因为这违反了国会的决议。重新开放在耶路撒冷的总领馆长远未必不可行,但是在短期之内难度比较大。

至于其他方面,有消息称看守政府内阁这一次不准备在拜登访问期间宣布修建新的定居点。在奥巴马总统访以色列期间,内塔尼亚胡总理给他当头一棒,宣布美国准备在东耶路撒冷和约旦河西岸修建新的定居点;2010 年拜登副总统对以色列谈判没有取得任何进展。而这次以色列看守政府不准备宣布修建新的定居点,因为国际公认定居点所在的约旦河西岸和东耶路撒冷属于巴勒斯坦,以色列修建定居点的行为被联合国安理会等许多国际机构谴责。在国际社会看来,如果以色列宣布在东耶路撒冷和约旦河西岸修建新的定居点,意味着以色列政府不想与巴勒斯坦和谈。

三、拜登总统的巴勒斯坦之行

拜登这次会访问圣城伯利恒,这与特朗普上次访问巴勒斯坦的目的地高度吻合。拜登将在伯利恒会见巴勒斯坦总统马哈茂德·阿巴斯。实际上,拜登在 2016 年访问拉马拉时会见了阿巴斯,虽然当时也谈了很多问题,但是由于当时奥巴马政府即将下台,而且内塔尼亚胡总理非常强硬,所以当时的访问并不成功,没有达成什么重要协议。

这一次拜登见阿巴斯仍然会面临特朗普留下的遗产和难题。特朗普本人非常亲以色列,但他也就巴以和谈、中东和平推出了自己的方案。2020 年 1月,在与埃及、约旦、阿联酋、沙特等国家磋商之后,特朗普和他的女婿库什纳主持制定了"世纪协议"。这个协议的基本思路就是用经济手段来解决巴勒斯坦和以色列之间的分歧,确保以色列在约旦河西岸的定居点,同时用经济方式补偿巴勒斯坦人。但是,如果以色列完全拥有约旦河西岸的主权,巴勒斯坦国基本上就不可能再建立了,因此这个世纪协议遭到巴勒斯坦人坚决反对。特朗普到最后与巴勒斯坦政府基本上是决裂了,特朗普关闭了巴勒斯坦解放组织在华盛顿特区的办公室,停止向联合国近东巴勒斯坦难民救济和工程处捐款。无论如何,历届美国总统都不承认巴勒斯坦国,因此公开不会讲巴勒斯坦,而是说约旦河西岸。美国的观点是巴勒斯坦必须与以色列达成协议,得到以色列的承认以后,才能正式建国。

对于巴以问题,美国此前所采取的措施是两国解决方案。这个方案是小布什政府公开提出来的,也得到了国际世界的认可,具体来说就是美国支持未来建立一个巴勒斯坦国,这个巴勒斯坦国与以色列和平共处。但是多年过去,以色列和巴勒斯坦之间的谈判没有取得多大的进展,基本上还是维持克林顿时期所达成的几个协议。而特朗普政府后期更是非常偏向以色列,在很大程度上基本忽略了两国解决方案。消息称,拜登这次访问会重申美国的两国解决方案。拜登能公开认可两国解决方案意味着他与特朗普后期的政策有了区别。

事实上,拜登上任之后的确做了一些对巴勒斯坦有利事情,扭转了特朗普的政策。比如他在上任仅仅 6 天以后,在 2021 年 1 月 26 日就宣布恢复美国对近东救济工程处的捐款;同时拜登与国会合作,恢复了对巴勒斯坦人每年约 5 亿美元的支持。美国之所以在巴勒斯坦问题上有很大的发言权,一个很重要的抓手就是美国向巴勒斯坦人提供巨额援助。当然美国对以色列的援助更大,几十年来维持每年 30 亿美元的援助。虽然拜登曾经表露出想重新开放美国驻耶路撒冷总领馆的想法,但是后来在以色列政府强烈反对下拜登政府基本上已经把这个问题搁置了。这次拜登去很可能不会提美国重开耶路撒冷总领馆的想法。目前看来,拜登去巴勒斯坦访问不会有过多实质性的决定,因为拜登政府本身就是弱势政府,而且他在巴勒斯坦停留时间非常短,当然不排除有其他较小的成果,比如说增加援助或者增加其他的小恩小惠。

四、拜登总统的沙特之行

拜登总统中东之行的最后一站是沙特阿拉伯。到达沙特之后，拜登总统会去吉达访问，并参加在吉达召开的海合会 6＋3 峰会。海合会 6 国分别是沙特、巴林、科威特、阿曼、卡塔尔、阿联酋，这些国家都是比较富裕的石油国家，此外峰会还将邀请伊拉克、埃及以及约旦的领导人。拜登这次将直接从以色列飞往沙特，这在美国总统中是史无前例的。这意味沙特与以色列关系的改善，这是一个公开的秘密。特朗普在任期内积极推动阿拉伯国家与以色列集体建交，签署了《亚伯拉罕协议》，阿联酋、巴林、摩洛哥都完成了同以色列建交，苏丹军政府也与美国关系正常化。美国也希望沙特公开宣布与以色列建交，但是让沙特做出这个举动非常难。沙特是伊斯兰世界的圣地，每年有 200 多万穆斯林去沙特朝觐，在当今世界上尽管有不少伊斯兰国家已经默认了以色列的存在，以及它在国际上以及在中东的地位，但是仍然有很多伊斯兰国家并没有与以色列建立外交关系，比如印度尼西亚、马来西亚，等等。近期沙特与以色列建交的可能性比较小，但是这并不妨碍沙特与以色列的秘密合作，其中可能也包括军事方面的合作，拜登直接从以色列飞往沙特就是一个重要的信号。

奥巴马总统时期，内阁与沙特政府的关系非常密切，但是双方关系也一度出现紧张。奥巴马本人曾两次访问沙特，但是他在位时候的一些做法让沙特、以色列都感到不满。2015 年，联合国安理会五大常任理事国和德国，与伊朗共同签署了"伊核协议"。协议达成以后，奥巴马邀请海合会六国领导人去美国访问当面向他们说明此事，这引起了以沙特为首的几个海湾国家的不满。他们认为伊朗是海湾地区主要的威胁，奥巴马并不尊重他们的意见，没有把他们作为真正的盟友放在眼里，以色列内塔尼亚胡政府当时也有同样想法。

特朗普上台以后，反其道而行之，公开宣布美国退出"伊核协议"。一直到现在这个协议还没有恢复，但其他几个国家都在坚持，包括伊朗也在坚持。特朗普上台以后第一站访问的就是沙特，他会见了沙特国王，同时还在沙特召开了美国与伊斯兰国家会议。会议的重要议题就是打击恐怖主义、打击"伊斯兰国"。在这次会上特朗普赞成沙特和阿联酋等国的意见,认为卡塔尔支持恐怖主义活动。2017 年,沙特、阿联酋等国就与卡塔尔断交了。这次访问使得特朗普与沙特家族建立了深厚的友谊。2018 年 3 月,沙特王储穆罕默德·本·萨勒曼访问美国,与特朗普签署了 1100 亿美元的军售大单。沙特从 2015 年开启了军事干预也门的行动,打击胡塞武装,因此沙特需要军火,而美国是中东这些盟国主要的军火供应者,这是美国维系与中东海湾国家战略关系、政府关系、安全关系主要的抓手。

与特朗普政府不同,拜登政府对沙特颇有微词。2018 年 10 月,沙特记者卡舒吉在沙特驻伊斯坦布尔总领馆被残忍杀害,这件事情不仅引起了土耳其的愤怒,而且引起了国际社会包括美国(主要是国会以及民主党)的强烈愤慨。但是特朗普表现中规中矩,并没有公开谴责沙特国王或者沙特王储,虽然事后调查很多线索指向了沙特王储穆罕默德·本·萨勒曼本人,但是特朗普并没有对沙特王储和沙特国王采取激烈的行动,反倒是国会采取了行动。在大选期间,拜登指责特朗普与沙特家族关系密切,同时也猛烈抨击了沙特,称沙特是一个"贱民"国家。但是沙特毕竟是美国在中东的重要盟友,所以此番言论在拜登当选总统后仍然作为一个难题留到了今天。在拜登当选两天内,沙特政府几经犹豫但最终还是向拜登发去了贺电。

尽管拜登政府同沙特之间存在一些矛盾,但是拜登也不得不承认沙特的重要性。拜登表示,这次访问沙特的一个很重要的目标是重新定位与沙特的关系。拜登十分清楚自己在上台之前多次对沙特领导人的谴责给自己造成了不小的麻烦,因此想通过这次访问恢复与沙特领导人的关系。尽管美国国内对拜登访问沙特有不少的抨击与批评,但是到中东访问绕过沙特恐怕会使沙特与美国关系更冷。因此,出于美国战略利益的考虑,拜登还是勉为其难地做出了这样的选择。

拜登这次访问沙特有几个重要的话题:也门问题、伊核问题、石油价格问题、中东国家同俄罗斯和中国的关系问题。

拜登认为也门造成了世界上最严重的人道主义危机之一。拜登上台以后任命了美国中东也门特使,在美国特使以及在联合国斡旋下也门实现了停火,到现在已经持续 4 个月了,目前各方都在努力使其进一步延长,但这个问题依然没有得到根本的解决。也门冲突跟过去常规战争有所不同,胡塞武装现在使用无人机攻击沙特和阿联酋境内的输油管道以及油田,对两国的石油出口以及石油设施造成了很大的威胁,使用无人机的成本非常小,但是造成的危害特别大。可是反过来,沙特、阿联酋在美国先进武器的加持之下,从 2015 年到现在 7 年中也没能将胡塞武装消灭掉。不仅如此,也门哈迪政府已经垮台了,现在的也门政府是由联合国支持的新政府。可以说沙特对也门军事干预遥遥无期,这对沙特来讲既是经济负担,也是安全问题。

在伊核问题上,拜登政府和特朗普政府之间存在分歧。拜登和奥巴马都认为"伊核协议"对于遏制伊朗开发核武器是有效的,因为"伊核协议"是美国通过部分解除对伊朗的制裁换取伊朗暂停铀浓缩活动;但是在特朗普和以色列看来则相反,因为这个协议只有 15 年,伊朗可以利用这 15 年充分提升技术水平,被解除制裁以后伊朗的核技术水平会更高,到那时要想控制、遏制它开发核武器已经不可能了。此外,"伊核协议"被认为有一个重要的缺陷,那就是没有对伊朗的弹道导弹项目进行制裁。在这一点上伊朗政府态度非常明确,坚决反对。事实上,美国和欧洲一直在努力促成"伊核协议"达成。美国前不久在卡塔尔多哈同伊朗关于"伊核协议"进行了会谈,虽然克服了一些障碍,但是美国指责伊朗不停地增加新的项目,总之没有达成最终协议。前不久欧盟负责安全和外交事务的代表博雷利去伊朗访问,也在推动"伊核协议"的达成。这次拜登访问沙特,"伊核协议"也是一个重要的主题。然而消息称,这个问题不可能在拜登访问沙特期间得到解决。为了使中东一些国家联合起来应对伊朗的安全威胁,美国正在试图建立一个地区联盟。2022 年 3 月,美国联合以色列、埃及、约旦、沙特、阿联酋等国家筹建一个地区军事联盟,类似中东版北约。拜登这次访问中东很重要的议题是促进中东地区的一体化,一旦"伊核协议"达成了,这个地区联盟的作用就是防范伊朗的安全威胁。

拜登还试图说服沙特及其他欧佩克产油国增产,从而稳定世界石油市场。但是消息称,沙特等国对于这个要求是犹豫的,或者是不太赞成的。生产更多的原油有可能使价格下降,但是油价大幅度下降并不符合产油国的利益。

五、中东之行的相关问题

拜登曾公开提到要防范俄罗斯和中国,这次访问也是在试图疏远中东国家与俄罗斯和中国的关系,但这一点现在看来有些困难。首先,中东国家和俄罗斯是重要的合作伙伴。以沙特为首的中东国家没有在俄乌冲突中公开谴责俄罗斯,因为俄罗斯是世界上排名前几位的重要产油国和石油输出国,它处在"欧佩克+"的位置,可以说俄罗斯是欧佩克重要的战略盟友。同时,俄罗斯、乌克兰都是世界小麦出口大国,而中东很多国家粮食不能自给,包括沙特等国都需要进口大量的小麦。因此中东国家对于谴责和制裁俄罗斯没有太大的动力。其次,中国这些年通过"一带一路"倡议,与中东国家的关系越来越密切。近些年来,中国大力推动与中东欧佩克国家的关系。中国还与海合会六国进行自贸区谈判,这些年与海合会战略对话进行得非常深入。同时,中国领导人与沙特、阿联酋、埃及等不少中东国家领导人联系密切,指望这些国家公开在美国与中国之间选边站队有一定的难度。

关于拜登此次中东之行是否和美国试图在全球范围之内与中国和俄罗斯对抗有关,我认为要把俄罗斯与中国适当做出切割,俄罗斯和中国在中东既有共同利益又并不完全一致,要分开来看。在能源方面,中国属于能源进口国,从中东进口大量的石油和天然气;而俄罗斯是向外出口原油和天然气的国家。在这个问题上,俄罗斯与中东能源出口国利益是高度一致的,而中国与许多能源进口国在很多问题上是一致的。在政治方面,中国与俄罗斯在中东的利益既有一致也有不同。比如说,这些年中国与俄罗斯在叙利亚问题上高度一致,两国前后联手8次否决了联合国安理会提出的针对叙利亚的决议;同时中俄两国在中东都反对人为地通过外来干预来制造政权更迭,两国都认为"阿拉伯之春"造成的负面影响更大,都希望保持中东地区的稳定。但是中国与俄罗斯在同中东国家关系上又是不一样的。中国与中东所有的国家都建交了而且关系比较密切,而俄罗斯与许多中东国家关系比较紧张。拜登这次出访中东毫无疑问会拉拢一些中东国家制裁或者反对俄罗斯,同时也会针对中国试图分化瓦解一些中东国家。在拜登政府看来,俄罗斯和中国是能够挑战美国在中东地区强权地位的主要国家,这也是为什么拜登把俄罗斯和中国放在一起来说。

关于近 20 多年来巴以和平进程没有取得太大进展的原因,我认为这个问题十分复杂,不仅仅是民族矛盾和地缘矛盾,同时也有宗教矛盾以及难民问题。美国历任总统在这个问题上做出了努力,但是效果都不是非常明显。克林顿在 2000 年召集的第二次戴维营会谈最终卡在了圣殿山的问题上。巴勒斯坦人希望能够明确为巴勒斯坦对圣殿山的主权,然而以色列 1980 年《耶路撒冷法》认定耶路撒冷是以色列不可分割的首都,包括老城、圣殿山,因此完全不能够接受巴勒斯坦的提议。小布什政府在这个问题上基本没有多大的推进,但是他在 2003 年推出了路线图,希望巴以能够就地位进行认真谈判,包括耶路撒冷问题、圣殿山问题、两国边界问题、难民回归问题以及定居点的问题,但是都没有解决。除了圣殿山问题,难民问题也是非常大的阻碍。当时几百万巴勒斯坦难民要求回归,联合国 194 号决议也是支持的,但当以色列巴拉克政府在戴维营会谈提出允许大概 10 万巴勒斯坦人回归,希望通过经济补偿的方式让周边阿拉伯国家就地安置其他难民,但事实上这是很难达成的。奥巴马总统在 2009 年 6 月去开罗访问,公开要求内塔尼亚胡停止修建新的定居点,迫使内塔尼亚胡暂停了修建、翻修、扩容定居点活动。到目前为止,拜登的努力还没有到奥巴马的程度,也没有超过小布什和特朗普,其所展现出来的推动巴以和谈的意愿和能力是连续前几任总统以来是最弱的。但是我们可以看到,巴以问题是全方位的问题,美国在其中做出了很大的努力,所以不能简单地指责美国。此外,巴以和谈进展缓慢的另一个重要原因是巴以之间缺乏诚意和信任。以色列方面领导人认为巴勒斯坦没有和谈的伙伴;而巴勒斯坦政府指责以色列方面拒绝停止修建定居点,没有和谈的诚意。可以说双方基本上没有什么和谈,甚至把双方领导人放在谈判桌前都很难。

这些年以色列与不少阿拉伯国家建交,目前高举巴勒斯坦问题旗帜的中东国家是伊朗、土耳其,这两个国家在许多重大的国际场合表示对巴勒斯坦人的同情。值得注意的是,沙特与以色列建交难度很大。作为伊斯兰世界的盟主,沙特顾虑比较多。沙特政府需要考虑与以色列建交之后会不会疏远其他伊斯兰国家,包括许多与以色列没有外交关系的阿拉伯国家。尽管现在沙特政府当政的王储比较年轻,但是在这个问题上不会这么激进,沙特即使在私下与以色列政治关系、军事关系很密切,但是公开场合不会那么激进,不会与以色列建交。

土耳其在中东是比较高调的,尤其是在当前埃尔多安所领导的正发党时期,用区域国别研究院昝涛教授的话来讲就是"明显的东向政策"。20 世纪 90 年代的土耳其在中东问题上没有那么高调,它的地理位置比较特殊,对各方面都比较温和,但是自埃尔多安 2002 年上台以来发生了一个转变。埃尔多安的性格非常高调,他非常善于利用中东议题,喜欢直接就国际问题发表评论,而且也会采取一些实际行动。比如说在 2017 年特朗普宣布美国承认耶路撒冷为以色列首都以后,土耳其利用伊斯兰合作组织轮值主席国的身份呼吁伊斯兰国家去伊斯坦布尔开会,声称东耶路撒冷是巴勒斯坦的首都,公开反对特朗普的立场。

土耳其与中东国家的关系比较复杂,有一些盟友但也和一些阿拉伯国家之间存在问题。土耳其在中东一个很重要的盟友就是卡塔尔。在军事方面,2017 年沙特、阿联酋、埃及等国与卡塔尔断交的时候,土耳其非常高调地公开宣布坚决反对他国入侵卡塔尔,土耳其会派部队维护卡塔尔安全;在经济方面,卡塔尔埃米尔访问土耳其时承诺提供高额的经济援助,帮助土耳其稳定货币。当然他也得罪了不少中东国家,特别是在卡舒吉被暗杀之后,沙特与土耳其的关系非常紧张,但是今年埃尔多安对沙特进行了访问,两国关系表面上恢复了正常化。但是想要真正恢复关系非常难,因为很多阿拉伯国家比较排斥土耳其,不喜欢土耳其领导人的外交方式。除此之外,土耳其还和美国、俄罗斯有着非常复杂的关系。总之土耳其在中东是比较特殊的存在。

关于"伊核问题",我们有必要对其历史进行梳理。在前国王巴列维时代,伊朗和美国是盟友,美国并不忌讳帮助伊朗开发核设施;但是 1979 年伊斯兰革命以后,美国就开始警惕伊朗发展核设施了。伊朗前驻华大使来北京大学访问曾说:"这其实跟核设施本身没有关系,而是政治问题。"1979 年,伊朗建立了伊斯兰政府,伊斯兰政府从一开始就敌视以色列,并称以色列是实体(entity),不愿意承认以色列是个国家。2003 年,美国推翻萨达姆政权,同时领导多国部队占领阿富汗,在这种情况下,当时伊朗被迫签署了《巴黎协议》,同意国际原子能机构对伊朗进行核查。但是到 2005 年前总统艾哈迈迪·内贾德上台以后,伊朗开始恢复铀浓缩活动,到了 2010 年伊朗宣布已经能生产出 60%的浓缩铀。那几年联合国连续通过了决议对伊朗进行制裁,美国从 2010 年开始对伊朗实施单边制裁,同时也制裁与伊朗进行贸易的国家。制裁以后,以色列方面认为单纯制裁没有用,伊朗的核活动越来越多,于是就鼓动奥巴马政府想办法对伊朗展开外科手术式的打击,通过袭击的方式炸毁伊朗的核设施。奥巴马政府对此表示反对,试图通过其他手段迫使伊朗自己来放弃核活动。2013 年,温和派总统鲁哈尼上台,美国和鲁哈尼政府谈判,最终在 2015 年 7 月达成"伊核协议",此后伊朗自愿把核活动维持在极低的水平。

事实上美国和伊朗都有意愿恢复"伊核协议"。美国不愿意为了以色列与伊朗打仗,一旦以色列和伊朗发生军事冲突,必然会把美国牵扯进去。但特朗普上台之后美国就退出了"伊核协议",现在拜登政府在这一点上想保持中间立场,恢复"伊核协议"。但想要完全恢复有难度,这会遭到国会共和党猛烈的抨击,美国国内亲以色列或者亲保守势力也会认为拜登政府完全站在伊朗立场说话。所以现在看来,如果没有附加条件,让拜登政府恢复"伊核协议"有难度。同时,拜登又不愿意完全保持现状。拜登政府之所以要和伊朗和谈,是因为伊朗现在核活动又逐渐恢复了,最近的新闻显示伊朗已经宣布又能够生产出 60%的浓缩铀了。根据国际原子能机构的报告,伊朗现在的核活动的确达到了相当高的程度,在这种情况下,如果拜登政府不继续推进"伊核协议",很可能伊朗就会退出"伊核协议"。现在伊朗之所以没有退出,很大程度上跟周边国家有关,中国、俄罗斯、欧盟都劝说伊朗不要退出,而且为了解决伊朗的困难,这些国家专门设计了一些国际支付系统避开了 SWIFT 系统。从伊朗自身的角度来讲,伊朗国内面临极大的经济压力,新政府上台时有一些承诺,展现了一些灵活性,与最高领袖的姿态还是有些差异的。这也是伊朗政体的特点,总统与最高领袖之间存在一些张力和区别。

在这种情况下,双方都有意愿恢复"伊核协议",但在实际操作上仍然困难重重。这不仅是伊朗和以色列之间的事,也不仅仅是伊朗和美国之间的事,还涉及其他地区、其他国家,这是一个地区问题。所以这一次拜登去沙特访问基本上不会很快达成"伊核协议",他的主要目的也不在此。因为拜登十分清楚这不是一次访问就能够解决的问题。要恢复"伊核协议",拜登首先要满足盟国的诉求。对以色列来讲,它一直担心伊朗拥有核武器,尽管伊朗政府说开发核设施、铀浓缩并不是必然生产核武器,但是这很难说服以色列政府和民众;除此之外,拜登还需要说服沙特等其他国家。从我的个人观察来看,海湾很多国家担心伊朗的核电站出现核辐射,污染海洋水资源,中东很多海湾国家水资源缺乏,需要净化波斯湾的海水来饮用。因此对伊朗的担心,不仅来自以色列,同时还来自海湾这些国家。

关于石油产量,以沙特为首的海湾国家对于石油增产的动力并不强。从2015年以来,能源价格大幅下降,2014年下半年到2015年国际石油原油价格一度低至二三十美元一桶,这对当时的海湾国家造成了巨大的打击。现在,美国成了世界头号石油出口国,基本上保持每天1000万桶的出口规模。而沙特的产量为每天900万—1200万桶,如果把所有石油设施全恢复,沙特最高产量可以达到1300万桶每天。然而沙特自身能源消耗比较多,大概在每天300多万桶,因此出口规模大概在六七百万桶的规模。阿联酋的产量比较少,大概是300多万桶。如果伊朗恢复了石油出口,每天能给国际市场带来100—150万桶出口规模。此外,欧佩克有十几个国家,除了沙特、伊拉克、科威特、阿联酋,还有委内瑞拉、伊朗、尼日利亚、利比亚和阿尔及利亚等,这些国家意见并不一致。沙特固然是其中的老大,但也不能决定所有事情,欧佩克毕竟是个国际性的原油垄断组织,有石油配额制。现在单方面施压沙特、阿联酋、科威特几个国家,也许能释放部分的产能,它们可能象征性地配合一下,但是让它们的生产达到极高的点可能对他们并没有好处。生产大量的石油意味着以较低的价格出售。因此,这些国家宁愿保持一定的产量,但是维持较高的价格同时保护石油资源。因此,这个问题并不容易解决。但是考虑到美国的压力,也不排除沙特政府在其他问题上选择性地和美国合作,在这个问题上做出象征性地配合。

此外,不能忽略传统化石能源的重要性。在俄乌冲突之前,我们把新能源看得很高,很多国家,包括新能源车生产商都纷纷把碳排放罪魁祸首锁定为煤炭、石油、天然气等化石能源,然而俄乌冲突的发生让我们重新反思这个问题。现在德国很有可能在进口俄罗斯石油、天然气受挫的情况下重新燃煤,因为它把核电站关了。因此,在能源这个问题上全世界都有点冒进了,俄乌冲突给世界释放了一个信号,那就是手里握有石油、天然气、煤炭这样基础能源的国家就是强势国家,能够抵御世界各种风浪。目前看来,中东这些国家之所以在美国人看来又进一步重要了,就是大家发现传统化石能源不仅没有过时,反而是国际政治舞台上非常有力的筹码。如果沙特等国能够增产石油、降低油价,那么对于石油进口国的中国来说自然是好事。

作者简介:王锁劳,北京大学区域与国别研究院副院长,北京大学国际关系学院副教授。

英格兰与苏格兰之间的联合
还会持续下去吗

——英国著名历史学家阿尔文·杰克森教授访谈录

高　昊

　　这是我在 2010 年做的一个访谈报告,当时没有发表。时隔 10 年,国际形势和大不列颠及北爱尔兰联合王国内部都发生了重大变化,而采访中提到的这些情况反而显得更有现实感。英国脱欧了,苏格兰会怎样? 人们对此非常关心。杰克逊教授的分析很值得注意。在这份采访报告里,他既解释了过去 300 多年苏格兰和英格兰之间关系为何相对牢固,又指出目前情况正在发生变化。所以我觉得,发表这份报告仍然正当其时,因此将它拿出以飨读者。

　　杰克逊教授出生于北爱尔兰首府贝尔法斯特,在牛津大学获博士学位,曾先后任职于爱尔兰都柏林大学(University College Dublin)、北爱尔兰贝尔法斯特女王大学(Queen's University Belfast)和苏格兰爱丁堡大学(University of Edinburgh),是享誉英国学界帝国史研究方面的著名专家。杰克逊教授多元的生活和研究经历,使得他对英苏联合与英爱合并有着深刻的体会。因此,当他在谈到英苏关系时,常常把它与英爱关系进行比较,从而更鲜明地突出了英格兰与苏格兰关系的发展特点。

一

杰克逊教授认为:人们一般认为,英格兰和苏格兰联合之时并未遇到像英格兰与爱尔兰合并时那样严峻的挑战,但事实情况并非如此,英苏之间也与英爱合并一样,从一开始便遇到了不少棘手的问题。

1707 年,英、苏签订了合并条约,英格兰和苏格兰正式合并为"大不列颠联合王国"(the United Kingdom of Great Britain),首先随之而来棘手的问题便是在苏格兰增收赋税的问题。当过去管理相对松散、轻徭薄赋的苏格兰与英格兰组成联合王国政府后,一些原来只在英格兰征收的赋税也开始在苏格兰征收,这种变化随之激起了许多苏格兰民众的强烈不满,逃税与走私行为出现并日益增多。苏格兰人这种反感情绪的产生和走私行为的出现,在很大程度上影响了"联合王国"作为一个统一体的政治威信。

其次便是来自保皇党人(Jacobite)的挑战。"光荣革命"后,保皇党人支持被废黜的斯图亚特王朝君主詹姆士二世及其后代夺回英国王位,并在爱尔兰和苏格兰(尤其是高地地区)获得大批支持者。其原因在于斯图亚特王室源于苏格兰,詹姆士二世被赶下王位直接触动了苏格兰人民族自尊的敏感神经。苏格兰众多的保皇党人对英国当时王室合法性的质疑,对英格兰与苏格兰联合的稳定与持续造成了很大的挑战。

最后是联合后的王国政府所表现出的较为浓厚的英格兰色彩。英苏联合之后,不仅苏格兰人一时难以适应成为"英国人",而且"英国"也不太习惯真正把苏格兰当成自己的一部分。的确,联合王国的议会从一开始就有着很强的英格兰色彩,尤其是在经济利益上,"英国"更多是从英格兰角度考虑,国家的经济目标和政策制订总是不自觉地倾向英格兰。因此,这种浓厚的英格兰色彩实际上也对英苏联合的维持与稳定构成了较大的威胁。

但是,英苏联合之后出现的问题与挑战,并未影响到英格兰与苏格兰联合的维持与稳定。究其原因,杰克逊教授认为:主要是因为联合后的英国政府在1707 年之后的较长一段时间内,先后在宗教、政治、经济和社会等方面采取了一系列有利于维护英苏关系发展的措施,使这种联合逐步得到苏格兰社会各阶层的接受,"不列颠认同"的意识也随之在苏格兰得到一定程度的认可。

为了更好地说明这些问题,杰克森教授特别将英格兰与爱尔兰之间的关系作为参照进行比较,来解释英苏联合得以平稳度过最初适应期的原因。在杰克森教授看来,1707 年英、苏合并后,英国政府对苏格兰的地产阶层和长老会的政治与经济利益进行了适当的保护与支持,从而为英、苏联合的顺利发展扫除了重要障碍,而且并未因此影响苏格兰社会的稳定。因为在苏格兰地区,它的上层利益集团与社会中的其他阶层,并不存在宗教信仰和文化上的强烈冲突。所以,英国政府对苏格兰社会上层利益集团的恩惠,没有受到苏格兰民众的反对与抵制,更没有人站出来质疑这一阶层的苏格兰人的身份。结果使得在苏格兰占主导地位的长老会派教会虽不可能积极地支持英苏联合,但由于他们的利益得到了较好的保护,所以拥有很大影响的长老会派教会采取了一种默许的态度,这为英苏联合的维持与稳定打下较为坚实的社会基础。

而在爱尔兰,虽然 1801 年英格兰和爱尔兰实现了合并,但大多数人信奉的天主教的利益并没能得到有效保护,英国人曾经承诺的对天主教徒实施宽容的措施迟迟没有落实,由此而引发的社会与宗教冲突此起彼伏,社会各阶层之间的对立与冲突明显存在。结果使得英爱合并之后不久,英格兰与爱尔兰之间便陷入相互对抗的状态之中。

同时,杰克森教授认为,英格兰与苏格兰的合并,使苏格兰人在一定程度上能够分享大英帝国在世界范围内获取财富的机会,这也使英苏联合具有了较好的经济上的基础。的确,英苏联合之后的苏格兰商贸集团,曾一度十分投入地参与到大英帝国的经济事务之中。于是,在印度,在英属北美,苏格兰人和英格兰人一样获取了大笔的财富。在此基础上,苏格兰建立起了一整套更完善的金融体系,从而促使了 18 世纪中期苏格兰经济的高速发展以及城市化程度的大大提高。也正是因为这样一个重要结果,英格兰与苏格兰的联合没有受到一些负面因素的影响而逐步趋于稳定。

但是在爱尔兰,英爱合并没有使爱尔兰从帝国的经济利益中得到什么实际的好处,爱尔兰经济上的落后状况也没有得到改观。事实上,爱尔兰在合并之后不仅与英格兰甚至与苏格兰之间的经济差距越拉越大,爱尔兰人因此也更加难以接受合并所带来的"不列颠认同"。特别在 19 世纪中期爱尔兰大饥荒发生以后,很多爱尔兰人甚至拿起武器以极端手段反对爱尔兰和英格兰的合并,这种状况无疑与苏格兰形成了鲜明的对比。

杰克森教授还指出:英格兰人默许苏格兰人有权处理自己的事务,这也在较大程度上培育了苏格兰人的"不列颠认同"感。根据 1707 年的英格兰与苏格兰之间的《联合法案》,苏格兰取消了自己的议会,可派 16 名贵族和 45 名平民参加联合王国的统一议会。这样,从理论上讲,联合之后的苏格兰的事务应由统一议会来处理。然而,威斯敏斯特对苏格兰的内部事务兴趣并不大。于是,议会中精明的英格兰人在不损害英国议会最高权威的情况下,很理智地主动将一些苏格兰事务交由苏格兰人自己处理。这一结果为苏格兰保存了不少当地本土化的机构和制度,也有助于苏格兰人更平稳地融入大不列颠联合王国的认同中来。与此同时,议会中的苏格兰议员也更积极地参与英国国内以及帝国政策的决策,到 19 世纪时,英格兰和苏格兰已经结成了较为紧密的在政治上的联系。

然而,对于爱尔兰而言,英爱合并后虽然爱尔兰人也参加了英国的议会,但由于英格兰人恪守新教传统,爱尔兰天主教徒的权益在联合王国内难以得到完全的体现。尽管在威斯敏斯特一直有属于爱尔兰天主教徒的议席,但他们的身份更像是爱尔兰和英国政府间的协调员,很难像苏格兰议员一样在"不列颠认同"的基础上进行政治思考。再加上爱尔兰人一贯有着强烈的天主教情结和民族意识,这使他们在政治上产生了一种"他者"(otherness)心态,无法真正融入英国的政治框架当中去。

除此之外,杰克森教授还特别提道:为了使英苏联合得到苏格兰更广泛的社会阶层的认可,威斯敏斯特在进一步改造和发展英格兰与苏格兰之间的交通体系与进一步推进苏格兰城市化进程方面,采取了一些切实可行的措施,取得了富有成效的结果,从而在较大程度上维持与稳定了英格兰与苏格兰之间的联合,而没有使之像爱尔兰一样,在分离的道路上,与联合王国越走越远。

根据 1707 年签订的《联合法案》中所确立的自由贸易原则,威斯敏斯特也意识到,只有在交通更为便利的条件下,才有可能更好地维持英格兰与苏格兰之间联合的存在与发展。为此,联合王国拿出了大笔资金来改造与建设英格兰与苏格兰之间的交通网络。到 18 世纪中后期,联合王国的公路和运河体系的辐射范围大增,沟通效能也显著增强。在 19 世纪 30 年代,英国开始建设与发展铁路系统,到 19 世纪中期,英苏之间的铁路交通网逐步建成,这大大加强了苏格兰和英格兰之间的有形沟通,也缩短了两地居民之间心理上的距离。英格兰和苏格兰各部分之间的联系变得更为通畅与紧密,"不列颠认同"的意识也得到了进一步的维护。

另一方面,苏格兰城市化进程的提速,也更加使"不列颠认同"意识为苏格兰的普通民众所接受。从 1750 到 1800 年,苏格兰的城镇人口在原有基础上翻了一番。到 1800 年时,20% 的苏格兰人居住在拥有五千人口以上的城镇里,1861 年时这个数字又增长了将近一倍,达到 39.4%,19 世纪 80 年代,苏格兰的城镇人口就已经超过了乡村人口。城市化对于英苏联合的意义在于更多的苏格兰人口可以集中地生活在基础设施更加完善的城镇里,这非常有利于联合王国乃至帝国的概念通过有形的媒介在普通民众中传播。例如人们每天工作、生活所必经的街道有很多是以英国王室、联合王国的政治领袖或英雄人物命名的;城市中还设有很多纪念某位国王或著名人物的雕像和纪念馆;人们还会有意无意地在一些建筑上挂起皇室的徽章,展示联合王国的权威与荣耀。这些代表英苏联合的形象和符号在很大程度上向人们提示了一个联合的英国的存在,无形中使人们加深了对这一联合王国的认同感。

总之,在英苏联合建立之初,英国政府巧妙地回避了一些矛盾,宗教上没有触及长老会教派的利益,经济上乐于将苏格兰纳入帝国的庞大体系,政治上理智地为苏格兰保留了一部分处理自身事务的权利,赢得了苏格兰社会精英阶层的支持。同时,通过改善交通状况,加强地区间的沟通,利用城市化的发展灌输联合王国的共同意识,英国政府很自然地在苏格兰人民大众中培育起"不列颠认同"。结果使合并之初所存在的几个棘手问题都基本上得到了解决,从而保证了英、苏联合得到了维持与稳定,这也是与英爱合并结果的主要差别之所在。

二

在分析了英苏联合得到维持与稳定的诸多原因之后,杰克森教授还特别强调了以下三个因素在促使英苏联合中所体现出来的重要作用,即君主制、英苏合编的军队,以及联合的国家行政管理体制。

苏格兰人向来崇尚君主制。众所周知,斯图亚特王朝源于苏格兰,这引发了苏格兰人对于英国王位天然的拥护,因此英国革命时建立共和国的主张在苏格兰没有多大的反响。虽然"光荣革命"中詹姆士二世被赶下王位,奥兰治亲王威廉入主英伦,但与其共同执政的玛丽女王以及其后的安妮女王毕竟都有斯图亚特王室的血统,苏格兰对英国君主制的认同可以自然地得以延续。进入汉诺威王朝以后,历代英国君主都十分注意处理自己与苏格兰的关系,他们采取的很多举措都成功地赢取了苏格兰人对皇室的亲近。尤其是辉煌的维多利亚时代,女皇非常喜欢强调自己的斯图亚特血统,她不仅在苏格兰高地地区和首府爱丁堡分别设立了自己的皇家居所,将宫廷生活融入了诸多苏格兰文化的元素,而且对长老会教派表现出很友善的态度。应当说,在很大程度上维多利亚女皇是把自己看成了一个完全终结英苏不和谐历史的标志性人物,而她的这些举动,也确实在苏格兰民众中赢得了广泛的欢迎,人们对英国君主制的认同随之更加坚定。

同时,英国政府和皇室还可以借助国家行政机构的力量来加深苏格兰人对君主制的认同。在苏格兰大大小小的城镇里,皇室的符号无处不在,人们基本无法免于接触。公共设施大到政府大楼,小到寄信的邮箱,都镶有代表皇室无上权威的徽章。人们的生活必需品从政府发行的钞票、硬币和邮票,到各种家居用品,也都印有皇室的符号。可以说,联合王国君主政体的存在,实质上成了联结苏格兰人"不列颠认同"的桥梁。

相比之下,在爱尔兰,虽然当地人早期也和苏格兰人一样支持君主制,但到了 18 世纪后半期,尤其是美国革命和法国革命发生以后,共和观念在爱尔兰大为盛行。1798 年爱尔兰更是发生了反对英国的大起义,这也直接导致

1801 年英国强行与爱尔兰合并。然而,政治上的合并不可能换取英爱双方在文化和心理上的相互认同,英国皇室对爱尔兰也从未表现出像对苏格兰那种亲近的感情,其结果致使英爱分离在所难免。

促使英苏联合得以维持与稳定的另一个重要因素便是:联合王国军队的合编制,即军队是由英格兰人与苏格兰人联合编制而成的。这一点对于夯实苏格兰人“不列颠认同”的基础有着很重要的作用。实际上,早在 1707 年以前,英苏军队就有联合对抗法国的经历,英苏实现联合后,这种军事上合作的传统被制度化,英格兰和苏格兰组成了共同的陆军和海军,以保卫大英帝国在世界范围内的利益。由于苏格兰文化的相对特殊性,联合王国的军队通过对苏格兰人团队进行精心的安排,来体现其对苏格兰文化的尊重。苏格兰的军人不仅拥有属于自己的军团,而且可以运用盖尔语编制别具特色的部队番号。这样苏格兰人既可以保有自己的民族自尊,又能心甘情愿地在军队中为联合的政府服役。

也正是由于较好地处理了苏格兰人在军队中的特殊地位问题,苏格兰(尤其是高地地区)人对英国军队表现出了很高的热情。18 世纪中期,苏格兰的人口只占全英人口的 12％,但他们在军队当中的比例却可以达到四分之一。此外,苏格兰军人向来有骁勇善战的美誉,仅在第一次世界大战中,就约有 15 万苏格兰将士战死沙场,占英国总伤亡人数的五分之一。考虑到苏格兰的较小人口比例,这一数字可谓相当可观。因此,经过了 19 世纪之后的一系列战事考验,苏格兰人凭借勇猛顽强的作风在军队中树立了自己的威信,使英格兰人不得不承认,大英帝国在世界范围的胜利,离不开苏格兰军人的赫赫战功。而这样一支合编而成的军队和共同的战争经历,也将苏格兰人的民族意识逐步地镶嵌于大不列颠联合王国的认同之中。

第三个强化英苏联合的重要因素即联合的国家行政管理系统的建立。苏格兰和英格兰在合并之后,随即建立起了联合的国家行政管理系统。该系统主要表现出两大特点:一是政府规模的显著扩大。在 1707 年英苏合并时,英格兰和苏格兰的政府规模实际上都很有限,但随着英苏联合的维持与稳定,联合王国行政管理体系的规模一直在逐年扩大。特别是从 19 世纪后期开始,伴随着英国世界霸主地位的确立,英国文官系统的人数出现了非常显著的增长。据统计,1854 至 1975 年间,苏格兰的人口仅增加了 1.8 倍,而行政管理人员的数量却猛增了十几倍,由此足见此间联合王国行政管理系统扩展之迅速。二是鉴于威斯敏斯特把一些涉及苏格兰内部事务的行政管理权直接交由苏格兰人掌管,这也使得苏格兰人可以在联合王国政府的框架内,保有一套管理自身事务的行政机制。这既表现出了联合王国对苏格兰当地事务的充分尊重,同时更有利于英格兰与苏格兰形成稳固的联合。

除了这样的三个重要因素,还有其他一些因素也对促进英、苏联合的维持与稳定发挥出了一定的作用。首先,即为全国统一的邮政通信系统(The General Post Office,简称 GPO)。分属于这一体系的各地的邮电局,不仅是人们收发邮件、电报乃至拨打电话所必须要通过的部门,而且在国家开始实施福利政策以后,邮政系统还承担了向人民发放养老金、失业救助、家庭补助等政府津贴的任务。全国统一的邮政通信系统在英国境内所体现出的这种统一的效用和功能,也在很大程度上巩固了国民之间的彼此认同。

其次便是 1922 年成立的英国广播公司(British Broadcasting Corporation,简称 BBC),也起到了加强英国各部分之间联系和了解的作用。尤其是为了解决不同地区英语口音迥异的难题,BBC 通过总结和研究当时英国中产阶级的发音习惯,发明了我们今天常说的"BBC 英语"①。由于英国没有官方规定的"普通话",所以"BBC 英语"在某种意义上成了"标准英语"的代名词。正是这种"标准英语"的普及,使得英国不同地区居民间的沟通更加顺畅。长期收听无线电广播与后来收看相同的电视节目,以及对社会热点问题的共同关注,也使人们有了更多共同的话题。这在无形之中,使苏格兰人与英格兰人之间逐渐形成了一种文化上的亲近感,人们也越来越习惯把英国看成是一个联合的整体,而不是一个充满隔阂的国家了。

---

①　英文确称为"received pronunciation",意为广为接受的发音。

三

第二次世界大战之后，联合王国所发生的一些社会变化，也在一定程度上加深了英格兰与苏格兰之间的联合，如工党政府在战后所实行的国有化改革等。随着矿业和铁路的相继国有，联合王国的钢铁生产被纳入了公有制的框架之中。这一改革结果对苏格兰来说具有重要的意义。因为矿业和钢铁业向来是苏格兰的支柱产业，政府对生产性领域的这种有力调控，促使苏格兰钢铁产业的发展有了可靠的保障，也一度使得英苏之间的联合似乎比以往更加稳定。同时，随着战后全国统一的社会福利保障系统的建立，不仅使民众深切感受到联合王国政府对自身利益的关切。更重要的是，伴随非殖民化的进展，英国正迅速地失去多年来引以为豪的帝国，而国内福利制度的完善，一方面从经济上解决了不少英国人在帝国解体后所面对的实际问题，另一方面，也随着个人福利待遇的提高，从很大程度上抵消了人们对帝国解体的失落情绪。它使苏格兰人或多或少地感觉到，虽然帝国的光辉已经随着历史的车轮悄然褪去，但一个安定繁荣的联合王国仍然是不列颠人心中共同的荣耀。

然而，从 20 世纪七八十年代开始，特别是进入 21 世纪以后，已近三百年的英苏联合的稳定局面，开始出现了松散化发展趋势。这主要表现在以下几个方面。

首先，大英帝国的瓦解不仅直接影响了联合王国很多海外投资商的切身利益，也使"不列颠认同"失去了一个重要的心理基础。虽然福利政策、国有化、统一的行政管理系统从多方面维护了人们对联合王国的认同，使不列颠的公民们仍得以保持一些自我优越感和凝聚力，但从 20 世纪 70 年代以后，英国经济发展的步伐逐渐放慢，"英国病"出现。为改变这种经济停滞的局面，联合王国开始削减福利，精简文官系统，缩小政府规模，并对一些工业部门和服务产业实行非国有化。所有这些政策的实施，触动了那些过去维系"不列颠认同"的基础，苏格兰人对英苏联合的感情，也随之不如过去那么坚定了。

其次，在两次世界大战中，英格兰人与苏格兰人并肩作战的经历，曾是"不

列颠认同"形成的重要因素。然而,对 21 世纪之交所发生的地区冲突和战争,
尤其是对 2003 年开始的伊拉克战争,苏格兰的民意和联合王国政府的决策存
在着很大的分歧。而特别使苏格兰人感到难以接受的是,延续了数百年的联
合王国军队合编制,此时也发生了分离的倾向。随着战功赫赫的苏格兰军团
被解散,苏格兰人的民族自尊无疑受到了一次严重的打击。

再次,苏格兰人在政治上曾经成功地融入了联合王国的体制之中,这种政
治上一体化长期以来都是英苏联合的基础。然而,在撒切尔(1979—1990)和
梅杰(1990—1997)担任首相期间,苏格兰和英格兰过去在政治上的默契被大
为削弱。其结果便是 1998 年英国议会通过一个"苏格兰法案"(Scotland Act
1998),苏格兰的议会得到了恢复。这个议会可自行通过影响苏格兰内务的法
律,具有很大的独立性。苏格兰议会的成立,在很大程度上显示了苏格兰人在
政治上的独立性,也使苏格兰人逐渐重新产生了一种脱离于"不列颠认同"的
民族意识。

同时,在威斯敏斯特,虽然刚卸任①的首相戈登·布朗来自苏格兰,其政府
中也有不少支持英苏联合的苏格兰政治家,但这些苏格兰的政治精英长期投
身于威斯敏斯特的政治活动,很少时间在苏格兰议会里发挥他们的政治影响,
结果反而使得在爱丁堡的苏格兰议会里,支持继续维持英苏联合的政治力量
势单力薄。与此同时,由于这些苏格兰的政治精英长期在威斯敏斯特占有着
议会的席位,形成了一个苏格兰的议会党团,这又使英格兰的政治家对他们另
眼相看,两个政治群体之间的离心力量也越来越明显。

此外,英国的皇室曾经是联结苏格兰和英格兰的纽带,但现在年轻一代的
皇室成员似乎越来越不关心苏格兰的事务,苏格兰人对这一代皇室的亲近感
自然也相应地大打折扣。

然而,尽管存在着这样一些英格兰与苏格兰之间的分离倾向,但杰克森教
授认为:到 2010 年为止,英格兰与苏格兰之间的联合已经过了三百年的风雨
历程。在此期间,苏格兰在政治体制、经济结构、宗教信仰以及社会与文化的

---

① 指访谈进行的 2010 年。

融合等许多重要的方面,都已与英格兰结成了紧密的联系,"不列颠认同"在苏格兰也有了较为坚实的基础。虽然在 2010 年大选之后,英国社会出现苏格兰与英格兰相分离的呼声,不过,杰克森教授认为,英格兰与苏格兰之间的联合已经有了三百年的历史,它们的分离也不是在朝夕之间就会成为现实的事情。在杰克森教授看来,只有英格兰与苏格兰的联合未来在政治、经济、宗教等方面于同一时间发生全面的冲突,才有可能导致苏格兰与英格兰的分离;如果只是在某一个时期或某一个方面发生冲突甚至是出现危机,短期内都不会造成英苏联合的解体。

至于英格兰与苏格兰之间的联合是否还会维持三百年,杰克森教授开玩笑地说:"历史学家可不是算命先生,只有时间才是历史的最好见证人。"

作者简介:高昊,英国埃克塞特大学人文学院帝国与全球史研究中心副教授。

北京大学第二届"博望天下"区域与国别研究博士生论坛会议综述

近年来,区域与国别研究学术共同体日益兴起并不断壮大,学科意义上的"区域国别学"正逐渐成形。2022 年 4 月 16 日,北京大学区域与国别研究院举办了主题为"青年和区域与国别研究:新视角、新理论、新路径"的区域与国别研究博士生论坛。论坛下设俄欧亚、中东、东南亚和非洲四个地区分论坛。来自国内 19 所高校、科研院所的 41 位青年学者深入探讨了世界不同地区与国家的政治、经济、文化、法律等议题,拓展了区域与国别研究的边界,促进了青年博士生群体间的学术交流,为中国的区域与国别研究发展贡献了青年力量与青年声音。

国家治理与外部世界:俄欧亚分论坛

自苏联解体以来,俄罗斯与中亚各国经历了漫长转型。国家治理与经济社会发展仍然是俄欧亚地区国家关注的焦点,而域外国家对俄欧亚地区的干预与影响也对地区稳定与区域发展提出了挑战。俄罗斯与中亚各国在哪个领域实现了何种治理?外部国家对俄欧亚国家发展造成了什么影响?分论坛青年学者就上述问题展开了讨论。

（一）俄欧亚的国家治理：从教育学、政治学和经济学的跨学科视角入手

俄罗斯的国家治理能力深入社会的各个领域，其中不乏高等教育领域。北京大学区域与国别研究院王陈昊志从俄罗斯高等教育切入，探讨俄罗斯不同历史时期高校校长的产生办法和职责范围。他认为俄罗斯国家发展的历史文化传统深深地嵌入了俄高等教育体系。国家对高等教育系统的干预成为常态。在实现近现代化的过程中，尊重本国历史传统、正确发挥国家作用比一味地求扩大高校自主权更为重要。

一国的历史传统与国家治理经验深刻地影响着国家行为。北京大学区域与国别研究院盛华玺从亚历山大·杜金的地缘政治思想及第四政治理论入手，提出俄罗斯历史文化传统与当代思想理论塑造了当代俄罗斯的对外行为。这一视角可以用来理解俄罗斯的复兴诉求以及俄罗斯在多极秩序、单极秩序、后自由主义秩序中的国家立场。

上海海事大学的栾宇和周雁琳则从极地治理的角度探讨俄罗斯的国家治理能力。北极群岛水域的法律地位之争是"过度海洋（权益）主张"与"过度航行自由"之间的张力。两位作者从北冰洋海域主张和北冰洋外大陆架主张角度切入分析了环北冰洋国家的主张，并与美国的"航行自由行动"进行对比。对比得出基于《海洋法公约》、仲裁判决与国家间协议的争端可能解决机制，为俄罗斯等国家开展极地治理提供了法理基础。

视角转至中亚地区，中亚国家长期面临着经济发展、青年就业、区域移民等多种传统与非传统安全威胁。这些都对中亚国家的治理能力提出了挑战。中国社会科学院的聂志宏从进出口贸易的角度审视乌兹别克斯坦的经济发展与国家治理。他点明对外贸易结构是一个国家经济发展、贸易状况和贸易内涵的直接体现，并从乌兹别克斯坦对外贸易结构着手，认为乌兹别克斯坦对外贸易政策对其进出口贸易影响巨大，且其贸易结构仍然以低级产业为主。

哈萨克斯坦作为中亚地区的重要组成国家，也是区域与国别研究的重点

关注对象。哈萨克斯坦在国家转型过程中形成了该国独特的媒介政治体系，北京大学区域与国别研究院宋佳欣从"政府—媒体—社会"的互动视角切入，分析了哈萨克斯坦疫情防控体系中哈国媒体的作用。她提出，哈国官方媒体始终配合哈国政府的防疫政策进行信息宣传，但是因为宣传效果不佳、社交媒体信息良莠不齐等因素，哈国媒体在推动提高哈国民众防疫意识的过程中没能起到一以贯之的作用，从而不利于哈国的社会治理。

劳务输出、输入与移民管理亦对中亚各国治理提出了挑战。北京大学区域与国别研究院徐睿迪以哈萨克斯坦为例，梳理了哈萨克斯坦对于劳务输入的治理措施，并分析了中国劳动力在哈萨克斯坦务工的类别、地区分布和行业分布等现状义。近年来，"中国威胁论"、哈国国内政治经济形势与哈国的外交政策都对中哈劳务交流造成一定影响。

国家治理与社会治理离不开青年治理。青年组织是实施青年治理的重要形式与载体，北京大学区域与国别研究院王凯华从组织概况、组织结构、成员管理三个方面解析了哈萨克斯坦"青年祖国"的组织体系。"青年祖国"在哈萨克斯坦"祖国之光"党和国家机构的青年工作中扮演了重要角色，其与"祖国之光"党密不可分。王凯华认为，虽然"青年祖国"在诸多层面上带有浓厚的苏联共青团色彩，但是其在意识形态与组织功能上与共青团存在较大差异，因此"青年祖国"不是苏联共青团的翻版。

（二）外部影响下的治理：冲击与应对

俄欧亚地区不断面临着域外国家的影响与干预，中共中央党校的刘志探究了美国在国际经济领域对俄罗斯的"长臂管辖"，其中包括对俄罗斯移动电信公共股份公司乌兹别克斯坦行贿案和"北溪 2 号"管道项目实施的一系列"长臂"制裁。当前美国已在立法、司法和行政等领域建立了"长臂制裁"体系，对俄欧亚国家实施管辖与制裁。刘志指出，仅靠企业的努力是较难突破美国制裁的，俄欧亚等国应发展出一套反制组合拳，并努力推进建立国际政治经济新秩序。

在欧美国家制裁的冲击下，俄罗斯逐步推进数字化转型，希望突破西方在技术、经济与金融上的制裁。上海外国语大学的孙倩研究了俄罗斯的数字化转型与反制裁方式。孙倩提出,俄乌冲突下的西方制裁不仅加深了俄罗斯与欧美国家之间的数字鸿沟,还削弱了俄罗斯的数字全球竞争力。因此,俄罗斯实施了一系列反制裁措施。俄罗斯采取了数字领域进口替代、税收优惠等被动反制裁与调整"俄罗斯联邦数字经济"项目优先项和创建数字经济战略盟友等主动反制裁政策。

域外国家干预与俄乌冲突不仅深刻地影响俄罗斯的国家战略,还影响中俄等国的国际法实践。武汉大学的马晨晨从国际法的角度探讨了俄乌冲突对中俄国际法实践的影响。他认为中俄国际法实践因其固有的附属性等特点受影响颇深,面临着国际形势变化带来的巨大的挑战。

北京大学区域与国别研究院的王耀正探讨了日本对中亚的官方发展援助如何在政治性、经济性与社会性三种属性之间的取舍,及其政府援助的实际效果。他运用联合国大会投票数据论证了日本援助与外交相似度间存在负相关关系。而丸红、无印良品等公司的案例则表示,日本看似注重社会发展的援助行为还是意图谋取中亚市场并为日本公司获取经济利益。

俄欧亚分论坛的青年博士生就俄罗斯高等教育管理、思想文化传统、北极治理以及俄罗斯在面对外来制裁时做出的数字化转型、国际法转向与反制裁措施做了深入讨论,展现了一幅关于俄罗斯的广阔画卷,反映了俄罗斯的国别特殊性。其他博士生就中亚各国的贸易结构、媒体作用、劳务输出管理、青年组织与外国援助等问题展示了自己的研究,为深入了解中亚各国政治经济社会状况提供了可贵视角。

大国竞合、制度建设与当代亚太:东南亚分论坛

亚太地区发展与安全的矛盾在加剧。美国"印太战略"使得亚太与东南亚地区的各项议题逐渐政治化。如何在大国竞合加剧的形势下实现国家经济发展与各项制度建设? 如何在内政外交中发挥国家独特作用? 如何从历史的角度理解亚太地区国家及其对外关系? 东南亚分论坛的青年学者就上述问题给

出解答。

（一）制度建设与国家发展

东南亚各国不断完善政治社会各项制度的建设,在经济政策调整、工业化发展、政治制度建设与知识生产等多重领域中取得了一定成就,这也促进了国家发展。北京大学区域与国别研究院的石有为以"是否具有生产先进性"和"是否遵循比较优势"两个维度为基准点,分门别类地探讨了东南亚各国的产业政策。他结合产业相对成熟度理论和新国家主义理论,提出一套分析政策制定差异的框架。石有为通过对新加坡、马来西亚和菲律宾三个代表性国家的案例分析,认为国家自主性是决定国家间产业政策制定的关键因素。

复旦大学的栗潇远也认为国家发展离不开国家自主政策。他从印度尼西亚单个案例出发,用长时段的历史视角审视了政党建设与自主政策对东南亚国家工业化进程的影响。通过对比苏哈托政府时期与后苏哈托时期国家政治结构与经济发展,他指出,要想实现工业化与快速经济赶超,一个稳定可预期的政治秩序和政党体制是制定工业化战略和施行具体工业政策的前提和保障。

就政治制度建设而言,"地主—家族"复合体与民主的关系是研究印度民主政治的重要视角。中国人民大学的周超尝试用"地主—家族"复合体结构构建当代印度"封建制民主政治"的生成逻辑。其核心机制在于,英国殖民者通过经济和政治的双重赋权,将土地私有制和自由民主政体引入印度;加之印度教等传统印度因素,地主—家族精英依托竞争性选举、通过国内政治机构获得合法性;地主—家族精英致力于维护和平衡阶级(种姓阶级)间利益,实现与民主政体的结合,形成"封建制民主"。

北京大学国际关系学院的尹珂聚焦知识生产与新加坡东南亚研究所(ISEAS)。新加坡独立以后,知识生产与政治互动之间呈现政治推动—学界领衔、知识输出—政策参考的紧密联系。他以 ISEAS 为研究对象,梳理了 ISEAS 如何帮助新加坡政府做出决策、树立东南亚区域研究知识中心地位,并为以东南亚本土视角研究东南亚提供经验模板。

（二）当代亚太的内政外交

当代亚太国家在内政外交方面经常受到周边国家与域外大国的影响，如何发挥中等强国作用成了研究东南亚国家对外行为的一个重要方向。中山大学的吴耀庭以印度尼西亚为例，研究了中等强国视角下的"疫苗公平"外交。印尼不仅在国际组织中发挥先锋作用，呼吁各国重视疫情防控，还主动加强与中美澳等国的双边合作，开展独立自主的卫生外交。但是鉴于印尼国家综合实力不足、公共卫生建设薄弱，其卫生外交仅取得一定成效。因此在研究中等强国对外政策时，既要看到印尼这一类中等强国扮演的桥梁作用，也不能忽视其自身所带有的局限性。

东南亚国家不仅与域外国家保持合作关系，在面对一定摩擦时，东南亚国家亦有自主性外交。中国政法大学的李曾桃子则从法理的角度探讨了越南如何建构话语体系和塑造话语权，并在总体上达到预期效果。

中国人民大学的张奕凡从自身实地考察获得的材料入手，分析了缅甸 969 运动和佛教民族主义。佛教民族主义根植于缅甸政治文化中，并在 2010 年改革后崭露头角。张奕凡探讨了缅甸佛教民族主义的发展、969 运动及激进僧侣吴维拉图在其中的作用。他认为佛教民族主义不仅深刻地影响了缅甸宗教与社会层面的冲突，其影响甚至深入缅甸改革后的政治领域。

东南亚、南亚国家的自主性还体现在政党层面。云南大学的胡月则聚焦于印度共产党（马克思主义）的妇女观及其实践探析。印度共产党（马克思主义）是印度议会政治中的左翼中坚，其在妇女观问题上体现了自主性。印共（马）根据印度妇女现状，结合马克思主义理论对于妇女问题的讨论，发展出一套符合印度本土情况的妇女理论，并以此为基础开展妇女工作、推动妇女解放。

（三）亚太地区：一种历史的视角

回顾亚太国家历史能够帮助当代学者理解这些国家的政治经济行为。神王制度是吴哥重要的宗教政治传统之一，对该国历史与当代产生了深刻影响。

但是神王制度也有世俗面向,神圣决定吴哥的存亡,世俗决定吴哥的兴衰。清华大学的缪斯选取了吴哥历史上的五位跋摩作为时间节点,从合法性、宗教神圣、经济发展、社会整合以及应对挑战五个角度讨论了神圣吴哥的世俗建构。她据此认为世俗事务是国王关心的重点,也是决定王国命运的关键。

人才选拔、官僚晋升一直是一国政治、社会层面的重点关注议题。而越南明乡人参与科举,不仅仅是为了进入官僚体系,这更是明乡人融入越南的重要途径之一。暨南大学的平兆龙从越南政府的优惠政策、明乡社重视教育、明乡学子自身的努力着手,讨论了 1819—1919 年间明乡人在越的科举考试。平兆龙点明,明乡人通过科举考试入仕为官,不仅深度融合于越南社会之中,也为越南华人在地化提供了新的参与路径与学术研究视角。

中日韩关系是东亚国际体系中的重要一环,北京外国语大学的吴玉娇从朝鲜半岛近代化时期的《独立新闻》入手,研究了社会进化论影响下的朝鲜半岛近代化时期对于清朝和日本形象的建构。《独立新闻》基于优胜劣败、适者生存和种族差异三个角度对清朝和日本进行了不同的评价。而《独立新闻》做出评价的目的是唤醒朝鲜半岛人民的民族意识,加速朝鲜半岛近代化进程,以应对殖民冲击。

在讨论中日关系时,难免要面对日本侵华战争议题,中国人民大学的杨于森对比研究了"满铁"在不同历史时期所受到的日本国家干预,并且将"满铁"内部投资在铁路上的分布情况作为日本官方干预的新的历史证据。他使用基于历史证据的自然实验,检验了铁路资金增长对"满铁"盈利能力的因果影响。日本殖民当局长期干预"满铁"的运作,而"满铁"也作为一个殖民工具服从服务于日本的殖民侵略。

东南亚分论坛的青年学者不仅聚焦于东南亚各国的制度建设与大国竞合,还将研究视角拓展到亚太、印太地区,将印度、韩国、日本等国纳入研究范围,体现了区域与国别研究的开放性与包容性。

百年变局与中东转型:中东分论坛

中东地区国家近年来不断调整国家战略,确保国家安全、粮食安全与能源安全。同时,外部干预也是该地区长期充满挑战与冲突的一大根源。中东分论坛的青年博士生就中东地区安全、国家发展等议题论述研究观点与看法。

(一)地区安全、国家发展与政教关系:中东国家的转型

地区安全与稳定一直是中东各国的追求,但科技的进步反而加剧了地区不稳定。北京大学国际关系学院的马小东认为,无人机兼具低成本与高威胁两个特点,正日益成为中东地区国家与非国家行为体追求的战术武器。而无人机在中东地区的扩散在一定程度上加剧了地区安全困境,给地缘政治带来负面影响。无人机增强了非国家行为体的相对空中实力和与国家行为体僵持的能力,加剧地区安全碎片化。

除了关注地区与国家安全,中东各国制定的发展战略、城市发展沿革、农村与城市关系以及农业现代化亦是青年学者关注的议题。北京大学国际关系学院的刘庆龙详细分析了沙特 2030 愿景的经济愿景、社会改革方案与二十四个量化考核指标,并列举了 2030 愿景在经济和社会领域开展的项目。刘庆龙通过回顾 2030 愿景的实施情况,得出结论,认为过去 5 年里 2030 愿景虽然方向正确,但进展并不顺利,诸多重要指标并未完成。

天津师范大学的申十蕾从历史、地理等因素入手,分析了阿拉伯—伊斯兰城市的起源及其内涵、结构与功能的变化。伊斯兰教的传播改变了阿拉伯半岛早期受水资源约束而形成的游牧聚落生活方式,阿拉伯—伊斯兰城市开始形成并发展。这些城市兼具定居生产、军事防御和宗教信仰等多元属性;而在布局上,阿拉伯—伊斯兰城市多由水源、清真寺、市场、住所和城墙等结构构成;随着历史发展,城市的内涵、结构与功能也逐渐改变,发展出独特的阿拉伯—伊斯兰特色。

中东国家经济发展与转型往往会对传统生活方式造成冲击。北京大学区域与国别研究院的殷金琦探讨了巴列维王朝"白色革命"后对伊朗农村带来的变动与冲击。"白色革命"改变了农村原有的社会与经济关系,却没有带来预期的农业现代化与农业产量大幅提高。农民对现代化的不满与农民生活的贫困导致农民进入城市只能成为工人,这些农民成了伊斯兰革命的主力。"白色

革命"为伊斯兰革命埋下了伏笔。

西北大学的邵煜则研究了以色列的农业现代化与农业科技对以色列农业产业的改善与改造。以色列地理位置与自然条件都不利于发展大规模农业产业,也不利于农产品发展,但以色列通过"科技兴农"战略和政策的保障、农业科教和科技推广体系、农业人才培训和教育体系、农业创新机制的建立,凭借犹太人开拓进取的民族精神发展了以高科技为支撑的特色农业,解决了国民生存和发展所面临的基本问题,基本实现了粮食的自给自足,并成为世界农业领航国家。这也给其他国家提供了成功经验。

长期以来,政教关系是观察与研究中东国家的有效切入视角。中国人民大学的贾宇娴运用比较历史分析法对 20 世纪 80 年代埃及和叙利亚两国穆兄会与世俗政府间的互动关系进行了探讨。贾宇娴认为利益与知觉因素是分析穆兄会与世俗政府关系的关键变量,也是影响双方互动关系的充分条件:当穆兄会与世俗政府利益契合、对彼此的知觉相符时,双方更容易形成和解;当二者在某一时期利益相悖、对彼此的知觉相背离时,双方更倾向于形成冲突的互动关系,冲突烈度视利益对立程度与知觉类型而定。

北京外国语大学王艺涵也认同贾宇娴的观点,王艺涵也认为宗教是理解中东国家的重要因素。她的研究聚焦圣索菲亚(土耳其共和国意识形态的纪念碑)使用功能的两次转换。两次功能的转换也是一百年来土耳其国家意识形态叙事演变的缩影。凯末尔时期,圣索菲亚由奥斯曼时期的清真寺改建为博物馆,这体现了凯末尔时期世俗主义和亲西方的意识形态。埃尔多安时期,因为国内政治群体的呼吁与压力,圣索菲亚再次被变更为清真寺。这也是当代土耳其"新奥斯曼主义"、反西方面向,以及推崇奥斯曼—伊斯兰文明的象征。

(二)中东政策与地区稳定

从事中东研究难免要考虑域外国家的影响。清华大学的杜普从战略背景以及新形势下的机遇与挑战的角度分析了当前中国中东政策的发展与走向。北京大学国际关系学院的杨康书源则分析叙利亚危机中,中国与俄罗斯在联合国安理会层面的共同行使否决权的现象。

中国人民大学的许鸿波分析了"颜色革命"反复爆发的原因及警示。他总结了"颜色革命"发展的各个阶段,并分析了"颜色革命"爆发的国别特征与内在联系。"颜色革命"爆发的驱动力既有国家内部治理效能低下、社会和民生问题与历史遗留问题,也有外部西方国家政府或非政府组织的干预。

北京外国语大学的凌梦远的研究追溯了亚美尼亚的民主历程,并探寻其民主进程缓慢的原因。亚美尼亚的民主进程受到国内国外双重层次的影响。亚美尼亚既有后极权时期民族国家独立发展中民主基础薄弱的共性,又有其本国独特的民族问题、地缘政治以及与阿塞拜疆存在的纳卡冲突等特殊因素所带来的影响。她从苏联共和国改革开始,探讨了亚美尼亚从民族国家确立到总统议会制实行和"天鹅绒革命"政变的历程。她认为亚美尼亚薄弱的经济基础、民族主义问题、地缘政治和纳卡问题的影响使其难以快速实现政治民主化。

非洲能动性与中非命运共同体:非洲分论坛

国际学界关于非洲发展、关于非洲国家政治经济社会文化的主流叙事与研究中,长期忽视了非洲本土的能动性(agency)。非洲各国作为独立的国家行为体具有自主性与能动性,而非洲绝不仅仅是国际援助与大国影响的被动反应者。非洲分论坛的几位博士生学者打破了以往对非洲"关系"的研究,跳出了以往对非洲特定几个国家的研究范围,从具体国家的政治、经济、教育、青年研究入手,为非洲的区域与国别研究开拓了新的领域。

近些年,中非间在教育和培训领域的合作突飞猛进,合作规模不断扩大。北京大学国际关系学院的邹雨君在一手问卷、访谈和案例搜集的基础之上,系统梳理和分析了中国在非企业参与中非教育和培训合作中的重大议程。这些议程包括留学生合作、职业教育合作,以及汉语国际化合作的路径方式。邹雨君提出,中国在非开展的经贸活动与企业拓展推动了非本土青年对中国教育培训的需求。在教育和培训合作中,中国企业直接或间接的参与增加了非洲青年获取中国教育和培训的机会,这能够从供给和需求侧帮助非洲国家改善青年失业困境。

孔子学院是承载中非教育合作的重要平台。2005 年非洲首个孔子学院的建立标志着中国对非汉语教育迈入新阶段。浙江师范大学的张利萍以历史、现状与展望的架构分析了中国对非汉语教育和孔子学院的相关研究。她将中国孔子学院的研究热点归纳为如下几点:"汉语十"特色发展模式、本土汉语教师培养、本土汉语教学资源开发、将汉语纳入当地国民教育体系,以及新冠疫情背景下非洲孔子学院的发展。张利萍认为未来中国对非孔子学院的研究方向应从研究机构、研究内容、研究队伍、研究方法等方面取得突破。

西非国家塞内加尔的语言生态中出现了民族语言沃洛夫语的扩张现象。北京外国语大学的赵启琛借助赫尔曼·巴蒂博提出的三言结构模型诠释了塞内加尔语言生态中出现沃洛夫化现象的原因。在塞内加尔,语言存在着三层结构,前殖民者的语言法语在上,通用语言沃洛夫语在中,其他土著语言在下。沃洛夫语不断向法语和其他土著语言扩张的原因包括,语言民族主义运动的兴起、塞内加尔语言政策的调整、独立前沃洛夫语的通用性、独立后大众传媒的助推以及沃洛夫语自身的"去民族身份"趋势

非洲能动性的具体表现还在于非洲国家不断发展和完善自身经济结构与政治体制,从国家和社会群体的各个层面加强国家建设,推动国家发展。澳门城市大学的卢宇青研究了圣多美和普林西比的数字媒体如何有效推动圣多美和普林西比的发展。她认为中国可以通过赞助新兴媒体生产商、制作电视节目、在线数字和社区广播频道或其他传播活动来发挥重要作用。

能动性的施动主体不只是国家行为体,当代摩洛哥青年也面临着双重困境与能动性议题。北京大学区域与国别研究院的何则锐讨论了当代摩洛哥青年在政治与经济方面面临的双重困境,及其在此环境下如何创造出新的运动组织形式和发挥的能动性。摩洛哥青年在当前政治经济秩序中被高度边缘化,社会经济资源大量集中于少数精英手中,青年群体难以得到就业与教育保障。而青年群体的诉求常被王室集团分化。何则锐的研究认为摩洛哥青年在与社会不公的持续抗争中形成了新的身份认同,利用社交网络这一新的传播

媒介获得海内外更广泛的支持,并在高压的政治环境下创造出新的运动组织形式,挑战了当前摩洛哥政治经济秩序。

气候变化到安全与冲突之间存在一定传导机制。北京大学国际关系学院的刘婧文以卢旺达为案例,从脆弱性的视角出发探索了从气候变化到安全与冲突的传导机制,并在此基础上强调了脆弱性在气候变化与安全风险之间复合传导机制中的结构性地位。她点明,在卢旺达惨案的案例中,卢旺达社会不同方面的脆弱性都导致了其对安全与冲突风险的屏障作用没能发挥,这也从侧面印证了特定社会下的脆弱性在气候冲突传导机制中扮演着什么样的角色仍需要进一步探究。

外交学院的周玲妮则从表现、动因与影响三个角度分析了巴西博索纳罗政府的亚马孙政策。在亚马孙地区治理中,博索纳罗政府采取了一系列相对激进的政策,对亚马孙地区的生态环境造成了损害。而促成博索纳罗政府的亚马孙政策的主要驱动力为巴西右翼对亚马孙主权的焦虑、博索纳罗维护自身执政基础的考量以及巴西国内对土著居民的歧视。周玲妮认为以经济发展为导向的政策不仅破坏了亚马孙生态环境,阻碍应对全球变暖的努力,更恶化了土著居民的生存状况;同时,也严重损害了巴西的国家形象。

区域与国别研究迎来发展新机遇

本次论坛是在加快构建"区域国别学"一级学科的背景下举办的。论坛聚焦 29 个国家和地区,涉及政治学、法学、经济学、历史学、教育学等学科,汇聚了从事交叉学科、前沿研究的青年群体。正如区域与国别研究院院长钱乘旦教授所言,本次论坛为国内有志于从事区域与国别研究的青年学子和年轻学者提供了充分交流的平台。

如今加强区域与国别研究和学科建设、人才培养已上升到国家战略高度,如何面向时代所需、打好研究根基、不浮躁、不急躁成了区域与国别研究的青年学子所面临的问题与挑战。钱乘旦教授表示,做区域与国别研究,需要一头扎进研究对象国,沉入当地社会,深深扎下根。论坛嘉宾中国现代国际关系研究院院长袁鹏也鼓励青年学子要沉心静气、专注于研究对象国或地区的具体情况；区域与国别研究也不应只关注热点问题研究，应该聚焦于一国、一地的基础研究、全面研究。今后从事区域与国别研究的青年学者仍然需要探索自己所研究各国的方方面面，并持续关注区域与国别研究的三个问题：在区域与国别研究中，谁生产，为什么生产，生产什么。

（整理人：王耀正）

中东地区军用无人机发展及
对地区安全局势的影响

马小东

摘要：近年来，无人机已成为中东冲突乃至国际冲突的重要组成部分。无人机的战略价值在于它结合了"低成本"和"高威胁"两个重要特性。无人机的使用具有较低的经济成本、生命成本和政治成本。与此同时，无人机对整体地区安全环境所构成的威胁不断增加。2015 年以来，无人机在中东地区快速发展，呈现出从美以垄断到多国相互竞争的趋势。以色列是地区内传统的无人机大国，土耳其和伊朗从国内需求出发，在无人机的研发和使用上突飞猛进，部分阿拉伯国家则在引进的基础上尝试自主研发。无人机在中东地区的发展给地区安全环境带来显著影响，增强了非国家行为体的空中实力和与国家行为体僵持的能力，加剧地区安全碎片化。同时，以无人机为工具和手段的定点清除和政治暗杀不断增多，无人机在一定程度上还会加剧地区军备竞赛，成为影响地区安全新的不确定因素。

关键词：军用无人机　中东安全　中东政治

无人机的使用已成为一个重大的地区安全乃至国际安全问题。[①] 过去 20 年来，无人机技术作为一种"颠覆性技术"和力量在全球军事和政治中迅速崛

---

① Michael C. Horowitz, Sarah E. Kreps and Matthew Fuhrmann, "Separating Fact from Fiction in the Debate over Drone Proliferation," *International Security*, Vol. 41, No. 2(Fall 2016), pp. 7—42.

起。据新美国(New America)网站世界无人机数据库统计,截至 2020 年,至少有 102 个国家的军队拥有武装无人机,35 个国家拥有大型致命的无人机①,63 个非国家行为体拥有武装无人机。② 过去十年里,使用军用无人机的国家数量增加了 58%。③ 世界正在进入"第二个无人机时代"④,在这个时代里,高端无人机不再为少数国家所垄断。无人机正日益成为各国军队常规装备的一部分,以至于有学者预测无人机会成为现代冲突的核心。⑤ 无人机也正逐渐成为中东冲突的重要组成部分。中东地区常年各类冲突不断,恐怖袭击、反恐战争、内战和代理人战争等轮番上演,导致中东地区正沦为各种无人机和新型武器实战化的理想实验场。无人机在中东的使用主体日益复杂化,应用场景愈加多样化,对地区安全局势和地缘政治的影响与日俱增。

学界对无人机的研究也随之深入。目前学界对无人机的研究主要集中于以下领域:一是影响无人机在全球范围内扩散进程的因素分析,面临冲突的紧迫性、国家的政体形式、国家的经济水平和技术能力等是影响无人机扩散快慢的主要原因⑥。二是探讨无人机扩散对战争形态以及国际安全环境的影响,有人认为无人机是一项革命性的军事技术,会降低发动战争的门槛,改变威慑方

---

① 美国巴德学院无人机研究中心(The Center for the Study of the Drone at Bard College)将无人机按质量分为三类:I 级无人机质量小于 150 千克,II 级无人机质量在 150—600 千克之间,III 级无人机质量大于 600 千克,通常而言,无人机质量越大,有效载荷越大、能携带的武器和传感设备越多,攻击性和侦查能力就越强,连续飞行时间越长,飞行高度越高。

② Peter Bergen, Melissa Salyk-Virk and David Sterman, "World of Drones", *New America*, Last updated on July 30th, 2020, https://thebulletin. org/2020/12/we-need-a-new-international-accord-to-control-drone-proliferation/, 2021-10-09.

③ Dan Gettinger, "The Drone Databook," The Center for the Study of the Drone at Bard College, https://dronecenter. bard. edu/projects/drone-proliferation/databook/, 2022-08-10.

④ Umar Farooq, "The Second Drone age," *The Intercept*, May 14, 2019. https://theintercept. com/2019/05/14/turkey-second-drone-age/? comments=1, 2021-10-09.

⑤ J. Rogers, Michel A. Holland, "Drone Warfare: Distant Targets and Remote Killings," in S. Romaniuk, M. Thapa, P. Marton, eds., *The Palgrave Encyclopedia of Global Security Studies*, Cham: Palgrave Macmillan. 2020.

⑥ Matthew Fuhrmann and Michael C. Horowitz, "Droning On: Explaining the Proliferation of Unmanned Aerial Vehicles," *International Organization*, Vol. 71, No. 2 (Spring 2017), pp. 397—418.

式以及战争形态①,对区域和国际安全环境产生重大影响。② 也有人持完全相反的观点,认为无人机的扩散对区域和国际安全来说微不足道③,折中主义者则认为无人机有其适用范围,在争议领土监测、国内反政府武装团体打击等长时间、低烈度冲突方面卓有成效,但对国家间战争的影响甚微④。三是从道德和法律的角度分析无人机的影响,认为无人机的使用对传统道德、战争规范和国际法产生冲击。⑤ 四是考察利用无人机打击恐怖主义的功效问题,有学者认为无人机打击精确,能够高效清除恐怖分子,有效降低平民死亡率⑥,但也有观点针锋相对地认为无人机打击的随意性不仅不能降低平民的死亡率,反而会增加对平民的误伤,导致"越反越恐",更为严重的是他国长期反恐会对所在国的国家能力建设和合法性造成损害,在政治和长期战略成本上损害大于收益。⑦ 关于中东地区无人机的研究方兴未艾,已有成果主要关注到以下几方

① Amy Zegart（2020）,"Cheap fights, credible threats: The future of armed drones and coercion,"*Journal of Strategic Studies*, Vol. 46, No. 1, pp. 6—46,

② J. Rogers J, Michel A. Holland, "Drone Warfare: Distant Targets and Remote Killings," in S. Romaniuk, M. Thapa, P. Marton, eds., *The Palgrave Encyclopedia of Global Security Studies*.

③ Mark Moyar, "Drones – An Evolution, Not a Revolution, in Warfare," *Strategika*, January 2014, pp. 11—13;Megan Braun, "Predator Effect: A Phenomenon Unique to the War on Terror," in Peter L. Bergen and Daniel Rothenberg, eds., *Drone Wars: Transforming Conflict, Law, and Policy*, Cambridge: Cambridge University Press, 2014, pp. 253—284;

④ Michael C. Horowitz, Sarah E. Kreps, Matthew Fuhrmann, "Separating Fact from Fiction in the Debate over Drone Proliferation," *International Security*, Vol. 41, No. 2(Fall 2016), pp. 7—42.

⑤ "Use of armed drones for targeted killings-Report of the Special Rapporteur on extrajudicial, summary or arbitrary executions," Human Rights Council, United Nations, 15 August 2020, https:// previous. ohchr. org/EN/Issues/Executions/Pages/report-drone-killings. aspx, 2022-10-09. And Kevin Jon Heller, "One Hell of a Killing Machine: Signature Strikes and International Law", *Journal of International Criminal Justice*, Vol. 11, No. 1(2013), pp. 89—119;And AllenBuchanan and Robert O. Keohane, "Toward a Drone Accountability Regime", *Ethics & International Affairs*, Vol. 29, No. 1(March 2015), pp. 15-37;And Rosa Brooks, "Drones and the International Rule of Law", *Ethics & International Affairs*, Vol. 28, No. 1 (March 2014) pp. 83—103.

⑥ "Text of John Brennan's Speech on Drone Strikes Today at the Wilson Center," Wilson Center, 30 April 2012, https://www. lawfareblog. com/text-john-brennans-speech-drone-strikes-todaywilson-center, 2021-10-10.

⑦ Michael J. Boyle, "The Costs and Consequences of Drone Warfare," *Internat. onal Affairs*, vol. 89, no. 1(2013), pp. 1—29. And *Terrorism Monitor in-Depth Analysis of the War on Terror*, Washington, DC: Jamestown Foundation, 2003.

面：一是中东国家对无人机高需求的归因分析，无人机低风险、高可靠性和难溯源等特点促使其成为受到冲突不断、没有安全感的中东各国青睐的主要原因之一。[①] 二是考察无人机在中东扩散对中东地区安全的影响，有观点认为无人机在中东地区的扩散不可逆，增加本已复杂的地区安全局势的不确定性。[②] 三是片面强调土耳其和伊朗两国无人机的崛起对中东地区安全局势的负面影响。[③] 然而，对于无人机在中东地区发展对中东安全环境较为全面和客观的研究比较缺乏。基于此，本文在探究近年来无人机在中东地区快速发展动因的基础上尝试回答这一新型高科技武器对中东安全环境有哪些影响。

低成本和高威胁：无人机的军事及战略价值

作为一种新型远程空中力量，无人机的战略价值及所能带来的安全和政治影响力建立在有别于其他武器的独特军事性能上。从战术层面而言，无人机的功能可以概括为情报搜集、监视、目标捕获和侦察（ISTR）。部分高端无人机兼具察打一体两种功能。察打一体机大大降低了从发现目标到打击目标的时延，可以在发现目标的瞬间进行打击。无人机的独特之处在于能够将以上诸多特点同时以低成本的形式将速度、精度、适应性和远程性等特性整合到

---

① Francesco F. Milan, and Bassiri Tabrizi, "Armed, unmanned, and in high demand : the drivers behind combat drones proliferation in the Middle East," *Small Wars and Insurgencies*, Vol. 31, No. 4(2020), pp. 730—750.

② Federico Borsari, "The Middle East's Game of Drones: The Race to Lethal UAVs and Its Implications for the Region's Security Landscape", Italian Institute for International Political Studies, 15 January, 2021, https://www. ispionline. it/en/publication/middle-easts-game-drones-race-lethal-uavs-and-its-implications-regions-security-landscape-28902,2021-10-09.

③ James Marson, "Armed Low-Cost Drones, Made by Turkey, Reshape Battlefields and Geopolitics," *The Wall Street Journal*, June 3, 2021,https://www. wsj. com/articles/armed-low-cost-drones-made-by-turkey-reshape-battlefields-and-geopolitics-11622727370? mod = article _ inline, 2021-11-18. And Benoit Faucon and Dion Nissenbaum, "Iran's Armed-Drone Prowess Reshapes Security in Middle East," *The Wall Street Journal*, Oct. 6, 2021, https://www. wsj. com/articles/irans-armed-drone-prowess-reshapes-security-in-middle-east-11633530266, 2021-11-26.

单一技术中。① 这一特性足以影响无人机使用者的战略抉择。

　　使用无人机具有较低的经济成本、生命成本和政治成本。首先,相比于载人战斗机,无人机的经济成本大幅降低,成为一般国家都能负担得起的"高科技武器"。俄罗斯无人系统领域首席专家丹尼斯·费杜季诺夫认为无人机是政治上受限或者预算能力不足的国家在无法获得技术更先进解决方案情况下采用的一种折中方案。一架 F-35 战斗机为约 1 亿美元,且每年运营和维护成本超过 1 亿美元,而顶级无人机收割者的单价仅 2000 万美元左右,维护成本每年 500 万美元。② 中小型无人机价格仅有几十万美元。恐怖分子甚至仅用几百美元改装简易无人机作为飞行炸弹使用。低成本的无人机可以在有限国防预算内相对地提高飞行器的拥有量,且能够承担在战争中的损耗。相较于昂贵的载人战斗机,无人机几乎可以成为空中"快销品"。其次,就生命成本而言,无人驾驶将飞行员的伤亡率降到几乎为零,这也是无人机被创造的核心价值所在。冲突中,所谓"风险"几乎完全是由飞行员或其他人员的生命损失来定义的。随着无人机打击能力的发展,无人机不仅能部分替代载人战斗机,也能部分替代地面部队,有效地减少战争伤亡,这对进行战争的国家国内政治、观众成本具有重要影响。最后,使用无人机的政治成本较低。无人机的难溯源性和无飞行员伤亡风险使得利用无人机跨境作战具有较低的政治风险。支持战争的领导者的政治风险降低了,民众厌战的反弹可能性也会降低。正如大卫·邓恩(David Dunn)指出,无人机似乎是一种无形的威胁,它们的使用不受国内政治惩罚、国际反应最小且政治水平低风险和成本。③

　　无人机各方面成本较低,却具有较高的威胁性。首先,无人机具有易扩散性。高端的中长空无人机技术难以被大多数行为体掌握,但中小型无人机体

---

① Michael J. Boyle, *The Drone Age: How Drone Technology Will Change War and Peace*, Oxford: Oxford University Press, 2020, p. 10.

② Jon Harper, "More Drones Needed to Fight Two-Front War," *National Defense*, 3/10/2020, https://www. nationaldefensemagazine. org/articles/2020/3/10/more-drones-needed-to-fight-two-front-war, 2021-11-19.

③ David Hastings Dunn, "Drones: Disembodied Aerial Warfare and the Unarticulated Threat," *International Affairs*, Vol. 89, Issue 5(September 2013), pp. 1237—1246.

积较小,易拆卸,零件易通过商业渠道获得,制造和组装技术难度较低,相关管理和溯源的法律法规尚不健全,具有很强的扩散性,导致中东整体安全环境可预测性更低,更加碎片化和更加复杂,会使每个地区国家都感受到"威胁",大大增加了潜在目标的安全担忧。其次,无人机降低了可信威胁的成本。正如也门胡塞武装不断用无人机、导弹等袭击沙特基础设施所显示,冲突一方可以向对方长时间、持续性地发射无人机,而自己不会遭受到太大风险,低成本的威胁变得可信、可持续、真实和有吸引力。

综上,低成本和高威胁是无人机的两大主要战略价值。无人机技术的本质会影响与之相关的风险计算。无人机经济、生命和政治成本的降低也意味着这种进攻性武器降低了战争的成本和发动战争的门槛。

军用无人机在中东地区的发展

长期以来,美以两家几乎垄断着无人机,尤其是高端无人机的制造、出口和使用。以色列早在第四次中东战争中就引入无人机。美国则在海湾战争、阿富汗战争、伊拉克战争以及也门和索马里等地广泛使用无人机。21 世纪的前 10 年里,无人机的使用呈现出绝对的非对称性状态,美国几乎是中东地区唯一的大规模使用者。近十年来,中东国家正逐渐打破美以的绝对垄断。从无人机的研发能力、使用和出口能力等方面综合分析,可以将中东地区无人机拥有国家划分为四个梯队。以色列是世界上无人机研发能力最强、使用时间最久和最大无人机出口国家之一,处于第一梯队。土耳其和伊朗依托较强的国防工业能力在无人机研发方面取得突破性进展,在本土能够设计发展出Ⅲ级高端察打一体无人机,并在一定范围内出口且 2015 年以来部分机型经过了实战洗礼,积累了实战经验,处于第二梯队。埃及、沙特阿拉伯和阿联酋在通过进口组建无人机武装力量部队的同时也大力发展本土无人机军工业,不断提高无人机研发能力和本土制造能力,属于无人机技术的跟跑者。约旦、伊拉克、卡塔尔,以及北非的阿尔及利亚和摩洛哥等国则主要依靠进口组建无人机力量。

表1 中东各国无人机能力一览表

		研发	使用	出口
第一梯队	以色列	研发能力强,具有研发国际领先水准无人机能力	使用能力强,自1974年后持续使用至今	世界最大的无人机出口国之一
第二梯队	土耳其、伊朗	研发能力较强,具有研发高端无人机的能力	使用能力较强,有实战经验	主要向地区国家出口
第三梯队	埃及、沙特和阿联酋	具有一定研发能力	阿联酋无人机舰队有实战经验	出口能力较低
第四梯队	伊拉克、约旦和突尼斯等	研发能力较低,主要靠引进	伊拉克用无人机打击"伊斯兰国"	暂无出口能力

注:本表根据英国皇家联合研究所(*RUSI*)报告①和美国巴德学院无人机研究中心(*The Center for the Study of the Drone at Bard College*)数据统计报告②自制。

1. 美国在中东地区无人机反恐及其影响

无人机的兴起与美国的全球反恐战争密切相关。③ 无人机成规模地用于现代战争始于1991年海湾战争。在这次历时42天的战争中,空战进行了38天,以美国为首的多国部队共动用了200多架无人机。④伊拉克战争中美军对无人机的运用更加成熟,战后美军总结说,无人机加速了伊拉克的惨败。⑤ 2001年后,无人机迅速成为反恐标志性武器。"9·11"前,美军装备的无人机

---

① Aniseh Bassiri Tabrizi and Justin Bronk, "Armed Drones in the Middle East," RUSI, 2018.

② Dan Gettinger, "The Drone Databook," The Center for the Study of the Drone at Bard College, 2019, https://dronecenter. bard. edu/projects/drone-proliferation/databook/, 2021-08-10.

③ Seth J. Frantzman, *Drone Wars : Pioneers , Killing Machines , Artificial Intelligence , and the Battle for the Future*, New York: Bombardier Books, 2021, p. 10.

④ "Gulf War episode, weapons," PBS Frontlines, https://www. pbs. org/wgbh/pages/frontline/gulf/weapons/drones. html, 2021-11-20.

⑤ Seth J. Frantzman, *Drone Wars : Pioneers , Killing Machines , Artificial Intelligence , and the Battle for the Future* , p. 39.

不超过 200 架,而到 2010 年,在美国陆军服役的无人机数量已达到 7000 多架①,广泛用于阿富汗、伊拉克、巴基斯坦、也门和索马里等地执行多种任务。美国在中东塑造了一种新的以无人机为主的战斗形式和战争形态。小布什时期美国在中东动用无人机袭击的次数随着战事的深入缓慢增长,随着美国中东战略的调整和国内反战情绪的上升,奥巴马上台后扩大了无人机战争规模,大幅提升了出动无人机打击的次数,以降低美军伤亡人数,延缓美国国内的反战情绪。奥巴马在其任期内下令进行的反恐袭击是布什时期的十倍。② 特朗普进一步扩大了中东地区无人机的使用范围,提升了使用无人机的随意度。特朗普总统 2017 年发布的新总统政策指南(PPG)备忘录提到,美国政府就无人机的使用制定了新政策,放宽无人机空袭审批程序,将无人机空袭授权权从阿富汗总司令下放给了前线指挥军官。③

　　美国利用武装无人机反恐也对地区安全局势带来了恶劣影响。第一,美国无人机袭击并未如美国军方所评估的那样因为能够精确识别和精确制导而降低对平民的伤亡,相反,美军无人机造成了大量平民和无辜人员的伤亡。特朗普甚至通过行政命令取消了奥巴马时代强制国防部每年报告其平民死亡人数估计数的授权,降低了无人机袭击的透明度。第二,美军的无人机给平民百姓造成了巨大的心理创伤,阿富汗和也门等国的平民始终感觉生活在美军无人机的监视之下,而且随时有可能被无人机袭击。美军过度使用无人机进行打击正导致"无人机恐惧症"(dronephobia)的蔓延。第三,反恐战争极大地促进了无人机在中东的发展和扩散,地区国家效仿美国,将无人机作为反恐的首选空中力量。第四,美国在中东地区肆意发动无人机袭击最终反噬到自己,最突出的表现是美军在伊拉克的军事基地不断遭到反美武装团体的无人机袭击。

　　① Peter Finn, "Rise of the drone: From Calif. garage to multibillion-dollar defense industry", *The Washington Post*, December 23, 2011, https://www. washingtonpost. com/national/national-security/rise-of-the-drone-from-calif-garage-to-multibillion-dollar-defense-industry/2011/12/22/gIQACG8UEP_story. html, 2021-11-25.

　　② "History of drone warfare", The Bureau of Investigative Journalism, https://www. thebureauinvestigates. com/explainers/history-of-drone-warfare, 2021-11-18.

　　③ Ibid.

2. 以色列无人机：对抗长时期、低烈度战争的必备武器

以色是无人机技术的先驱之一，在无人机研发方面一直处于世界领先地位。以色列无人机研究始于 70 年代和埃及争夺西奈半岛控制权。[①] 始建于 1971 年的以色列武装部队第 200 中队是世界上最早建立并持续运营至今的无人机部队。[②] 以色列无人机一战成名是在 1986 年黎巴嫩战争中的"贝卡谷空战"，以方以无人机为诱饵，一举摧毁了叙利亚苦心经营 10 年耗资 20 亿美元的萨姆导弹阵地。20 世纪 90 年代，以色列无人机技术取得突破性成果。2014 年后，以色列的整体军事行动在精度上迅速提高。[③] 以色列建国后战争不断，无人机始终是以防空力量的重要组成部分，需要时刻提防来自加沙、黎巴嫩和叙利亚等国家和地区的攻击，对无人机有着高度需求。以色列在针对加沙的 2008 年"铸铅行动"、2012 年特别行动和 2014 年"保护边缘行动"等规模冲突中都使用了无人机。以色列无人机的另一重要用途是打击真主党，如在 1996 年的"愤怒葡萄行动"和第二次黎巴嫩战争中等。近来有报告称，以色列无人机对黎巴嫩南部、埃及、叙利亚甚至苏丹的军事目标进行打击。[④]

以色列也是世界上无人机最大的出口国之一。2014 年之前以色列是世界主要的无人机出口国，占全球无人机出口的 61%。[⑤] 自 20 世纪 80 年代中期开始出口以来，以色列已经向至少 50 个国家提供了无人机技术。[⑥] 以色列预计每年出口 5 亿美元的无人机相关技术（包括反无人机技术），在 2015 年至

① Michael J. Boyle, *The Drone Age: How Drone Technology Will Change War and Peace*, p. 47.

② Dan Gettinger, "The Drone Databook," The Center for the Study of the Drone at Bard College, 2019, https://dronecenter. bard. edu/projects/drone-proliferation/databook/, 2021-08-10.

③ Seth J. Frantzman, *Drone Wars: Pioneers, Killing Machines, Artificial Intelligence, and the Battle for the Future*, p. 68.

④ Aniseh Bassiri Tabrizi and Justin Bronk, "Armed Drones in the Middle East", RUSI, 2018, https://drones. rusi. org/, 2021-09-08.

⑤ George Nacouzi etc, *Assessment of the Proliferation of Certain Remotely Piloted Aircraft Systems: Response to Section 1276 of the National Defense Authorization Act for Fiscal Year 2017*, RAND Corporation, 2018, p. 15, https://www. rand. org/pubs/research_reports/RR2369. html, 2021-08-09.

⑥ Mary Dobbing and Chris Cole, "Israel and the Drone Wars: Examining Israel's Production, Use and Proliferation of UAVs," Drone Wars UK, January 2014, https://dronewars. net/2014/01/10/israel-and-the-drone-wars-new-briefing-from-drone-wars-uk/, 2021-08-09.

2020 年间每年增长 5%—10%。① 中东国家除土耳其外,没有任何其他国家得到以色列无人机。实际上,防范无人机及无人机技术流入中东其他国家是以色列无人机出口原则之一。但近年来,随着以色列和数个阿拉伯国家关系的缓和,无人机也逐渐出现在以色列与阿联酋和摩洛哥等国国防合作框架下武器交易的清单上。

3. 土耳其无人机的发展和崛起:从国内反恐到对外出口

土耳其对无人机的需求源于 20 世纪 90 年代打击国内反政府武装团体库尔德工人党(PKK)。库尔德工人党盘踞和出没之地多为靠近叙利亚和伊拉克的边境山地,需要用无人机进行长时期监视和侦察,配合地面部队清剿。土耳其早期从美国和以色列引进侦察无人机。2000 年后土耳其决定自主研发本土无人机。2016 年土耳其"旗手"TB2(Bayraktar TB2)无人机②开始用于实战。目前土耳其军队拥有大约 94 架旗手无人机,部署在叙利亚边境及爱琴海和地中海沿岸的 9 个无人机空军基地中。③ 此外土耳其在伊拉克北部、高加索地区和伊朗边境等地都部署了无人机。

对土耳其来说,高端武装无人机是让土耳其在打击恐怖分子的行动中取得霸权的最重要的武器。④ "旗手"无人机改变了土耳其与库尔德工人党长达 35 年的冲突形态。土耳其在库尔德工人党活跃的土耳其南部至少已建立了六个无人机基地。⑤ 无人机扩大了土耳其政府军相对于库尔德工人党的军事优势,改变了以往政府军和武装反叛团体交战方式,库尔德工人党成员不能再像

① Uri Sadot, "A Perspective on Israel," Center for New American Security, Proliferated Drones Series, 2015, https://drones. cnas. org/reports/a-perspective-on-israel/, 2021-10-01.

② "旗手"无人机可在 7000 米的海拔高度持续飞行 24 小时,有效荷载 150 公斤。

③ Gettinger, D., "Turkey's military drones: an export product that's disrupting NATO", Bulletin of the Atomic Scientists, 16 December 2019. https://thebulletin. org/2019/12/turkeys-military-drones-an-export-product-thats-disrupting-nato/ # : ~ :text=/, 2021-11-25.

④ "Bayraktar TB2 UAVs make first flight for Turkish Naval Forces," Daily Sabah, 17 December 2018, https://www. dailysabah. com/defense/2018/12/17/bayraktar-tb2-uavs-make-first-flight-for-turkish-naval-forces, 2021-11-25.

⑤ Dan Gettinger, "The Drone Databook," The Center for the Study of the Drone at Bard College,2019, https://dronecenter. bard. edu/projects/drone-proliferation/databook/, 2021-08-10.

2011 年那样大规模集体行动,无人机显著地缩小了工人党的机动范围。根据土耳其国防部提供的有关数据,2016 年以来,至少有 400 人在涉及无人机的空袭中丧生。[①] 土耳其还用无人机介入叙利亚局势,不仅跨境打击"伊斯兰国"恐怖分子,还遏制库尔德人武装和叙利亚政府军在叙北部的存在。在叙利亚冲突中,无人机行动将继续成为土耳其维持缓冲区以保持对伊德利卜及其边境其他领土的控制的战略的重要组成部分。土耳其还将无人机部署到北塞浦路斯的空军基地[②],监测与希腊存争议的领海。

土耳其不仅将无人机作为提高军事实力的主要手段,也将无人机作为赚取外汇的出口商品,对外输出影响力的"外交手段"。与"收割者"相比,TB2 更轻,成本更低,性价比更高,品质堪比卡拉什尼科夫 AK-47 步枪,是大多数国家都能配备得起的高端武器。因此,该无人机立即受到青睐,成为土耳其军火出口的明星产品,并对整个地区产生地缘政治影响。土耳其依靠无人机展示自己的威望和实力。土耳其无人机的崛起是土耳其不依附其西方盟友,走独立自主发展道路的"新土耳其"崛起的缩影。无人机的成功帮助土耳其以较小的风险扩大了地区影响力。

4. 伊朗无人机的发展和崛起:从两伊战争到武装海外代理人

伊朗从 20 世纪 80 年代起,在无人机研发和制造方面取得了长足进展。目前伊朗绝大多数无人机可以在国内完成整体设计和制造。伊朗的目标是建立一支独立的无人机编队。[③] 两伊战争期间,伊朗开始制造无人机对抗拥有较强空军的伊拉克。伊朗伊斯兰革命卫队(IRGC)于 1984 年左右成立了专门的无人机部队。三十多年来伊朗无人机技术已有了长足发展,美国国防情报局2019 年的一份非机密报告称无伊朗人机是"伊朗发展最快的空中能力"。[④] 截

① Umar Farooq, "How Turkey Defied the U. S. and Became a Killer Drone Power", *The intercept*, May 14 2019, https://theintercept.com/2019/05/14/turkey-second-drone-age/,2021-11-19.

② Michael Rubin, "Turkey's new drone base is a problem," *AEI*, May 30, 2021, https://www.aei.org/op-eds/turkeys-new-drone-base-is-a-problem/, 2021-11-30.

③ Seth J. Frantzman, *Drone Wars: Pioneers, Killing Machines, Artificial Intelligence, and the Battle for the Future*, p. 94.

④ "Iran Military Power," U. S. Intelligence Defence Agency Report, August 2019, p. 67, https://www.dia.mil/Portals/27/Documents/News/Military%20Power%20Publications/Iran_Military_Power_V13b_LR.pdf, 2021-10-08.

至 2021 年,伊朗已经拥有从小型、轻型短程无人机到具备 ISR 和精准打击能力的中重型、中高空长航时无人机。

伊朗无人机被广泛装备于伊朗陆海空国防军和伊斯兰革命卫队,用以监视边境地区和打击国内反政府武装等活动。伊朗已经在波斯湾和阿曼湾附近建立了至少四个无人机基地。[①] 从 2015 年开始,伊朗无人机开始监视并有时干扰美国海军在波斯湾的行动。2019 年初,伊朗在波斯湾用多达 50 架 Shahed-123 和 Shahed-129 等型号无人机进行了演习。[②] 伊朗无人机也用于在巴基斯坦和阿富汗边境执行侦察监视的防渗透任务。在锡斯坦和俾路支省的西南部地区,伊斯兰革命卫队的无人机已被用于打击逊尼派分离主义分子的军事行动。巴基斯坦在 2017 年 7 月声称击落了一架误入边境的伊朗无人机。[③] 伊朗无人机也已部署到伊朗与伊拉克的西部边境打击库尔德武装分子。在地区层面,伊朗制造的无人机通过其代理人在中东有着非常广泛的应用。小型无人机易拆卸,易运输,具有较强的可流动性。从也门、黎巴嫩和伊拉克等地击落的残骸分析,伊朗无人机被胡塞武装、哈马斯和伊拉克"人民动员组织"等海外代理人使用。伊拉克亲伊朗武装团体利用伊朗造无人机袭击美军,胡塞用其对抗沙特联军,而在黎巴嫩则被用来打击以色列。伊朗可以通过海外代理人对无人机进行实战检验。伊朗还通过海外代理人深度参与了叙利亚战争,据信其部分成员在叙利亚内战中阵亡。[④]

伊朗长期受到西方国家的制裁,现代化空中武装力量发展有限,但伊朗及其盟友对无人机的使用可大大弥补其空中武装力量的不足。在优先发展非对

---

① Dan Gettinger, "The Drone Databook", The Center for the Study of the Drone at Bard College, 2019, https://dronecenter. bard. edu/projects/drone-proliferation/databook/, 2021-08-10.

② Sean Gallagher, "Iran pumps up 'massive' offensive exercise with as many as 50 drones," *Ars Technica*, 14 March 2019, https://arstechnica. com/information-technology/2019/03/iran-pumps-up-massive-offensive-exercise-withover-50-drones-maybe/, 2021-12-02.

③ "Pakistan confirms shooting down Iranian drone," *The Express Tribune*, 22 June 2017, https://tribune. com. pk/story/1441595/violating-airspace-fo-confirms-shooting-iranian-drone, 2021-12-02.

④ Amir Toumaj, "Israel kills Iranian Guard Corps members in Syria," *Long War Journal (blog)*, 9 April 2018, https://www. longwarjournal. org/archives/2018/04/israel-kills-iranian-guard-corps-members-in-syria. php, 2021-12-03.

称打击手段的思路下,伊朗无人机反而得到了更多的资源保障。伊朗直接依靠无人机形成有威慑的战斗力,进而改变地区力量平衡的能力有限,但在一定程度上能够弥补常规空中力量的不足。伊朗无人机能使地区形势更加复杂化的原因在于海外代理人对伊朗无人机的应用。美以等国担心伊朗迅速提高的无人机研发和使用能力有可能在一定程度上改变中东地区力量平衡、安全平衡,美以联合部分阿拉伯国家联合遏制伊朗的无人机武装力量正成为除遏制伊朗核武器之外的另一重要领域。

5. 阿拉伯国家无人机发展:无人机技术的跟跑者

相比于地区大国土耳其和伊朗,阿拉伯国家在无人机的引进和研发上目前属于跟跑者。一方面是因为阿拉伯国家整体工业水平和军工行业能力有限,武器装备制造本土化程度低,长期大量依赖进口,对无人机的研发和运用也慢半拍。另一方面,阿拉伯国家对无人机的需求迫切性较低也导致这些国家对无人机的运用程度较低。无论出于何种动机,以沙特、阿联酋和埃及为代表的地区大国正在试图迎头赶上。卡塔尔、摩洛哥和阿尔及利亚等其他阿拉伯国家也在因不同的原因试图获得无人机。

中东地区,沙特拥有较为强大的空军,沙特皇家空军(RSAF)整体实力仅次于以色列。[1] 伊朗和土耳其等国无人机的发展以及无人机本身独特的优势促使沙特越来越重视空军的无人机能力。在沙特推动国家经济转型的大背景下,军工产业本地化是沙特"2030愿景"所要实现的重要目标之一,沙特目标是至2030年将本地化水平从2%提升至50%。[2] 因此,沙特更热衷于引进国外技术,在本土建厂制造无人机。沙特阿拉伯在也门针对胡塞组织的干预中部署了无人机,但截至目前,沙特并没有发动大规模无人机军事行动。过去20年来,阿联酋致力于将阿联酋武装力量打造成中东地区最现代化、最有能力的军队之一,其空中实力也有了大幅提升。阿联酋也一直渴望成为地区高科技技术的领导者,迫切的军事需求和经济转型都促使阿联酋发展无人机技术。阿

<hr/>

① "Global Air Powers Ranking (2021)", World Directory of Modern Military Aircraft, https://www.wdmma.org/ranking.php, 2021-12-01.

② Saudi Vision 2030, https://www.vision2030.gov.sa/, 2021-11-05.

联酋也是直接购买和本地研发两条路同时进行。阿联酋对无人机的兴趣始于
2013 年,当时阿联酋从通用原子公司购买了数架"阉割版"的捕食者 XP 无人
机系统。① 美国拒绝向阿联酋出售武装无人机。阿联酋便转而向其他国家购
买了两架无人机。阿联酋也致力于自主研发本土无人机。相比于沙特,阿联
酋无人机的使用在中东更为活跃,运用更为广泛。无人机是阿联酋证明其军事
能力,实现在该地实力投射的有力工具。阿联酋无人机在也门和利比亚两个战
场进行过实战。埃及从 20 世纪 80 年代开始从美国进口武装无人机。伊拉克空
军 2003 年后重建。2014—2017 年"伊斯兰国"猖獗的几年中,伊拉克急需空中打
击力量,美国拒绝向伊拉克出售 MQ-1 或 MQ-9 无人机,因此伊拉克从其他国家
购买武装无人机,以快速提升空军作战能力,打击恐怖分子。此外,卡塔尔、约
旦、摩洛哥和阿尔及利亚等国也在通过不同方式寻求引进和掌握无人机技术。

综上,中东地区四个梯队的国家在使用无人机动因、策略、军售政策和对
地区安全环境产生的影响等方面都有差异(如下表所示)。

表 2   主要国家中东地区无人机使用情况简表

	使用动因	军售政策	使用策略	地区安全影响
美国	反恐、政治暗杀	谨慎军售,仅向友好国家	授权层级较低,频繁使用	较高
以色列	打击真主党、哈马斯等非国家武装团体	谨慎军售,仅向友好国家	主要用于边境附近	一般
土耳其	打击 PKK、争议领土监测	宽松军售	跨境打击较多	较高
伊朗	监测美军、边境监测	宽松军售,援助地区盟友	盟友使用较多	较高
阿拉伯国家	反恐、威望武器	军售较少	谨慎使用,在特定战场使用	一般

---

① Stanley Carvalho, "UAE Signs $1.4 Billion Defense Contracts, Including Drones," *Reuters*, 18 February 2013, https://www. reuters. com/article/us-emirates-drones-idUSBRE91H0AY20130218, 2021-11-01.

美以重点关注反恐,在无人机军售方面较为谨慎,严格防范高端无人机落入中东其他国家手中,即使对于阿拉伯盟友也不会出售打击功能健全的无人机。土耳其和伊朗两国对无人机的使用以本国需求为基点,不断向外延伸,尽可能地利用无人机获得更多政治影响力。阿拉伯国家对无人机的追求动机则更多来源于土耳其和伊朗两国的无人机压力和军工本土化的转型目标。这些国家不同的无人机使用策略相互叠加、激荡,共同塑造中东地区安全局势。

军用无人机对中东安全局势的影响

中东安全局势错综复杂,长期以来备受国际社会关注。传统上,影响中东安全局势的主要因素一般有能源、恐怖主义、民族矛盾、宗教矛盾和传统地缘政治等。随着新一轮科技革命的发展,影响中东安全的因素在传统因素的基础上进一步多元化。无人机是科技发展在武器智能化领域的重要成果之一,世界正在进入一场无人机革命。[①] 在地区安全环境脆弱和地区国家间竞争不断加深的背景下,无人机在中东地区的规模化应用产生了重要的军事和战略影响,深刻改变相关行为体的空中武装力量、军事实力分布、作战方式,改变地区军事平衡,进而深刻影响地区安全局势。

1. 无人机增强非国家行为体实力,加剧地区安全碎片化

中东越来越多的非国家、次国家武装团体在获得和使用各类武装无人机。据统计,中东目前已有 16 个非国家行为体拥有武装无人机。[②] 黎巴嫩真主党和也门胡塞武已经装获得了军用级无人机系统。无人机之所以容易被非国家行为体掌握一是因为无人机技术壁垒相对较低,二是无人机技术及材料难以管控。"非国家行为体无人机"的出现标志着战争状况的重大变化,空中力量的不对称性得以该改变,天空更加"民主化",制空权不再被政府空军所垄断。

---

① Seth J. Frantzman, *Drone Wars: Pioneers, Killing Machines, Artificial Intelligence, and the Battle for the Future*, p. 94.

② Peter Bergen, Melissa Salyk-Virk and David Sterman, "World of Drones", *New America*, Last updated on July 30th, 2020, https://thebulletin. org/2020/12/we-need-a-new-international-accord-to-control-drone-proliferation/, 2021-11-18.

无人机的低边际成本也将有利于非国家行为者削弱政府拥有的优势。在冲突地区,非国家行为体能够以前所未有的方式观察战场,扩大目标打击范围。非国家行为体使用体积足够小,飞行高度很低,无法被普通雷达探测到的商业无人机进行军事行动。恐怖组织还利用无人机打击平民目标,甚至暗杀政治领导人。进行心理战和宣传战也是非国家行为体利用无人机的重要方式。

使用无人机最成功的武装组织是真主党,它是中东最有组织、最有纪律的非国家行为者之一。根据一些估计,真主党现在有 200 多个执行侦察和战斗任务的平台。有证据显示,至少到 2015 年,真主党在黎巴嫩贝卡山谷已建造了一个无人机机场。① 真主党曾多次用无人机渗透以色列领土,支撑真主党在叙利亚的军事行动。真主党还用无人机协助阿萨德政府打击叙利亚反政府武装和"伊斯兰国"恐怖分子。也门胡塞武装也是使用无人机的重要非国家行为体。在胡塞武装和沙特阿联酋长达五六年的对峙过程中,胡塞武装持续不断地使用装满炸药的无人机袭击沙特和阿联酋的机场、石油设备等基础设施,甚至摧毁沙特的导弹防御系统。② 尽管沙特拥有强大的财政、军事和情报能力,但胡塞武装的袭击给沙特造成的损失与自己的损失根本不成比例,给沙特带来了无法应对的挑战。此类攻击不仅会破坏重要的经济基础设施,还会增加安全成本、扰乱市场并散布恐惧,加剧中东地区的动荡。非国家行为体对比他强大得多的国家的制空权提出挑战也再次被胡塞武装所印证。尽管"伊斯兰国"主体已被剿灭,但"伊斯兰国"恐怖分子自 2016 年以来运用无人机参战的案例足以警醒国际社会关注恐怖分子对无人机技术的掌握和运用。"伊斯兰国"恐怖分子利用无人机进行侦查、引导火炮,武装打击和宣传等任务。由于

---

① Chris Abbott, "Hostile Drones: The Hostile Use of Drones by Non-State Actors Against British Targets," Remote Control, January 2016, p. 11, https://www.openbriefing.org/publications/report-and-articles/hostile-drones-the-hostile-use-of-drones-by-non-state-actors-against-british-targets/, 2021-11-01.

② Thomas Gibbons-Neff, "Houthi Forces Appear to Be Using Iranian-Made Drones to Ram Saudi Air Defenses in Yemen, Report Says," *Washington Post*, 22 March 2017.

无法获得军用无人机,"伊斯兰国"集中精力采购固定翼型号。[1] 2016 年 8 月,美国陆军认定,在防空方面,装了炸药的小型四旋翼无人机是"陆军部队面临的最大挑战"。[2] 此外,中东地区的哈马斯、努斯拉阵线(al-Nusra Front)和沙姆解放组织(Hayat Tahrir al-Sham(HTS))等非国家行为体都已在尝试掌握并使用无人机技术。无人机在对抗更强大、资源更丰富的政府时具有显著的成本效益。

越来越多的非国家行为体掌握无人机技术的后果之一是将会加剧中东地区安全格局的碎片化,加剧地区地缘政治冲突和动荡。随着美国在中东地区战略投入的减少,塑造地区安全格局的责任会越来越多由地区国家,尤其是地区大国承担,由此而来的可能会是地区国家间竞争的加剧,地区安全格局已经在走向碎片化。非国家行为体实力的增强会加剧这种趋势。无人机在一定程度上改变了战争环境,降低了参战门槛,从根本上使非国家行为者成为伊拉克、叙利亚和也门冲突的一个因素。面对像以色列、沙特和美国这样装备精良的对手,真主党和胡塞武装等非国家行为体手中的无人机虽然难以改变战略平衡,但可能会让他们在与"国家"的竞争和冲突中更有效。"伊斯兰国"恐怖组织对无人机的大规模运用预示着无人机在未来可能不仅仅是政府的"反恐利器",也将称为可怕的"恐怖武器"。

2. 无人机成为定点清除和政治暗杀的重要工具

无人机不仅可以是"反恐利器",也会成为定点清除和政治暗杀的工具。无人机不仅能够方便地定点清除恐怖分子,也可能会被用于暗杀政治领导人。美国第一次定点清除发生在 2002 年 11 月[3],美国在中东的定点清除计划的最

[1] And R. J. Bunker, *Terrorist and Insurgent Unmanned Aerial Vehicles: Use, Potentials, and Military Implications*, Carlisle, PA: Strategic Studies Institute, U. S. Army War College, 2015, p. 12.

[2] Joseph Trevithick, "New U. S. Army Manual Warns About Small Drones," *War Is Boring*, 18 August 2016, https://warisboring. com/new-u-s-army-manual-warns-troops-about-small-drones/, 2021-10-20.

[3] Gregory D. Johnsen, *The Last Refuge: Yemen, al Qaeda and America's War in Arabia*, New York: W. W. Norton, 2013, pp. 119—123.

初目的是针对基地组织和"相关部队",随着时间的推移,美国不仅开始使用无人机摧毁基地组织及其直接盟友,还打击世界各地的一系列其他伊斯兰组织,甚至开始参与消除这些国家政府的部落敌人。① 奥巴马在任期间,授权了数百起定点清除行动。② 2017 年上任以来,唐纳德·特朗普总统延续了奥巴马总统的许多定点清除政策,甚至加大了打击力度。③ 特朗普还对目标选择标准进行了重大修改,放弃了目标必须对美国人构成持续或紧迫威胁的标准。美国无人机斩杀的对象不仅局限于领导人,打击范围逐步扩大到低级特工和普通士兵。④ 定点清除越来越成为一种不经审判处死"罪犯"的手段。

美国用无人机在中东进行"外科手术式"的定点清除的作战方式对其他行为体作战方式提供了效仿的"榜样",产生深远影响。美国开创了无人机作战"有罪不罚"的先例。正是无人机技术的兴起为定点清除的全球扩张打开了大门。其他国家——如英国、尼日利亚、伊拉克和巴基斯坦——开始效仿美国使用定点清除。随着越来越多的国家获得无人机,它们正在试验自己的定点清除,并侵蚀传统的非战时杀人壁垒。最先进的无人飞机已经具备隐身能力,而且速度更快、体积更小,比前几代飞机的定点杀伤能力更强。⑤ 随着无人机变得越来越小,越来越致命,它们将使暗杀任务对更广泛的群体可用。正如刺杀伊拉克总理事件显示的那样,在政治局势动乱的时期,不择手段暗杀国家领导人往往会成为政敌清除对手的方式。频繁使用定点清除将打破对使用武力的传统法律和道德约束。无人机对反恐有效,但不能滥用,甚至认为无人机就是对付恐怖分子的"万灵药"。

---

① Michael J. Boyle, "The Costs and Consequences of Drone Warfare," *Internat. onal Affairs*, vol. 89, no. 1(2013) pp. 1—29.

② Michael J. Boyle, "The Costs and Consequences of Drone Warfare." *Internat. onal Affairs*, vol. 89, no. 1(2013), p. 6.

③ Spencer Ackerman, "Trump Ramped Up Drone Strikes in America's Shadow Wars," *Daily Beast*, 26 November 2018.

④ Peter Bergen, "DroneIs Obama's Weapon of Choice," *CNN*, 19, September 2012, https://www.cnn.com/2012/09/05/opinion/bergen-obama drone, 2021-11-10.

⑤ Agnes Callamard, James Rogers, "We need a new international accord to control drone proliferation", *Bulletin of the Atomic Scientists*, December 1, 2020, https://thebulletin.org/2020/12/we-need-a-new-international-accord-to-control-drone-proliferation/, 2021-12-15.

当下,各国对无人机的监管不足,对无人机使用尚未达成规则和共识。加之无人机使用缺乏透明度,缺乏相关机构和法律监督,无人机的使用者,尤其是非国家行为体可能会不遵守战争法和国际人道主义法。无人机很可能被非国家行为体作为暗杀政治领导人的工具而破坏地区安全稳定。

3. 无人机加剧地区军备竞赛

美国在中东的战略收缩是中东地缘政治的最大变量,可能会引发中东地区新一轮洗牌。大国的退出导致地区大国可能承担更多的地区安全责任。中东地区国家之间的军备竞赛可能加剧。① 斯德哥尔摩国际和平研究所 2021 年的一份报告显示,世界十大武器进口国名单中,阿拉伯国家占据一半,即沙特阿拉伯、埃及、阿尔及利亚、卡塔尔和阿联酋。② 阿拉伯国家购买的大多数武器并不一定为了备战,但能够加强在地缘政治和地区竞争中的地位。无人机是地区国家武器研发和进口的新的"增长点",对无人机的研发和使用可能会引起新一轮的军备竞赛。在土耳其和伊朗无人机研发领先的状况下,埃及、沙特和阿联酋等阿拉伯国家企图通过引进和本地化生产追赶土伊两国。以色列和数个阿拉伯国家关系的缓和加速双方在无人机等高科技武器领域的贸易。2021 年 11 月以色列国防部长访问摩洛哥期间,两国签署协议,以色列将向摩洛哥提供包括无人机在内的先进军事武器。而与摩洛哥有冲突的阿尔及利亚则完全依赖中国的无人机。无人机也是以色列和阿联酋国防合作的重要组成部分。另外,无人机在中东地区的大规模扩散这又会刺激反无人机技术和武器的研发。寻找有效的反无人机技术是一场重要的竞赛。最近以色列分别和摩洛哥及阿联酋签署协议,与两国合作开发无人机反击系统。

结　语

全球范围内无人机的大规模应用仍然处于起步阶段。无人机对战争的形

---

① Pieter D. Wezeman, Alexandra Kuimova and Siemon T. Wezeman, "Trends in International Arms Transfers, 2020", *SIPRI*, March 2021, https://www.sipri.org/sites/default/files/2021-03/fs_2103_at_2020.pdf, 2021-12-15.

② Ibid.

态、对国家间关系所带来的影响仍然有诸多的不确定性。在中东各类冲突中，无人机的作用已经越来越显著，已经突破了作为"反恐利器"的局限而在多种类型的冲突中发挥作用。无人机正在改变国家和叛乱分子在中东进行战争的方式。从伊拉克战场、叙利亚战场到也门战场，再到利比亚战场，有冲突的地方必有无人机的身影。无人机对于中东安全局势和国家间关系而言是把双刃剑。无人机的正面影响主要在于无人机在反恐战争中的效用，而其负面作用也在渐渐凸显，如成为政治暗杀的利器，增强了非国家行为体的空中优势和僵持能力，降低了发动战争的成本，加剧了军备竞赛等，无人机拥有国将以无人机为代表的远程操作军事技术作为国家权力的先锋，成为诱发中东冲突新的不确定因素，使本已脆弱的中东安全环境更加脆弱。无人机在中东的迅速扩散，尤其是在非国家行为体中的扩散警示国际社会，需要加强对无人机研发、销售和使用的制度建设和立法工作，尤其要防范无人机大国滥用无人机造成平民的伤亡以及避免致命无人机落入恐怖分子的手中。

作者简介：马小东，北京大学国际关系学院博士研究生。

俄罗斯高校校长遴选办法的
历史变迁研究[①]

王陈昊志

摘要:本文以俄罗斯政府和高校的有关法令法规和文件为基础,对帝俄时期、苏联时期和俄罗斯独立以来的高校校长遴选办法进行了分析和研究。帝俄时期,沙俄政府构建了负责高校校长遴选的体制机制,遴选办法在任命制和选举-任命制之间不断变动,政府在高校校长遴选中的作用不断加强。十月革命后,苏维埃政府确立了高校的校长任命制和一长负责制。戈尔巴乔夫改革期间,高校校长的遴选办法由任命制快速向选举-任命制转变。苏联解体后,在政府的规范下,俄罗斯高校校长遴选从"自由选举"转变为"可控选举",最终形成了"分层而治""选举-任命制和任命制相结合"的高校校长遴选制度。

关键词:俄罗斯　高校校长　遴选办法

校长在高校治理和运行中具有重要的作用。对高校校长的遴选办法进行研究,能够反映一个国家一定时期内高等教育系统的内部结构特点以及系统内部各要素之间的互动。研究高校校长遴选办法的历史变迁,有助于展现一个国家高等教育系统的发展趋势,增进对其发展特点的理解。

在世界主要国家中,我国学者对美国、英国、日本等发达国家的高校校长遴选办法研究较多,对俄罗斯的有关研究相对不足。本文以时间为脉络,以俄

① 感谢北京大学教育学院蒋凯教授在本文修改过程中提出的宝贵意见。本文文责由作者承担。

罗斯国家和高校颁布的有关法令、法规和文件为基础,试对其不同历史时期高校校长的遴选办法做一研究。本文的研究范围仅限于俄罗斯的普通高校,不包括宗教院校和军事院校。

一、帝俄时期:任命与选举之间的"钟摆"

(一) 俄罗斯高校发展早期的模式

俄罗斯历史上的第一所大学是彼得一世于 1724 年下令设立的科学院大学。[1] 和科学院中学一样,该大学与彼得堡科学院同时成立,是彼得堡科学院的下属机构,也是彼得一世近代化改革的产物。在成立初期,这所学校没有严格意义上的校长,也没有系、教研室等组织机构。作为该校的继承者,圣彼得堡大学将科学院中学首任学监约翰·彼得·科尔视为其校史上的首位校长。[2]因此,俄罗斯历史上的首位大学校长由科学院院长和科学院办公室共同选拔产生。[3] 科学院大学自其成立之日起就面临着缺乏学生的困境,其各方面的活动也一直不温不火,最终于 19 世纪初停办,到 1819 年才复校。与之相比,莫斯科大学虽然成立稍晚,但不存在校史中断的问题。

1755 年 1 月,俄国沙皇伊丽莎白签署谕令,在宣布组建莫斯科大学的同时,任命了监理人(куратор)和校长两个职位的人选。在当时,监理人是大学实际上的领导者,其职责是关注大学事务的整体情况并亲自向沙皇汇报。校长的决定须经监理人批准,其职责包括监督福利和财政,与各部门通信,同时担任教授委员会主席。[4] 整体来看,18 世纪的俄罗斯尚无负责高等教育管理的

---

① 俄罗斯历史上的第一所高等学校是始建于 1687 年的斯拉夫-希腊-拉丁学院,其性质是宗教学校。科学院大学既是俄罗斯历史上的第一所大学,也是第一所世俗高等学校。

② Во главе // Санкт - Петербургский университет. 2015. №2. C. 12—39.

③ Николаев А. Б. О формировании состава директоров средних школ в дореволюционной России (1725 - 1917 гг.) // Universum: Вестник Герценовского университета. 2011. №3. C. 66—80.

④ Костышин Д. Н. История Московского университета (вторая половина XVIII - начало XIX века): сборник документов (1754—1804): Т. 1: 1754—1755. M.: Academia, 2006. -C. 127.

中央一级的国家机构,大学的管理人员由沙皇直接任命。校长除履行学术职责外,其作用更接近于在监理人之下行事的文职人员。

(二)1804—1884 年:政府控制的消长

1802 年,沙皇亚历山大一世推行带有自由主义色彩的改革,成立了中央一级的教育行政管理机构——国民教育部。从 1804 年底至 1805 年初,亚历山大一世分别批准了莫斯科大学、喀山大学和哈尔科夫大学等三所学校的章程。这些章程的内容区别较小,在历史上统称为《1804 年大学章程》。根据《1804年大学章程》的规定,大学校长每年由编内教授组成的教授委员会选举产生,呈请学校管理总局,通过国民教育部获得沙皇任命。大学校长的权力范围不仅限于大学,还包括辖区内的所有学校。作为大学学术委员会(Совет)和理事会(Правление)的主席,校长的主要职责是维护校内秩序,监督所属人员,确保大学章程以及国民教育大臣和督学的命令得到执行,每月向督学汇报大学和所属学校的情况。此外,这一时期的俄罗斯大学设置有内部法院体系,校长兼具法官职责,有权组建大学的初级法庭。① 因此在这一时期,校长的权力不仅限于行政权,而是具备了一定的司法权。《1804 年大学章程》没有专门规定督学权力的章节和条款,但在大学的实际运行中,督学的影响力仍然较大。不经督学批准,任何一个大学校委会的决议都不具备法律效力。②

亚历山大一世的继任者是尼古拉一世,其上台之初就遇到了俄罗斯贵族为反对专制制度而发动的十二月党人起义。与亚历山大一世相比,尼古拉一世的统治更加保守,这一特点在其批准的《1835 年大学章程》中也有所体现。《1835 年大学章程》取消了大学法庭,将校长任期延长至四年。校长仍然由学术委员会从编内教授中选举产生,由沙皇任命,其主要职责仍然是对内部人员

---

① Высочайше утверждённый Устав Императорского Московского Университета // Полное собрание законов Российской Империи. Собрание Первое. Том XXVIII. 1804—1805 гг. Санкт - Петербург: Типография Второго отделения Собственной Его Императорского Величества канцелярии, 1830. С. 572.

② 关慧颖:《19 世纪的俄国大学及大学章程研究》,博士学位论文,吉林大学东北亚研究院,2014,第 25 页。

进行监督和训诫。与《1804 年大学章程》相比,《1835 年大学章程》以专门的章
节规定并扩充了督学的权力,规定大学督学由沙皇任命,负责监督大学内的所
有人员,有权采取合法措施清除政治上不可靠的人。此外,如有必要,督学还
可以担任大学学术委员会和理事会的主席。① 因此,《1835 年大学章程》以专
制代替了自治,大学失去了学区内所有学校教育活动的领导权,绝对的支配权
掌握在督学手中。②

尼古拉一世去世后继任的沙皇是亚历山大二世。当时,俄罗斯在克里米
亚战争中的失败暴露了其社会的一系列问题,同时激化了国内矛盾。因此,亚
历山大二世上台后,开始对俄罗斯的旧体制进行改革,其在高等教育领域的改
革成果主要是《1863 年大学章程》。该章程在很大程度上恢复了大学在学术和
行政事务上的自主权,是帝俄时期大学自治权的顶峰,被俄罗斯学者称为是该
时期"最具自由主义色彩的章程"③。在这份大学章程中,督学的权力受到了明
显的限制:除正常的监督责外,他只能就大学和学区事务向学术委员会提出建
议,而不能在其中担任主席。与之相比,校长的权力得到了空前的扩大:除了延
续以往的产生方式、任期规定和监督职能外,该章程明确规定由校长实行对大学
的直接管理,允许校长在重大紧急情况下采取超越其权限的一切必要措施,只是
需要通告学术委员会、理事会和督学。④ 但是,《1863 年大学章程》中的自由主义
思想没有与专制国家的统治形式充分协调,政府依然可以通过督学对大学进行
限制和影响。19 世纪 60 年代后期,帝俄政府的教育政策开始趋向于反动保守,

① Высочайше утверждённый Общий Устав Императорских Российских Университетов // Полное
собрание законов Российской Империи. Собрание Второе. Том X. Отделение 1. 1835 г. Санкт -
Петербург: Типография Второго отделения Собственной Его Императорского Величества канцелярии,
1836. С. 846—847.

② Князев Е. А. Автономия и авторитарность. Реформы высшей школы России XVII – начало
XX вв. : курс лекций. М. : Русайнс, 2020. С. 101—102.

③ Новиков М. В. , Перфилова Т. Б. Университетский устав 1863 г. : пределы академического
самоуправления // Ярославский педагогический вестник. 2013. №4. С. 18—31.

④ Высочайше утверждённый Общий Устав Императорских Российских Университетов // Полное
собрание законов Российской Империи. Собрание Второе. Том XXXVIII. Отделение 1. 1863 г. Санкт -
Петербург: Типография Второго отделения Собственной Его Императорского Величества канцелярии,
1866. С. 625—626.

而国民教育部也于 1874 年决定对《1863 年大学章程》进行重新审查。①

俄罗斯帝国历史上的最后一份大学章程是亚历山大三世批准的《1884 年大学章程》。这份章程取消了校长选举，明确校长每四年由国民教育大臣从大学编内教授中选任。此外，该章程还重新扩大了督学的权力，规定督学通过校长、学术委员会、理事会或大学各系会议来管理大学。如有必要，督学有权召集学术委员会、理事会和各系会议，并在其中担任主席。② 该章程一经颁布就受到了当时俄罗斯社会各界的批评，不仅没有实现防止学生运动的目的，反而让大学发展陷于停滞。迫于现实压力，帝俄政府在随后几年里对《1884 年大学章程》进行了数次修改，并于 1910 年恢复了大学校长遴选的选举-任命制度，但整体上变动不大。

通过分析帝俄政府在 1804 至 1884 年间颁布的四份大学章程可以看到，在这一时期，俄罗斯在高等教育管理方面逐渐形成了"国民教育部—学区督学—大学校长"的垂直管理体制，逐步构建了负责高校校长遴选的体制机制。高校校长的遴选方式在任命制和选举-任命制之间不断变动，是俄罗斯历史上独特的"钟摆现象"在高等教育管理领域的缩影。整体来看，国家对高等教育系统的控制力逐渐提升，校长始终是在督学之下行事的人员，其权力由国家授予，受国家控制，其职责也侧重于监督而非管理。

二、苏联时期：从任命制到自由选举的回归

（一）高校校长任命制和一长负责制的确立与运行

十月革命后，苏维埃政府先后颁布多道法令，在推行教育世俗化的同时，将包括私立学校在内的绝大部分学校划归教育人民委员部管理，从而实现了

---

① 李莉：《大学与政府——俄罗斯高等教育与国家崛起》，北京：社会科学文献出版社，2012 年，第 46 页。

② Высочайше утверждённый Общий Устав Императорских Российских Университетов // Полное собрание законов Российской Империи. Собрание Третье. Том IV. 1884 г. Санкт - Петербург: Государственная типография, 1887. C. 458—459.

对高校的统一领导。1920 年底至 1921 年初,俄共(布)召开了第一次国民教育会议,决定任命有名望且熟悉高校事务的党组织负责人为高校校长。如果缺乏合适的人选,就任命相关经验较少,但政治坚定且干劲十足的党员为副校长。① 1929 年 11 月,联共(布)中央全会在关于国民经济干部的一份决议中指出,应当以有关领导机关任命管理人员(大学校长、学院院长等)的制度来代替选举制。② 在此之后直到苏联后期,苏联高校的校长不再从大学教授中产生,而是成了执行上级指令的国家官员。③

　　20 世纪 30 年代,为了加强人才培养与经济生产之间的联系,苏联将工学院、经济学院、农学院等部分专业高校划归对口经济部门管理,实行教育部门与经济部门的双重领导,改变了高等教育全归教育行政系统管理的局面,"条块分割"的管理模式逐渐形成。1936 年 5 月,苏联中央执行委员会和人民委员会决定设立全联盟高等学校委员会,负责领导除军事和艺术院校以外的其他所有高校。④ 该委员会章程规定,委员会根据苏联及其加盟共和国有关部门的推荐任命高校校长。⑤ 在该委员会的领导下,苏联高校开始实行以校长为首的一长负责制。同年 6 月,苏联人民委员会和俄共(布)中央通过决定,要求高校校长必须接受过高等教育,并具备相关领域的教学、科研和生产经验,同时规

　　① Институт планирования и организации народного образования. Директивы ВКП(б) по вопросам просвещения: Вопросы народного просвещения в основных директивах съездов, конференций, совещаний ЦК и ЦКК ВКП(б). М.: ОГИЗ, 1931. С. 354.

　　② 《关于国民经济干部》,见《苏联共产党代表大会、代表会议和中央全会决议汇编》第四分册,中共中央马克思恩格斯列宁斯大林著作编译局译,北京:人民出版社,1957,第 81 页。

　　③ Лагно А. Р. Институт ректорства в Московском университете1920 - х - 1930 - х гг. // Государственное управление. Электронный вестник. 2011. №29. URL: https://cyberleninka.ru/article/n/institut-rektorstva-v-moskovskom-universitete1920-h-1930-h-gg (дата обращения: 05. 12. 2022).

　　④ Об образовании Всесоюзного Комитета по Высшей Школе при СНК Союза ССР // Собрание законов и распоряжений Рабоче - Крестьянского Правительства Союза Советских Социалистических Республик за 1936 г. Москва: [Б. и.], 1946. С. 402.

　　⑤ Положение о Всесоюзном Комитете по Делам Высшей Школы при СНК Союза ССР // Собрание законов и распоряжений Рабоче - Крестьянского Правительства Союза Советских Социалистических Республик за 1936 г. Москва: [Б. и.], 1946. С. 717.

定高校校长的处分决定只能由人民委员会做出。[1][2] 1938 年 9 月,苏联人民委员会批准《高等学校标准规程》,规定高校校长根据所属部门的推荐,由全联盟高等学校委员会任免。高校校长同时对所属部门和全联盟高等学校委员会负责,负责领导高校的所有工作。《高等学校标准规程》的出台标志着苏联高等教育模式已告定型[3],在此之后直到 20 世纪 80 年代,苏联高校校长的遴选办法再无较大变化。

　　苏联高校校长的任命制度保障了国家政策的有效执行,一方面符合俄苏高等教育的传统,另一方面与苏联的政治体制和计划经济体制相适应,与国家尽早实现工业化的需求相适应。正如学者所指出的,苏联高等学校体制上的纯国家化是纯社会主义公有制和计划经济模式的对应物。[4]

　　1969 年 1 月,苏联部长会议批准《高等学校条例》,规定校长由该校所隶属的部或主管部门从拥有学位学衔、具有实际工作经验和业务水平最高的科学教育人员中委任。《高等学校条例》同时明确,校长主持高等学校的全部工作,并负完全的责任。高等学校校长有权以学校的名义采取行动,代表学校的一切机构和组织,具有资金调配权和一定的人事权。[5] 这是苏联高校管理中以校长为首的一长负责制的具体体现,而一长负责制则是政府集中控制在苏联高等教育系统内的表现。在该制度下,尽管高校内部设有校务委员会和系务委员会,但这两个机构仅仅是高校民主管理的象征性成分,校长在高校管理中起着主要和直接的作用。

　　① О работе высших учебных заведений и о руководстве высшей школой // Собрание законов и распоряжений Рабоче – Крестьянского Правительства Союза Советских Социалистических Республик за 1936 г. Москва:〔Б. и.〕, 1946. С. 515 – 516.
　　② 〔苏〕帕纳钦:《苏联教育管理》,季亚平、唐承卓、张蕙、陈国俊译,合肥:安徽教育学院,1982,第99 页。
　　③ 王义高、肖甦:《苏联教育 70 年成败》,北京:北京师范大学出版社,1999,第 130 页。
　　④ 王义高、肖甦:《苏联教育 70 年成败》,第 452 页。
　　⑤ 北京师范大学外国教育研究所:《苏联高等和中等专业教育法令汇编》,北京:北京师范大学出版社,1984,第 154 页。

（二）戈尔巴乔夫改革：高校校长选举的回归

1985 年 3 月，戈尔巴乔夫就任苏共中央总书记，随后提出了"民主化""公开性"等概念并推行了激进的改革。苏联高校的校长选举正是在这一时期得以恢复。

1987 年 3 月，苏共中央和苏联部长会议通过了《苏联高等和中等专业教育改革的基本方针》，指出"时代的迫切要求是要结合扩大学校民主管理原则、自主权和首创精神，改善对干部培养、再培训和业务进修体系中的集中领导"①，要求"实行高等学校领导干部和科学教育工作人员的竞争改选制，对他们的教学和科研业务水平、思想道德面貌，以及在专业人才的培养和教育方面所做出的实际贡献提出更高的要求。"②1987 年 6 月，苏联高等和中等专业教育部（下文简称高教部）批准了《高等学校校长选举条例》（下文简称《选举条例》），尝试在民主、公开、自治原则的基础上遴选合适的高校领导人，苏联高校校长的遴选办法由此从严格的任命制转变为选举-任命制。根据《选举条例》的规定，高校校长在学术委员会扩大会议上以不记名投票的方式选举产生。学术委员会扩大会议的参与者应涵盖高校内部的党团、学术、工会等重要系统，其中学生代表人数应占总人数的三分之一以上。选举结果应上报高教部，待高教部讨论通过后，由高教部部长下达任命。《选举条例》还规定，校长候选人应为高水平科学教育工作者，通常应具有教授职称或博士学位，且应具备教学、科研和组织工作经验。在正式投票前，校长候选人要通过学术委员会扩大会议的讨论和筛选。通过筛选的候选人及其简历会在投票前公示不少于 10 天。如果参与投票的代表超过代表人数的三分之二，则选举结果有效。候选人须获得半数以上的赞成票才能当选。如果所有候选人的得票数均不过半数，则须再次召开会议，重新投票选举。③

---

①　吕达、周满生：《当代外国教育改革著名文献（苏联—俄罗斯卷）》，北京：人民教育出版社，2004，第 71 页。

②　吕达、周满生：《当代外国教育改革著名文献（苏联—俄罗斯卷）》，第 68 页。

③　张坚：《苏联高校的校长选举》，《苏联问题参考资料》1988 年第 5 期。

《选举条例》通过后,高校校长的选举工作很快在苏联各地铺开。1988 年,苏共中央二月全会通过了《关于教育体制改革的决定》,强调要"建立管理国民教育的民主结构","广泛实行自我管理原则","始终不渝地实行学校及其主要分支机构负责人的选举和汇报原则"。① 1989 年 7 月,苏联国家国民教育委员会批准了《苏联高等学校暂行(标准)条例》,规定高等学校校务委员会是高等学校的最高管理机构,高等学校的全部工作由校长负责。校长由校务委员会按规定程序选举产生并报国家教委批准,同时担任校务委员会主席,任期为五年。②

在苏联时期,高校校长的遴选办法经历了从任命制到选举-任命制的急剧转变。这一方面在一定程度上激发了高校师生参与高等教育管理的积极性,另一方面在高等教育管理领域引起了诸多无政府现象。时任苏联国家国民教育委员会主席雅戈金在 1988 年的一份报告中承认,国民教育管理领域确实存在职能划分不明确的问题,部分领导"陶醉于公开性的异常气氛","高估集体决定的绝对正确性,同时低估内行领导者的作用"。③

三、苏联解体以后:从自由选举到"分层而治"

(一)叶利钦时期:前所未有的自由选举

苏联解体以后,时任俄罗斯联邦总统叶利钦开始在各领域推行"去国家化"改革,试图通过激进变革将俄罗斯"改造成一个资本主义的,或至少是以市场为主导的民主国家"④。在高等教育领域,改革以"大学自治"为旗号进行,高校在校长遴选方面获得了前所未有的自主权。1992 年 7 月,《俄罗斯联邦教育法》签署生效。该法第三十五条规定,在公民高等职业教育机构不

---

① 吕达、周满生:《当代外国教育改革著名文献(苏联—俄罗斯卷)》,第 104 页。
② 周文智、赵玮:《苏联高等学校暂行(标准)条例》,《外国教育动态》1990 年第 2 期。
③ 吕达、周满生:《当代外国教育改革著名文献(苏联—俄罗斯卷)》,第 139 页。
④ 〔美〕梁赞诺夫斯基、斯坦伯格:《俄罗斯史(第 7 版)》,杨烨、卿文辉主译,上海:上海人民出版社,2007,第 599 页。

允许任命校长①,这意味着俄罗斯高校校长的遴选办法从选举-任命制转变为选举制。

1996年8月,《俄罗斯联邦高等和大学后职业教育法》(下文简称《高等教育法》)签署生效。该法第十二条规定:高校管理根据俄罗斯联邦法律、高校示范条例和高校章程,以一长制和集体制相结合的原则进行。校长对高校实施直接管理。国立或地方高校的校长依照学校章程,在全体会议上以无记名投票的方式选举产生,并报该校所属的教育管理机关批准,任期不超过五年。如果教育管理机关有充分的理由拒绝批准高校选出的校长候选人,则进行新的选举。如果校长候选人又获得了不少于三分之二的选票,则教育管理机关必须批准其任命。② 这样一来,尽管俄罗斯政府在高校校长的遴选事务上增设了教育管理机关的批准环节,但高校在这方面仍然拥有和教育管理机关平等的权重。因此在这一时期,俄罗斯高校校长的遴选方式仍然是事实上的选举制。

(二)普京时期:政府干预下的"可控选举"

1999年底,叶利钦宣布辞职,时任俄罗斯总理普京出任代总统。普京的上台适逢俄罗斯国家实力的低谷。叶利钦在高等教育领域实行的"去国家化"改革一方面给予了地方和高校充足的自主权,另一方面大幅减少了国家对高等教育系统的财政支持。这导致许多自成立之日起就依靠国家拨款运行的公立高校在20世纪90年代遭遇了前所未有的资金紧张,所谓的"高考辅导""文凭买卖"等破坏教育公平、损害高等教育声誉的现象层出不穷,高校因过度受制于市场而陷入了新的"不自主"。③④ 此外,在垂直管理体制下习惯于完成上级任务的地方教育管理机构也缺乏高等教育管理经验,权责混乱、行政效率低下

---

① 吕达、周满生:《当代外国教育改革著名文献(苏联—俄罗斯卷)》,第243页。

② Федеральный закон от 22 августа 1996 г. N 125 – ФЗ "О высшем и послевузовском профессиональном образовании," URL: http://mrcpk. tti. sfedu. ru/docs/law _ vpvo. htm (дата обращения: 18. 11. 2022).

③ 肖甦:《俄罗斯高考辅导业消费透视》,《教育与经济》2003年第3期。

④ 李莉:《俄罗斯高等教育体制变革:"自由主义"与"保守主义"的融合》,《俄罗斯学刊》2013年第3期。

等问题时有发生。因此,普京政府上台后,开始重新加强高等教育领域的国家干预,试图在政府管理与大学自治之间构建新的平衡。

在高校校长的遴选程序上,普京于 2006 年 7 月签署法案,对《高等教育法》进行了大幅修改,重新建立了公立高校校长遴选的选举-任命制度,同时增加了对公立高校校长候选人的资格审查程序。修改后的《高等教育法》第十二条规定:国立或地方高校根据其章程推荐的校长候选人,由政府有关部门或地方行政机关下属的资格审查委员会进行审查。资格审查委员会通常由两部分人组成:50%的成员是与高校同级别的国家权力机构的代表,另50%的成员是高等和大学后职业教育系统的代表。[①] 因此,按照新修订的《高等教育法》,俄罗斯公立高校校长遴选要经过如下程序:首先,高校根据其章程推荐数名校长候选人接受相应级别资格审查委员会的审查,然后在全体大会上以无记名投票的形式从通过审查的候选人中选出新一任校长。选举完成后,校长再与高校所属的政府部门或地方行政机关签订为期不超过五年的劳动合同。根据新的《高等教育法》,资格审查委员会对高校校长选举的影响仅限于对校长候选人的资格审查,并不直接干预校长候选人的推荐和选举过程。借用该时期兴起的"可控民主"概念,这种高校校长遴选方式可以被称为"可控选举",即高校依然保留有选举校长的权力,但所有参与选举的候选人都必须提前获得国家权力部门的认可。

(三) 2012 年《俄罗斯联邦教育法》:走向"分层而治"

2012 年 12 月,俄罗斯通过了现行的《俄罗斯联邦教育法》(下文简称《2012年教育法》)。该法整合了包括《高等教育法》在内的多部法律法规,对教育领域的社会关系进行了全面而系统的规范。《2012 年教育法》第五十一条第一款

---

① Федеральный закон от 22. 08. 1996 N 125 – ФЗ (ред. от 03. 12. 2011) "О высшем и послевузовском профессиональном образовании" (с изм. и доп. , вступающими в силу с 01. 02. 2012). URL: https://legalacts. ru/doc/federalnyi-zakon-ot-22081996-n-125-fz-s/ (дата обращения: 18. 11. 2022).

规定,高校领导的遴选要符合俄罗斯联邦法律和各高校章程的规定。① 根据学校类型的不同,当前俄罗斯高校校长的遴选有以下四种形式(见表1)。

表1　俄罗斯高校校长遴选方式

高校类型	校长遴选方式	任命机构或个人
莫斯科大学 圣彼得堡大学	任命制	俄罗斯联邦总统
联邦大学 少数公立高校	任命制	俄罗斯联邦政府
大部分公立高校	选举-任命制	高校所属部门
私立高校	任命制	高校举办者

1. 莫斯科国立罗蒙诺索夫大学(以下简称莫斯科大学)和圣彼得堡国立大学(以下简称圣彼得堡大学)的校长由俄罗斯联邦总统直接任命,不进行选举

这种校长遴选方式的法律依据是 2009 年 11 月通过的《莫斯科国立罗蒙诺索夫大学和圣彼得堡国立大学法》。该法第二条规定,俄罗斯联邦政府以俄罗斯联邦的名义作为莫斯科大学和圣彼得堡大学的举办者,两校校长由俄罗斯联邦总统任命和解雇,任期不超过五年,可以连任。F② 值得注意的是,自 2009 年以来,莫斯科大学和圣彼得堡大学的校长均以连任形式产生:现任莫斯科大学校长萨多夫尼奇自 1992 年起一直连任至今,而圣彼得堡大学校长科罗巴切夫则于 2008 年当选,并分别于 2014 年和 2019 年获得了总统的连任任命。有鉴于两校章程都只规定了本校校长由俄罗斯联邦总统任命,且都取消了其代表大

---

① Статья 51. Правовой статус руководителя образовательной организации. Президент образовательной организации высшего образования Федерального закона от 29. 12. 2012 N 273 – ФЗ (ред. от 07. 10. 2022) "Об образовании в Российской Федерации" (с изм. и доп. , вступ. в силу с 13. 10. 2022). URL: https://legalacts. ru/doc/273_FZ-ob-obrazovanii/glava-5/statja-51/ (дата обращения: 18. 11. 2022).

② Федеральный закон от 10. 11. 2009 N 259 – ФЗ (ред. от 02. 07. 2021) "О Московском государственном университете имени М. В. Ломоносова и Санкт - Петербургском государственном университете" (с изм. и доп. , вступ. в силу с 01. 09. 2021) URL: https://legalacts. ru/doc/federalnyi-zakon-ot-10112009-n-259-fz-o/ (дата обращения: 18. 11. 2022).

会选举校长的职能,因此未来两校校长新人选的产生方式目前仍未可知。

2. 联邦大学的校长由俄罗斯联邦政府任命,不进行选举

联邦大学是俄罗斯通过合并既有高校或科研机构建立的新型高校,在俄罗斯高等教育"金字塔"中仅次于莫斯科大学和圣彼得堡大学。截至 2022 年 12 月,俄罗斯已经在其境内的 8 个联邦区设立了 10 所联邦大学。联邦大学的校长由俄罗斯联邦政府从各高校理事会(Наблюдательный совет)推荐并按规定程序通过资格审查的候选人中任命,任期不超过五年。获得任命的联邦大学校长与俄罗斯联邦政府签订劳动合同。一般情况下,联邦大学的理事会由 5—11 人组成,其成员通常是高校所属部门、俄联邦国有资产管理局及其他国家和地方机构、卓越社会人士、高校教职工的代表。校长不得成为理事会成员,在理事会会议上只有参会权和发言权。此外,当前俄罗斯部分重点高校(如高等经济大学、新西伯利亚国立大学、南乌拉尔国立大学等)的校长也是通过类似的方式遴选产生,由俄罗斯联邦政府任命,不进行选举。

3. 大部分公立高校(如莫斯科国立师范大学、沃罗涅日国立大学)的校长由师生全体大会(以下简称全体大会)选举产生,并经所属部门批准

此类高校通常会在其章程中明确指出,学校的举办者及财产所有者是俄罗斯联邦,高校所属部门(如科学和高等教育部、外交部、交通部等)以俄罗斯联邦的名义实施学校举办者的功能和职权,其中包括与校长签订和解除劳动合同。在此类高校,校长直接负责学校的日常管理,统筹领导学校的教学、科研、财务等工作。校长在全体大会上以无记名投票的方式选举产生,任期为五年,其候选人须按规定程序通过资格审查。一般情况下,学术委员会是此类高校校长选举的组织机构,负责规定校长候选人的推荐(自荐)程序以及校长选举的期限和流程。校长选举的具体日期须经高校所属部门同意。

4. 私立高校的校长通常由举办者根据俄罗斯有关法律法规的要求任命和解聘,任期一般为五年

综上所述,当前俄罗斯高校校长的遴选制度呈现出了"分层而治"的特点:在其庞大的公立高等教育系统中,大部分高校的校长由本校全体大会选举产生并经政府主管部门批准任命,而位于高等教育"金字塔"上层的联邦大学以

及莫斯科大学和圣彼得堡大学的校长则分别由联邦政府和总统任命,不再进行选举。这一方面体现了普京政府在高等教育管理领域的国家主义思想,即强调国家在高等教育系统中的作用,强化国家对高等学校的管理与指导;另一方面避免了过多的干预和彻底的控制,为高校保留了一定程度的自主权。

四 、结 语 与 启 示

回顾俄罗斯高校校长遴选办法的历史变迁,在俄罗斯高校诞生以来的绝大部分时期,俄罗斯政府既是高校校长遴选的组织者和规范者,又是俄罗斯高校校长的任命者。虽然在部分历史时期,俄罗斯高校校长的遴选办法包括了选举环节,但是选举出的校长必须获得政府认可,接受政府任命。只有在 20世纪 90 年代俄罗斯独立后的短暂历史时期里,在特殊的社会政治背景下,俄罗斯才实行了事实上的高校校长选举制度。在除此以外的所有历史时期,俄罗斯高校校长的遴选方式或为任命制,或为选举-任命制,或为二者的结合。这表明政府规范、参与甚至主导高校校长遴选是俄罗斯高等教育的传统,这是当前俄罗斯大部分高校校长由政府任命的历史依据。

苏联后期,在戈尔巴乔夫打着"民主化""公开性"的旗号进行的所谓"改革"中,俄罗斯高校重新获得了校长选举权。这主要是特殊历史时期国家让渡权力的结果,而非源自俄罗斯高校的自治传统或高等教育界的争取。俄罗斯独立后,俄罗斯高校在校长遴选方面获得了更多的自主权,校长遴选在一定时期内转变为了事实上的自由选举。然而,这种自主权的扩大既没有得到长期维持,也没有带来高等教育领域的善治。普京政府上台后,很快就重新加强了高等教育领域的国家干预,通过修改《高等教育法》、设立针对高校校长候选人的资格审查委员会等措施重新建立了高校校长的选举-任命制度,从而实现了对传统的回归,体现了政府干预和历史传统对俄罗斯高校校长遴选办法的重要影响。

作者简介:王陈昊志,北京大学区域与国别研究院博士研究生。

国际援助的经济性、政治性与社会性
——以日本对中亚官方发展援助为例

王耀正

摘　要:官方发展援助在世界各国的对外援助项目中占据着重要地位。在国际援助中,援助国既注重利益权衡与援助实效,也关注国际规范和国内舆论,同时还期待着国内政治议程的国际化,兼具经济、政治与社会三重属性。这三重属性在一定程度上存在着竞争关系,同一援助项目难以同时满足三重目的。如何实现效益与目的实现的最大化是官方发展援助项目的重点问题。在对中亚各国的援助当中,日本的援助项目值得关注。日本作为域外非核心关切国家,其在对中亚援助时会考虑对此三重属性有所取舍。因此对日本的实证研究能够为中国对外援助提供借鉴意义,以更好地平衡经济性、政治性与社会性三重属性。

关键词:官方发展援助　国际援助　援助外交　中亚地区

国际援助是国际行为体间进行互动的一个媒介,国际援助能够影响一国的经济、政治和社会等方面。对于援助国来说,援助的目标可以分为经济目标、政治目标和公共目标等。[①] 援助,就像礼物一样,是一个赠予—接受—回礼的过程,因此受援国为获得额外资源而接受援助时在一定程度上也需要进行

[①]　胡再勇:《对外援助领域的经济外交》,《国际经济合作》2012 年第 7 期,第 35 页。

反馈与回报。① 援助有多种形式,包括军事援助、官方发展援助、灾害救助等。但因军事援助等援助方式往往具有隐秘性与数据不可得性,因此本研究涉及的援助为公开的官方发展援助(Official Development Assistance,亦被译为官方发展援助)。官方发展援助作为援助国施加影响的一项重要措施,在经济合作与发展组织(Organization for Economic Co-operation and Development,简称经合组织)开发援助委员会(Development Assistance Committee)成员国的对外援助项目中占据着重要地位。

在对中亚各国的援助当中,日本的援助项目值得关注。日本作为域外非核心关切国家,其在对中亚援助时会考虑对政治、经济与社会三重属性有所取舍。日本自 1992 年与中亚各国确立外交关系以来,曾先后提出多种面向中亚的外交理念,譬如"中亚+日本"对话机制。官方发展援助帮助了日本在中亚地区开展外交、拓展市场和提高影响力。

对一个地区援助的多寡需要兼顾援助国总体资源、地区优先性、国家利益、政治影响和人道主义关怀等因素。相关的实证研究较少从学理方面进行区域与国别比较。对同一地区的不同援助政策与援助的不同产业分布体现了援助行为的属性问题。在官方发展援助的实施中,援助国既注重利益权衡与援助实效,也关注国际规范和国内舆论,同时还期待着国内政治议程的国际化,兼具经济、政治与社会三重属性。这三重属性在一定程度上存在着竞争关系,同一援助项目难以同时满足三重目的,即所谓的援助三元困境。如何实现效益与目的实现的最大化是官方发展援助项目的重点问题。研究日本援助外交的机制,进而分析其所表现出的政治性、经济性与社会性,对于理解国际援助的三重属性与三元困境具有重要意义。这也能够为中国对外援助提供借鉴意义,以更好地平衡经济性、政治性与社会性三重属性。

---

① 〔法〕马塞尔·莫斯:《礼物:古式社会中交换的形式与理由》,北京:商务印书馆,2016 年。

一、官方发展援助、国际援助与三元困境

（一）官方发展援助：执行机构与历史

进行政府开发援助的主体机构是各国政府中负责对外援助的机构和部门。美国负责对外援助的机构包括美国国际开发署、美国国防部和美国国务院。俄罗斯负责对外援助的机构主要是俄外交部和财政部。在日本的案例中，日本对外援助模式主要以私营企业、民间组织、外务省与日本国际协力机构（Japan International Cooperation Agency，JICA）等政府机构相互协作、共同参与为主。各国的官方发展援助发展历程与其国内经济发展、国际危机等关系密切。由于战后日本的二战侵略国和战败国身份，日本将官方发展援助当作开拓日本外交局面的重要途径。日本注重东南亚、南亚和非洲地区援助的原因亦在于此。

国际援助的历史可以被划分为几个阶段：国际援助起源于布雷顿森林体系及其产生的国际货币基金组织和世界银行；20 世纪 50 年代的国际援助主要聚焦于欧洲，目的是重建战后萧条的欧洲社会，代表项目是马歇尔计划；60 年代亚非拉各国相继获得独立，该时期的援助目的国转为新兴国家，为其提供资本积累进行工业化；70 年代，援助开始专注于解决贫困；80 年代，援助则逐渐成为稳定和结构调整的工具；90 年代，援助被更多地用来当作"民主和施政的支柱"。[①] 日本的援助理念也大致经历了上述发展，从注重经济收益逐渐过渡到注重经济、社会与政治三方面的收益。

---

① 划分依据参考了丹比萨·莫约的书籍。丹比萨·莫约：《援助的死亡》，北京：世界知识出版社，2010 年，第 8 页。

（二）研究现状：国际援助的三重属性

经济学界和政治学界关于对外援助的研究已十分丰富，有不少关于援助动机、日本针对具体国别援助的研究。以往研究日本对外援助的文献多把援助外交当作经济外交的附属概念使用，而忽视了日本在援助中的政治诉求、社会形象需求以及援助外交概念的辨析。[①] 援助外交是以援助为手段的外交模式，涉及独立机构型援助体制（如美国国际开发署）、多部门协调型援助机制（如俄罗斯），以及非政府参与的援助外交（如南非"非洲复兴和国际合作基金"）。[②]

援助的目标可能是多层次的，对外援助可以包括三个目标：政治目标、经济目标和公共目标，即本文所讲的国际援助的政治性、经济性与社会性。[③] 政治性指援助国期望通过援助影响被援助国的内政外交等国家行为。经济性指援助国在援助行为中寻求获得经济效益、推广技术品牌、推动国内企业开拓海外市场等。社会性是指援助国希望通过改善被援助国社会现状而推动当地社会发展与自身形象改善。

1. 援助的政治性

关于援助的政治性，有研究认为援助不仅出于援助国的好意，还深受援助国国内政治进程和利益集团的影响；很多研究从具体区域与国别出发，研究援助国开展援助的动机，常将其动机归纳为现实利益需求、影响受援国国内政

---

① 请参照：白如纯：《安倍政府对菲律宾援助外交：方针、路径及评估》，《现代日本经济》2019 年第 5 期，第 25—33 页；王平：《日本对非政府开发援助述评：外交战略的视角》，《外交评论（外交学院学报）》2012 年第 6 期，第 113—126 页；沈旭辉，刘鹏：《从援助型外交走向战略型外交——日本中亚外交政策的演变浅析》，《日本学刊》2007 年第 2 期，第 34—46 页。

② 赵裴：《援助外交体制研究及中国援助外交体制未来改革的可能选择》，《国际论坛》2016 年第 1 期，第 53—54 页。

③ 胡再勇：《对外援助领域的经济外交》，《国际经济合作》2012 年第 7 期，第 35 页。

治,以及培养亲己的官员等。[①]　其中援助与制度变化的关系常常被讨论。有研究采用面板数据,研究了 1960 年至 1999 年期间 108 个国家的外国援助,发现外国援助对民主化产生了负面影响,外国援助是一种比石油更有效力的资源诅咒;有研究关注了 1971 至 2010 年期间的 93 个发展中经济体,发现随着时间的推移,外国援助的流入对于促进受援国民主化具有小的、积极的和统计上显著的影响。[②]　但是援助的另一个重要政治目的是改变一国的内政外交倾向,例如冷战期间美国和苏联采取的大量援助行为,旨在抵消另一阵营影响力、扶持亲己方领导人以及改变一国在联合国等国际组织中的倾向等。本文集中探讨援助如何影响一国的外交倾向。

本文选取了外交表态比较直接、数据直观可收集的联合国大会投票进行表示。联大会议一般会涉及去殖民化、防止核扩散、人道主义危机、终止地区冲突等世界各国关切的广泛议题,且数据数量庞大,具有可信度。数据结果直观可使,将很好地解决援助的政治动机难以实证表达、再现与建立相关性的难题。

2. 援助的经济性

关于援助的经济性,援助行为具有较强的阶段性特征。冷战结束后,各国对外援助逐渐从军事援助过渡到经济援助形式。[③]　对于经济利益的追求使得援助国重视扩大贸易和市场,并"依靠经济援助、扩大贸易和投资等经济手段"提高援助国的影响力与国际形象,这与经济外交相似,都是以经济为目的,将

---

① 依次详见:Wolfgang Mayer and Pascalis Raimondos-Møller, *The Politics of Foreign Aid*. No. 1999 - 07, EPRU Working Paper Series, 1999; Timur Dadabaev, "The Evolution of Japanese Diplomacy Towards Central Asia Since the Collapse of the Soviet Union," in *OSCE Yearbook* 2011, Nomos Verlagsgesellschaft mbH & Co. KG, 2012, pp. 441—458; Timur Dadabaev, "De-securitizing the 'Silk Road': Uzbekistan's Cooperation Agenda with Russia, China, Japan, and South Korea in the Post-Karimov Era," *Journal of Eurasian Studies*, Vol. 2, No. 11, 2020, pp. 174—187。

② 依次详见:Simeon Djankov, Jose G. Montalvo, and Marta Reynal - Querol, "The curse of aid," *Journal of economic growth*, Vol. 13, No. 3, 2008, pp. 169—194; Yener Altunbaş and John Thornton. "The (small) blessing of foreign aid: further evidence on aid's impact on democracy," *Applied Economics*, Vol. 46, No. 32, 2014, pp. 3922—3930。

③ 张清敏:《援助外交》,《国际论坛》2007 年第 6 期,第 17 页。

"外交作为手段",或将经济工具作为手段谋求其他目标的外交行为。① 虽然国际援助看似具有利他性并能够帮助受援国取得经济增长,但是援助本身也可以带来经济收益,这也是日本援助的经济利益导向长期饱受诟病的原因②例如,有学者分析了援助金额和国别变化原因以及开展援助的用意;还有文章分析了日本官方发展援助的不同形态,并评估了其实施效果。③

援助的经济性多通过双边贸易额的增减、对于战略资源的诉求等方式体现。但有时,援助项目的经济性是隐性的、难以察觉的,譬如日本对中亚贸易额的变化与日本对中亚援助额的变化间不是同步的、相似的,甚至没有表现出滞后效应。因此,本文跳出从数据入手的思路,从具体国别案例出发,探讨日本在贸易额没有相应增加的情况下,如何为国内企业开拓海外市场、推广技术的。

3. 援助的社会性

关于援助的社会性,指援助不只是源于"自私自利"的国家利益,援助国还会考虑人道主义援助、被援助国社会发展、世界和平、稳定与进步等议题。在进行外交行动与援助行为时,一国需要考虑道德与权力两个维度:既要追求权力,亦要考虑追求过程中的道德考量。④ 官方发展援助是政治行为和经济行为,更是社会行为。有研究从学理的角度考察援助的道德动因,认为援助关注

① 周永生:《经济外交》,北京:中国青年出版社,2004 年,第 4—6 页。

② George Mavrotas, "Introduction: Development Aid—Theory, Policies, and Performance," *Review of Development Economics*, Vol. 13, No. 3, 2009, p.374; Yasutami Shimomura, "The Political Economy of Japan's Aid Policy Trajectory: With Particular Reference to the Changes and Continuity under the ODA Charter," in *Japan's Development Assistance*, London: Palgrave Macmillan, 2016, pp. 72—87;

③ Timur Dadabaev, "Chinese and Japanese Foreign Policies Towards Central Asia from a Comparative Perspective," *The Pacific Review*, Vol. 1, No. 27, pp. 123—145; Oleg Paramonov and Olga Puzanova, "Tokyo's diplomacy in Eurasia: Successes and failures (1997—2017)," *Journal of Eurasian studies*, Vol. 2, No. 9(2018), pp. 134—142.

④ Howard, Micheal. "Ethics and Power in International Politics," in Charles W. Kegley Jr., *Controversies in International Relations Theory:Realism and the Neoliberal Challenge*, New York:St. Martin's Press, 1995, p. 250.

的是弱者声音;有研究从国家利益论、人道关怀论和社会交换论入手,详尽地回顾了解释援助行为的理论,并探讨了日本在援助中扮演的社会人与经济人的双重角色;有些学者利用自身在中亚和日本的人脉,进行了田野调查与采访,对日本中亚援助外交的成果给出了实证评估。[①]

援助的社会性既可以从援助案例入手,也可以从援助国制度入手进行分析。通过结合制度设计与案例,可以让援助的社会意义从援助目的与援助效果两方面进行凸显。

(三)援助的三元困境

图1　援助的三元困境

援助的三元困境是指援助的政治性、经济性与社会性在实践中是对立统一的。三者既有相互促进的一面,又有相互矛盾、冲突的一面。在援助的具体时期、具体国别和具体项目中,援助国往往难以做到"三面俱全",产生"三元困境",三者在一定程度上必然存在冲突和矛盾。这不仅是因为援助国对援助项目定位认知的差别,也是因为不同历史时期国家的战略抉择。

如若一国想要在对外援助中索取外交支持或改变援助国政治制度,其不可避免地要推动金元外交,通过在经济上的补偿机制达到政治目的,如美国的马歇尔计划和冷战期间对反苏国家的支持。在此过程中,经济性的属性被弱

[①]　David Halloran Lumsdaine, *Moral Vision in International Politics: The Foreign Aid Regime, 1949—1989*, Princeton, NJ: Princeton University Press, 1993;陈小鼎、王翠梅:《援助国是"经济人"还是"社会人"?——基于日本对华与对印政府开发援助政策比较》,《当代亚太》2021年第1期, 第79—105、159—160页; Rakhimov, Mirzokhid. "Central Asia and Japan: Bilateral and Multilateral Relations." *Journal of Eurasian Studies*, vol. 5, no. 1 (2014), pp. 77—87.

化,政治性属性最强,而社会性的优先性则可弱可强。如若一国想要在援助项目中获取经济利益、推动扩大海外市场、推广技术设备,其在援助项目会暗含一些条件,如援助项目所用耗材、机械设备需从援助国进口等,但同时受援国的被殖民记忆或被唤醒,受援国企业与个人的被压迫感或被激发。在经济性为先的援助项目中,政治性的优先性往往居后,社会性则可弱可强。而社会性为先的项目,无论是出于人道主义援助还是道德动因,往往很难达到经济性,如赈灾救援等援助。举例而言,自 1992 年以来,约有 10000 名中亚各国青年、专家、官员被邀请到日本参观学习。近年来,日本出资近 320 万美元支持乌兹别克斯坦年轻官员的奖学金计划。① 日本的中亚青年官员培训项目体现了日本渴望影响青年专家学者的政治议程,但培训项目的花销都由日方承担。可见,在官员培训项目中,援助的政治性与经济性在短期来看是相互矛盾的。

三者之间中的两者能够做到相辅相成,其中经济性与社会性、政治性与社会性的组合较为常见。早期日本对外援助过于偏重商业利益和资源导向,曾招致西方国家的谴责,因而日本对外援助目标的宣传叙事逐渐转向促进人类发展、安全、减贫等多项社会性议题。日本在吉尔吉斯斯坦开展的"一村一品"计划,涵盖环伊塞克湖 29 个生产小组,共计 250 人。该计划既增加吉尔吉斯斯坦村庄的就业岗位,提高了当地居民收入水平,帮助营造日本积极的社会形象,体现了社会性;还推动无印良品在吉尔吉斯斯坦的推广,并以较低的价格获得当地的羊毛,体现了经济性。② 此外,日本驻中亚各国大使馆每年会选拔所在国学生,推荐至文部省以获得留学日本的奖学金。

因此,如何实现官方发展援助项目的效益与目的实现的最大化是国际援助需要考虑的问题。日本在对中亚的援助项目中难免遇到政治性、经济性与社会性的抉择。对日本的实证研究能够为中国对外援助提供借鉴意义,以更

---

① 整理自日本外务省,《各国の国别开発协力方針・事業展開计画》,https://www.mofa.go.jp/mofaj/gaiko/ODA/seisaku/kuni_enjyo_kakkoku.html,2021-6-01。

② 无印良品,《MUJI×JICAプロジェクト キルギス编》,https://www.muji.net/lab/found/kyrgyz/,2021-06-06。

好地平衡经济性、政治性与社会性三重属性。

二、援助的政治性与联大投票相似度

援助的政治性体现在国际援助对一国内政外交的影响。本文将探讨援助如何影响一国的外交倾向,本文选取日本与中亚五国在联合国大会上的投票(后称联大投票)。一国的外交表态数据具有来源渠道较为广泛、表态内容时常模糊、表态与行动难以匹配等特点,加大了研究的难度。而在联大中的投票则具有数据数量庞大、可信度高且数据易得等特点。联大投票本身只有赞成(yes)、否决(no)和弃权(abstain)三种,此外还有缺席(absent)的情况。在联大投票中,赞成和否决都是一国外交表态的直接体现。此外在特定情况下,弃权也是一种态度。联大会议一般会涉及去殖民化、防止核扩散、人道主义危机、终止地区冲突等世界各国关切的广泛议题。因此联大投票行为能够较好地反映一国的外交倾向。

(一)投票相似度指数

本文选取了自 1992 年中亚五国获得联合国席位以来,至 2020 年间的联合国大会投票数据来说明日本与中亚五国外交投票相似度指数(Index of Voting Cohesion, IVC,也称投票凝聚力指数)。本文的数据来源于哈佛大学数据库中整理的联大投票原始数据。[①] 投票数据所记录的是 1992—2020 年间的投票次数,其中既包括对决议草案整体的投票,也包括对修正案的表决等。

投票相似度指数 IVC 是在李普哈特提出的投票一致指数(Index of

---

① Erik Voeten, "Data and Analyses of Voting in the UN General Assembly," *Routledge Handbook of International Organization*, edited by Bob Reinalda (published May 27, 2013), available at SSRN: http://ssrn.com/abstract=2111149,2021-06-09.

Agreement)的基础上发展而来的。[1] IVC 目的是考察两国在联大投票中的相似度,其表达公式如下:

$$\text{Index of Voting Cohesion(IVC)} = \frac{f + 0.5g}{t} \times 100\%$$

其中 f 是指两国投票完全一致的总投票数。g 是指一方投弃权票、另一方投赞成或反对票的总投票数。t 是两国参与的总投票数。学界对 IVC 公式进行了多次改进,包括更能体现集团投票相似度的 IVC 公式等。[2] 有学者使用了多种计算公式计算亚太国家在联大投票中的相似程度,其结果表示虽然不同方法的计算结果存在差别,但计算结果是"高度吻合的,图形的走势也是相似的"。[3] 因此本文选取了这一公式。

统计数据中存在日方或中亚五国一方缺席联大会议的情况:中亚五国在刚获得联合国席位时缺席情况较多;日本亦有缺席情况。究其原因,既可能是联大设置议题对各国的敏感性(如中亚各国缺席 1992 年波黑问题、日本缺席 2008 年禁止核试验讨论等),又可能是联大议题与各国无关(如 1992 年联合国与阿拉伯国家联盟合作的议题),也可能是因各种原因缺席。鉴于原因复杂、异质性较高且难以处理,因此本文统一将日本或中亚五国任意一国缺席的投票略去。去除缺席投票后,每组的有效样本仍大于 1500 例,具有较高说服力。

---

[1] Arend Lijphart. "The analysis of bloc voting in the General Assembly: A critique and a proposal," *American Political Science Review* Vol. 4 No. 57(1963), p. 910.

[2] Nicolas Burmester and Michael Jankowski, "Reassessing the European Union in the United Nations General Assembly", *Journal of European Public Policy*, Vol. 10, No. 21(2014), p. 1497.

[3] 王志琛:《中俄在联合国安理会的合作及其影响因素分析》,《俄罗斯东欧中亚研究》2017 年第 1 期,第 99 页。

（二）日本与中亚五国在联大投票相似度情况

日本对哈萨克斯坦援助额与日哈IVC走势

图例：对哈援助额　日哈IVC　线性（对哈援助额）　线性（日哈IVC）

（百万美元）

图2　日本与哈萨克斯坦投票凝聚力指数与日本历年对哈萨克斯坦援助额①

---

① 联大投票数据整理自 Erik Voeten, "Data and Analyses of Voting in the UN General Assembly," *Routledge Handbook of International Organization*, edited by Bob Reinalda (published May 27, 2013), http://ssrn.com/abstract＝2111149, 2022-03-13。日本对各国援助整理自日本外务省，《開発協力白書·参考资料集》，https://www.mofa.go.jp/mofaj/gaiko/ODA/shiryo/hakusyo.html, 2021-06-01。

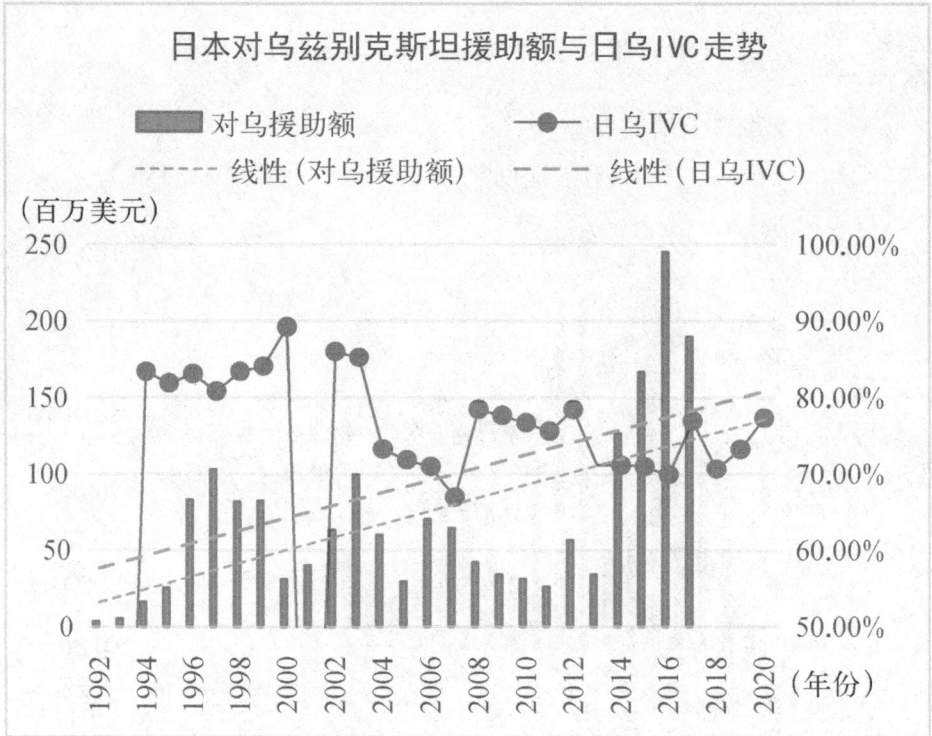

图 3 日本与乌兹别克斯坦投票凝聚力指数与日本历年对乌兹别克斯坦援助额①

① 联大投票数据整理自 Erik Voeten, "Data and Analyses of Voting in the UN General Assembly," *Routledge Handbook of International Organization*, edited by Bob Reinalda (published May 27, 2013), http://ssrn. com/abstract＝2111149，2022-03-13。日本对各国援助整理自日本外务省，《開発協力白書・参考資料集》，https://www. mofa. go. jp/mofaj/gaiko/ODA/shiryo/hakusyo. html，2021-06-01。

日本对吉尔吉斯斯坦援助额与日吉IVC走势

（百万美元）

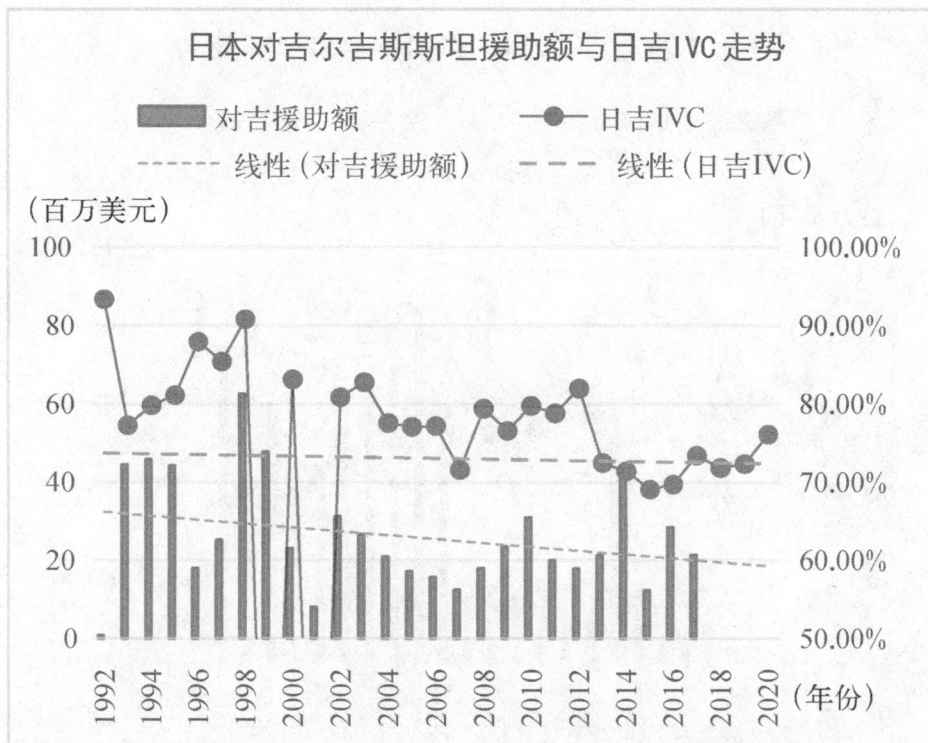

图4　日本与吉尔吉斯斯坦投票凝聚力指数与日本历年对吉尔吉斯斯坦援助额①

---

① 联大投票数据整理自 Erik Voeten, "Data and Analyses of Voting in the UN General Assembly," *Routledge Handbook of International Organization*, edited by Bob Reinalda (published May 27, 2013), http://ssrn. com/abstract＝2111149, 2022-03-13。日本对各国援助整理自日本外务省,《開発協力白書·参考資料集》, https://www. mofa. go. jp/mofaj/gaiko/ODA/shiryo/hakusyo. html, 2021-06-01。

日本对塔吉克斯坦援助额与日塔IVC走势

（百万美元）

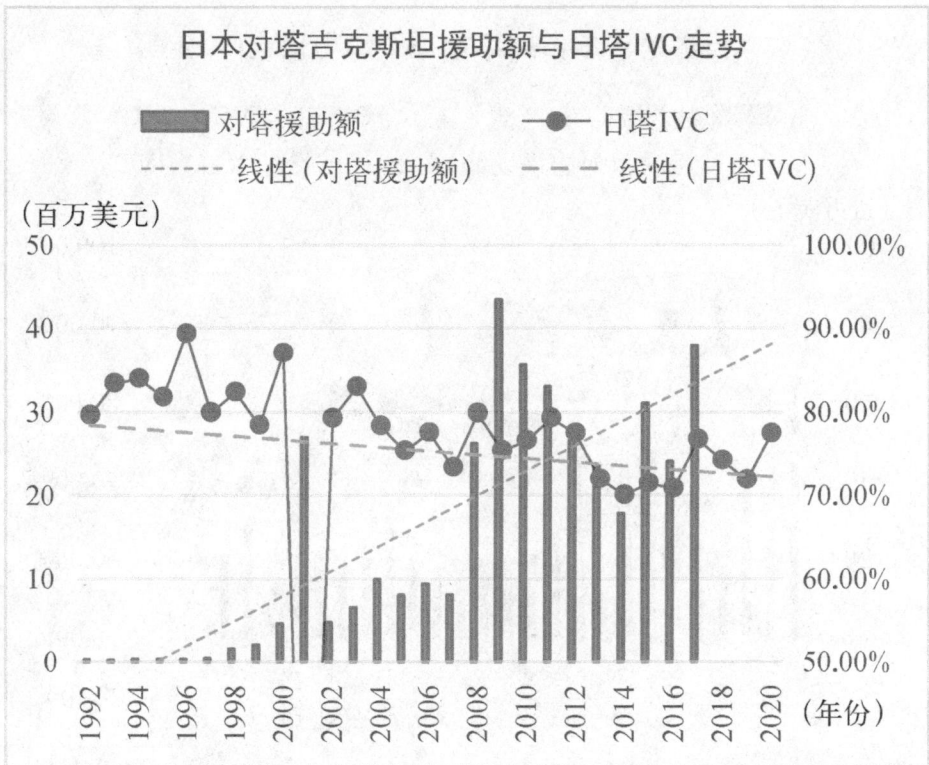

图 5 日本与塔吉克斯坦投票凝聚力指数与日本历年对塔吉克斯坦援助额①

① 联大投票数据整理自 Erik Voeten, "Data and Analyses of Voting in the UN General Assembly," *Routledge Handbook of International Organization*, edited by Bob Reinalda (published May 27, 2013), http://ssrn.com/abstract=2111149, 2022-03-13。日本对各国援助整理自日本外务省,《開発協力白書・参考資料集》, https://www.mofa.go.jp/mofaj/gaiko/ODA/shiryo/hakusyo. html, 2021-06-01。

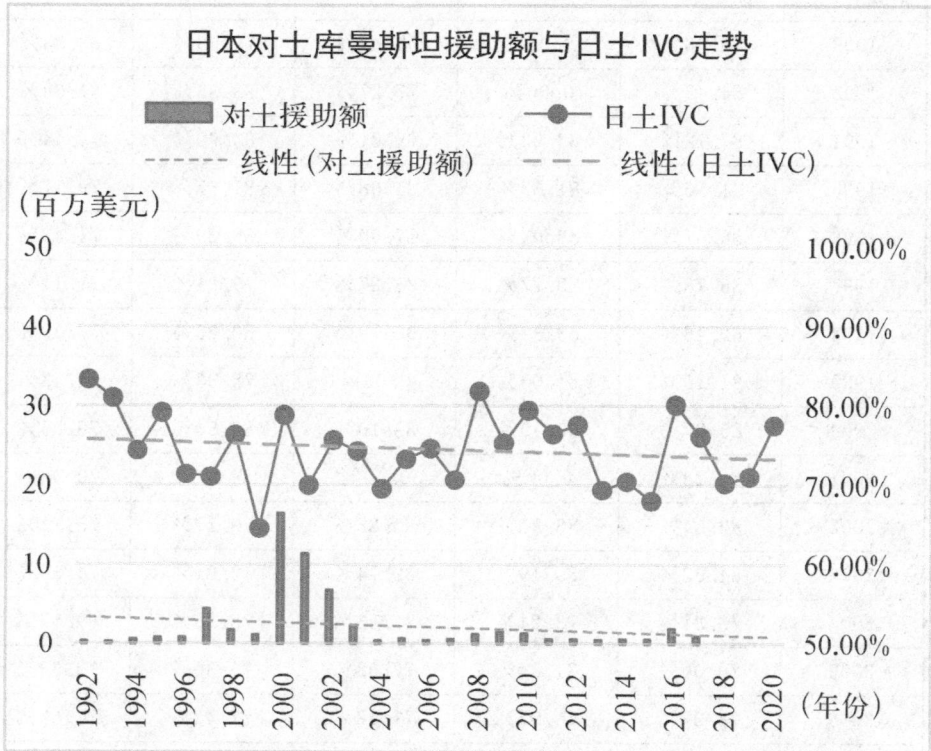

图6　日本与土库曼斯坦投票凝聚力指数与日本历年对土库曼斯坦援助额①

　　①　联大投票数据整理自 Erik Voeten，"Data and Analyses of Voting in the UN General Assembly," *Routledge Handbook of International Organization*，edited by Bob Reinalda（published May 27, 2013），http://ssrn.com/abstract=2111149，2022-03-13。日本对各国援助整理自日本外务省，《開発協力白書・参考資料集》，https://www.mofa.go.jp/mofaj/gaiko/ODA/shiryo/hakusyo.html，2021-06-01。

表 1 日本与中亚五国 IVC 数据①

年份\国家	日哈 IVC	日乌 IVC	日吉 IVC	日塔 IVC	日土 IVC
1992	89.06%	0.00%	93.33%	79.55%	83.33%
1993	84.43%	0.00%	77.27%	83.33%	81.03%
1994	87.12%	83.33%	79.81%	83.90%	74.44%
1995	91.56%	81.82%	81.08%	81.67%	79.17%
1996	86.67%	83.04%	87.90%	89.29%	71.43%
1997	86.78%	80.77%	85.37%	79.84%	71.11%
1998	89.16%	83.33%	90.79%	82.26%	76.39%
1999	81.10%	84.03%	0.00%	78.33%	64.58%
2000	88.97%	89.19%	83.10%	86.96%	78.85%
2001	85.26%	0.00%	0.00%	0.00%	70.00%
2002	82.04%	85.94%	80.82%	79.17%	75.71%
2003	84.83%	85.19%	82.74%	82.91%	74.36%
2004	78.31%	73.24%	77.56%	78.26%	69.57%
2005	78.06%	71.84%	77.08%	75.30%	73.33%
2006	78.37%	70.97%	77.18%	77.47%	74.67%
2007	76.63%	66.90%	71.59%	73.33%	70.69%
2008	81.12%	78.41%	79.38%	79.79%	81.82%
2009	78.31%	77.63%	76.58%	75.32%	75.37%
2010	79.31%	76.67%	79.75%	76.54%	79.45%
2011	80.53%	75.58%	78.80%	79.21%	76.51%
2012	77.27%	78.40%	81.93%	77.44%	77.63%
2013	73.33%	71.19%	72.50%	71.93%	69.44%

---

① 联大投票数据整理自 Erik Voeten, "Data and Analyses of Voting in the UN General Assembly," *Routledge Handbook of International Organization*, edited by Bob Reinalda（published May 27, 2013）. Available at SSRN: http://ssrn.com/abstract=2111149, 访问时间: 2022 年 3 月 13 日。

（续表）

年份＼国家	日哈 IVC	日乌 IVC	日吉 IVC	日塔 IVC	日土 IVC
2014	72.44％	71.13％	71.43％	70.00％	70.49％
2015	71.15％	70.95％	69.08％	71.43％	68.03％
2016	77.31％	69.89％	69.74％	70.79％	80.14％
2017	75.00％	76.92％	73.42％	76.67％	76.16％
2018	73.40％	70.63％	71.84％	74.18％	70.31％
2019	71.43％	73.21％	72.35％	71.84％	71.13％
2020	78.42％	77.27％	76.11％	77.38％	77.61％

（三）图表分析

上列图表展示了 1992 年至 2020 年间日本与中亚五国分别两两计算的相似度指数。为了凸显相似度指数的变化趋势，文章将 IVC 的坐标轴刻度设定于 50％与 100％之间，其中各图中低于 50％的点均为 0％。IVC 为 0 的原因是中亚各国在该年未出席联大会议。此外，为了展示出官方发展援助额与 IVC 之间的关系，文章将两种图表组合为了一种，左侧为日本对各国官方发展援助额的坐标轴，右侧为 IVC 百分比的坐标轴，横坐标为年份。因日本外务省公布官方发展援助额度存在滞后性，因此官方发展援助额度只统计到 2018 年。

因此从上图分析，日本对中亚的官方发展援助与日本与该国的联大投票相似度在增长趋势上存在一定相关关系。IVC 指数的增减与官方发展援助额度的增减趋势是相似的。近年来日本对中亚各国的援助额度出现较大变化，除乌兹别克斯坦与塔吉克斯坦外，日本对其余三国的援助均出现下降趋势。日本对哈萨克斯坦的援助更是出现大幅下降，这与日本将哈萨克斯坦定位为官方发展援助"毕业国"相关。官方发展援助额度的下降也伴随着日本与中亚各国在联大投票相似度的下降。近年来，除乌兹别克斯坦与日本间 IVC 仍有上升趋势外，其余四国与日本间的 IVC 均呈下降趋势。因此日本在联大会议中与中亚各国的外交分歧日益加大。

日本援助的政治性体现在援助的总目标与援助的具体项目两个层面。在援助的总目标方面,日本于 21 世纪初期增大对中亚各国援助额的一个目的,是获得加入联合国安理会常任理事国的投票。此外,日美同盟的特殊关系也推动日本在中亚地区开展援助与基础设施投资。

就具体案例而言,日本援助的政治性在一些项目中凸显,这些项目的社会性目的适中,经济性收益较弱。一些援助项目具有培养亲日官员的极强目的性。在针对中亚各国的人才培育计划中,日本明确地标明为各国 10 余名青年官员提供赴日求学的学费、生活费等,帮助两国加深互信。① 每个国家人才项目大约投资 100 万美元。类似的,日本还通过互联网远程授课,帮助中亚政府培养职业官员,如帮助吉尔吉斯斯坦培养 585 名税收系统公务员。就目前来看,这些项目在转化为外交投票一致性上收效欠佳。

塔吉克斯坦存在着较大特殊性。2001 年之前,塔吉克斯坦在联大会议上的年均有效投票数(指在计算日塔 IVC 中可以使用的数据)较少,较大地影响了 IVC 的结果。1992—2001 年间,塔吉克斯坦多年有效投票数低于 50 件,故投票相似率较高。但 2001 年后塔吉克斯坦参与联大会议次数和有效投票数均有较大提升,IVC 常年稳定在了 75% 左右。此外,塔吉克斯坦境内有俄罗斯驻军驻扎在第 201 军事基地、塔吉克斯坦与俄罗斯间的紧密关系、援助效果的滞后性都可以解释为什么塔吉克斯坦的援助趋势和投票相似度趋势是相反的。土库曼斯坦也有相似的现象,其在 2002 年之前的联大年均有效投票均低于 50 件。日本对土库曼斯坦的援助长期存在援助总量偏低、援助项目较少等特点,这在一定程度上解释了为什么日本援助的政治与外交效果不凸显。整体来看,日本对一部分中亚国家官方发展援助额度的增加没有换来相应的外交支持,这是援助的经济性与政治性相矛盾的一个案例:日本既付出了经济成本,又没有获得政治收益。整体来看,近年来日本对中亚的官方发展援助没有达到获取外交支持、成为"政治大国"的政治性目标。

---

① 整理自日本外务省,《タジキスタンに対する人材育成に資する無償資金協力に関する書簡の交換》,https://www.mofa.go.jp/mofaj/press/release/press4_007893.html,2022-09-29。

三、国际援助的经济性：
先官后商、政企结合与经济面向

　　日本海关关税局的进出口贸易额统计显示，2014 年日本与中亚地区贸易总额比 2007 年增长了近 50％。日本与中亚国家间的双边贸易额呈增长趋势，这与该时期日本对中亚地区的官方发展援助增加的趋势相似。日本近年对哈萨克斯坦援助额大幅下降，但日本与哈萨克斯坦的贸易额要高于其他国家，且增速较快；而在对乌兹别克斯坦、对塔吉克斯坦援助额大幅上升的情况下，日本与两国的贸易额却未见大幅攀升。在援助额变化与贸易额变化不一致的情况下，日本的援助是否真的能够帮助日本在中亚获得经济利益？

表 2　历年日本与中亚各国贸易额

单位：10 万日元

年份	哈萨克斯坦	乌兹别克斯坦	吉尔吉斯斯坦	塔吉克斯坦	土库曼斯坦	总计
1992	51.72	27.75	0.19	14.89	11.31	105.87
1993	106.88	63.23	0.10	13.09	15.11	198.41
1994	67.53	69.44	2.55	17.73	10.87	168.13
1995	52.79	170.40	6.13	19.07	14.21	262.61
1996	172.75	155.42	6.89	4.43	12.31	351.79
1997	272.26	111.40	4.41	3.68	8.25	400.00
1998	226.23	140.22	2.13	7.00	10.33	385.91
1999	167.48	136.39	7.68	3.72	16.38	331.65
2000	172.43	111.26	6.27	2.12	60.93	353.01
2001	215.98	86.52	2.04	0.73	39.89	345.17
2002	238.48	113.74	13.95	3.58	7.75	377.49
2003	293.84	156.34	26.42	8.60	33.04	518.24
2004	466.32	150.28	4.59	9.62	55.91	686.72

（续表）

年份	哈萨克斯坦	乌兹别克斯坦	吉尔吉斯斯坦	塔吉克斯坦	土库曼斯坦	总计
2005	563.23	177.43	2.95	6.46	16.67	766.74
2006	680.28	227.08	12.66	2.26	60.86	983.14
2007	725.98	264.87	39.65	4.22	107.93	1,142.65
2008	215.49	402.57	35.83	1.82	77.07	732.77
2009	447.43	176.89	23.85	8.69	25.23	682.09
2010	720.14	219.50	31.62	23.91	21.97	1,017.15
2011	878.21	228.19	65.25	11.10	216.85	1,399.61
2012	898.90	163.57	58.40	14.63	97.00	1,232.51
2013	1,308.81	219.59	99.33	2.40	54.12	1,684.25
2014	1,499.02	207.09	135.06	16.46	63.37	1,921.00
2015	1,269.43	307.37	30.81	9.15	32.56	1,649.32
2016	843.93	176.87	9.56	5.16	429.68	1,465.21
2017	1,718.34	140.68	25.68	8.26	91.95	1,984.91
2018	2,153.67	585.14	59.49	14.67	19.53	2,832.49
2019	1,594.22	208.57	20.81	23.30	14.10	1,861.01
2020	1,184.96	161.22	16.64	5.35	123.59	1,491.76

数据来源：日本财务省贸易统计。①

　　日本对中亚的援助中不乏经济面向，并涉及日本政府与民间机构两个层次的行为体。政府机构主要在确立和深化双边外交关系、签订双边协议与达成共识等层面发挥作用。民间机构与企业则在具体实施和跟进等方面帮助企业自身和日本实现经济效益。日本官方发展援助项目主要通过稳定双边关系、帮助企业建立开拓中亚市场、帮助企业获得中亚资源以及帮助企业推广技术并改善当地基础设施等方面帮助日本政府与企业获得经济利益，实现援助

────────────────

① 日本海关关税局：《财务省贸易统计》，https://www. customs. go. jp/toukei/into/index. htm，2021-08-01。

的经济性。由此观之,许多官方发展援助项目目的与实际效果都帮助了日本企业售出产品与服务,并获得在中亚市场上的曝光度。

(一) 以政治互信与企业协商推动经济合作

日本-中亚的政治对话与互动机制较多,既包括政府层面的"中亚＋日本"对话机制(5＋1)以及政府高层官员的互访等,还包括社会与企业层级的论坛、对话等互动形式。

在政府层面,中亚各国与日本在领导人互访、外长级会议、高层会晤等方面已经有了一定基础。其中,领导人互访对于推动经济合作的作用较为显著。2015年,日本时任首相安倍晋三访问中亚各国,与中亚各国领导人签署了总计270亿美元的合同,帮助日本技术、服务与商品出口到中亚地区。相类似的,2015年,哈萨克斯坦总统纳扎尔巴耶夫访问日本期间,双方就外交护照签证互免、去核化、教育合作和企业合作达成诸多共识。纳扎尔巴耶夫专程访问了东京制钢株式会社,并与阿拉木图的东京制钢株式会社分厂远程连线,可见其对钢铁制造领域企业合作的重视。

社会与企业层面的协商合作亦推动了日本企业与中亚各国政府和企业的合作。日本国内成立了多个面向中亚的民间委员会,比如日本哈萨克斯坦经济委员会、日本乌兹别克斯坦经济委员会和日本土库曼斯坦经济委员会。这些委员会起到凝聚日本国内出口企业、为各企业提供磋商平台和参与外事活动的作用。委员会的成员企业多是日本大型企业,如丸红株式会社、丰田通商株式会社和日本电气等公司,这些企业会参与到中亚各国领导人的访日接待会、日本-中亚国家商业论坛等场合中(如1999年纳扎尔巴耶夫访日接待会、第二届日本-乌兹别克斯坦商业论坛等)。足见社会层面的委员会能够参与到日本与中亚的政治互动中去,也能够为会员企业提供一定的洽谈机会。但是鉴于这些委员会的成员企业本身已经具有了较强的海外投资与营业能力,各类经济委员会的作用可能有限。

官方与民间的往来能够为日本企业参与援助项目建设和进入中亚市场营造稳定的双边外交关系,并尽可能挖掘中亚各国需求,形成满足当地要求的援助计划。

（二）官方发展援助、基础设施建设与能源外交

日本与中亚各国间的互动在很大程度上帮助日本实现能源外交的目的，而日本通过官方发展援助开展基础设施建设也在实际上帮助了日本企业（甚至各国企业）更好地进入中亚市场，获取中亚人力与能源资源。

就具体项目而言，日本面向中亚的官方发展援助项目中，较大一部分集中于基础设施更新与建设方面，这些项目且多经济性优先、社会性次之、政治性最弱。这些项目多为有偿贷款项目。在援助乌兹别克斯坦的项目中，日本的贷款多集中在火力发电站的设备更新与维护、铁路的电气化更新等基础电力供应与交通运输领域。这些项目的贷款金额多在 6000 万美元到 6 亿美元之间，利率浮动在 1％ 上下。相类似的，在吉尔吉斯斯坦的援助项目中，用于建设公路的有偿贷款总额较大。日本针对基础设施的援助也具有一定选择性，如在吉尔吉斯斯坦和塔吉克斯坦开展的机场维护、道路维护等无偿援助，其投资额大多在 2000 万美元以下；而针对基础设施改善与建造的有偿贷款则大多是普通无偿援助的十余倍。用于交通运输基础设施和能源供给改造的援助额占了援助总额的较大部分，这在很大程度上能够帮助日本企业（无论是否有意）解决生产投资中遇到的各种问题，如因基础设施老旧导致的交通运输不畅、运输成本高、电力供应不稳定等。

同时，日本与中亚各国的互信能够推动日本企业进入中亚市场并开展相关能源合作。2015 年安倍晋三访问中亚五国期间与各国签订合同与协议，其中日本与土库曼斯坦签订了总价值约为 180 亿美元的协议。这些协议多涉及土库曼斯坦的天然气行业与化工行业。日本企业也与土库曼斯坦开展了各式合作。日本川崎重工与土库曼斯坦于 2014 年签订了建设天然气制油厂的协议，并最终于 2019 年完工。类似的，日本还通过加深与哈萨克斯坦的官方往来，帮助其企业进入了哈萨克斯坦的铀矿行业与稀土行业。

（三）以企业自主申请推动企业开拓所需市场、获得所需资源

在日本官方发展援助项目的实施阶段，日本企业和民间组织能够参与到

具体的投资和援助之中。日本诸多援助项目涉及设备的提供与捐赠,日本相关制造企业便可以通过提供援助所需的商品、技术等服务参与到项目中。因而,企业直接参与政府的援助外交行为并在企业层面获得了经济利益。

日本企业提供项目所需商品与技术。日本企业可以通过为援助项目提供所需的相关商品与服务参与到援助行为,同时在企业层面谋求经济利益、开拓中亚市场,以及承担企业社会责任。日本的医疗设备公司多次参与了日本对中亚各国的医疗援助行为,如在针对乌兹别克斯坦卡拉卡尔帕克共和国的医疗援助中,日本明确提及向卡拉卡尔帕克斯坦医科大学医院捐赠的医疗设备里有日本企业生产的设备。① 丸红株式会社则为乌兹别克斯坦纳沃伊州的综合医院器材采购项目提供了总价值约为 446 万美元,共计 90 件的医疗器械(计划无偿援助总额约为 471 万美元)。② 通过提供专业的技术、商品与服务,日本企业可以在中亚打开销路、开拓市场,同时也能帮助企业建立友好形象,营造负责任的企业形象。

四、日本援助的社会性:
无偿援助与国际形象构建

在援助的社会性方面,近年来日本官方发展援助项目更多地关注人权、社会赋权与社会发展等议题。援助国对各国社会发展和民生改善的关注的一大目的是提高援助国本国国际形象,实现援助的社会性。日本关于官方发展援助的《开发合作大纲》日益强调日本对国际社会的责任与在应对全球性议题中所发挥的作用。如今日本对外援助目标的宣传叙事逐渐转向安全和减贫等议题。因此在社会性层面,日本面向中亚的官方发展援助项目也更具有针对性。

日本的官方发展援助以双边援助为主,包括无偿援助和有偿贷款等。其

---

① 日本外务省:《ウズベキスタン共和国に対する保健医療サービス改善》,https://www.mofa.go.jp/mofaj/press/release/press1_000702.html,2022-10-03。

② 日本国际协力机构:《平成 26 年度ナボイ州総合医療センター機材整備計画の引渡式が開催されました》,https://www.jica.go.jp/uzbekistan/office/information/press/20170619.html,2021-05-29。

中,部分面向中亚地区的无偿援助旨在解决当地社会民生问题。比如,面向吉尔吉斯斯坦的援助多集中于改善公路等基础设施、赈灾、母婴育儿以及来日留学赞助;面向乌兹别克斯坦的则聚焦医院医疗设备、环境改善、来日留学赞助以及在乌学校建设;面向塔吉克斯坦、土库曼斯坦和哈萨克斯坦的无偿援助项目大多类似于前几种类型。这些援助项目的共同特点是投资少(单项援助大多在 1000 万美元以内,而同时期的有偿贷款则多达数亿美元),面向社会关心的教育、医疗与基础设施等公共领域,以及带有一定的宣传性。

就具体案例来说,日本面向社会公益的援助项目往往是社会性居高,政治性其次,经济性最低。这些援助项目多集中于教育系统和医疗系统。单项项目的投资额多低于 1000 万美元,而大部分援助项目的总投资额甚至不足 10 万美元。以面向乌兹别克斯坦和哈萨克斯坦的援助为例,援助项目多为捐赠医疗设备(有些医疗设备由日本公司出资出物,譬如丸红株式会社曾为对乌兹别克斯坦医院的援助项目提供大量医疗设备)、翻修学校建筑、资助学生赴日留学等。这些项目由日本政府或企业出资出力,除帮助日本企业的技术、服务与产品开拓中亚市场外,在经济上几乎无法得到回报;但在政治性上则有一定回报,如每年的赴日留学奖学金的适用对象为年轻政府官员,可见日本为获得政治认可与外交支持所做的努力;在社会性上,这些项目直接面向社会大众看得见、摸得着的公共医疗卫生与教育领域。日本针对乌兹别克斯坦学前教育的援助不仅涉及派遣专家、研究者前往目的地进行授课,最终成果还包括翻译成乌兹别克语的教材和报告书;乌兹别克斯坦则会承担日方人员在乌期间的所有费用。① 日本不仅降低了国内需承担的费用,还能够输出日本文化与教材。一些项目甚至直接以传播日语为目的。舆情调查显示,中亚民众中对日本的好感度(信任度、友好度等)较高。在营造公众好感度上,日本援助已经见到成效。

在国际形象建构上,日本已拥有一定的正面社会公众形象。日本直到 2014 年开始才面向中亚开展舆论调查,调查涵盖 2014 年、2015 年、2018 年和

---

① 日本外务省:《中央アジア地域における対日世論調査》,https://www.mofa.go.jp/mofaj/files/000159231.pdf,2022-09-20。

2021 年四个年度。调查对象是 1200 名中亚四国(除土库曼斯坦)居民,这些居民来自各个行业、各个年龄段、各个收入群体。因此,调查具有较为可靠的科学性与可信度。整体来看,日本在各个调查中大致保持了正面的形象。比如,2015 年组织的舆论调查显示,约有 89％的中亚居民认为本国对日本存在一定友好感情;63％的居民认为日本有点值得信赖。[①] 在 2018 年的舆论调查中,有 64％的中亚居民认为日本与自己国家交好;61％的人认为日本可以信赖。[②]

但是强烈认同日本具有正面形象的居民比例则处于下降状态。中亚各国居民认为日本与本国保持着友好关系(即认为日本与本国友好,而非认为日本与本国多少存在友好关系)的比例不断缩小:2014 年约有 59％的居民认为保持着友好关系;2015 年为 55％;2018 年为 22％;而 2021 年则跌至 19％。此外,中亚居民关于日本是否值得信赖的观点也有相似的趋势,他们中认为日本完全值得信赖的比例从 2015 年的 27％跌至 2021 年的 18％左右。可见日本援助在社会形象营造上没有取得较好的效果。这与日本加大对中亚援助总量的趋势是相悖的。究其原因,这可能与日本援助仍然注重经济效益有关。以乌兹别克斯坦为例,日本对乌兹别克斯坦的援助中,有偿援助项目多为数亿、数十亿美元的体量,但是针对社会民生的无偿援助则相形见绌,仅有数百万美元的体量。可见日本的援助项目虽然关注了社会民生,但在营造良好形象上仍有一些不足。

日本的一些援助项目与计划在更新运输和能源领域基础设施、促进市场经济发展与人才培养和制度构建,以及重塑中亚各国的社会各部门等领域取得了较好成果,帮助日本建立了良好的国际声誉。同时这些计划的实施也可以帮助改善中亚各国基础设施和投资环境,帮助日本企业更好地利用已有资源开展业务,很好地体现了援助的经济性与社会性的结合。

---

① 日本国际协力机构:《就学前教育におけるインクルーシブ教育実践強化プロジェクト》,https://www2.jica.go.jp/ja/evaluation/pdf/2021_2005131_1_s.pdf,2022-09-30。

② 日本外务省:《H30 対日世論調査国別集計表(中央アジア)》,https://www.mofa.go.jp/mofaj/files/000480993.pdf,2021-05-23。

总　结

在官方发展援助的实施中,援助国既注重利益权衡与援助实效,也关注国际规范和国内舆论,同时还期待着国内政治议程的国际化,兼具经济、政治与社会三重属性。这三重属性在一定程度上存在着竞争关系,同一援助项目难以同时满足三重目的。如何实现效益与目的最大化是官方发展援助项目的重点问题。在日本的案例中,日本的官方发展援助项目在很大程度上仍然是为了帮助日本企业营造良好投资和营商环境、开拓海外市场、谋求经济利益并改善自我形象。但这样行为转化成中亚各国的外交支持等政治行为方面回报不足。日本援助中亚外交的用意颇多,针对中亚地区的援助目标可分为经济性、政治性和社会性,目前援助的经济性和社会性收益最强。

本文通过分析日本与中亚各国在联大会议上的投票相似度、日本进入中亚各行业获得经济回报的具体实证案例以及在机制上日本如何获得被援助国的社会认同等方面,探讨了援助的三重属性,以及日本在实践操作中的取舍。现阶段,在政治性上,日本在外交支持方面难以长期、稳定地获得中亚各国的支持。在经济性上,日本采取先官后商与政企结合、官方发展援助为先导、企业和民间组织参与实施投资和援助的模式,此举帮助日本企业直接参与政府的援助外交行为并获得了经济利益,甚至在一定程度上获得了援助地区能源开发和购买的主动权与主导权。在社会性上,诸多民调显示日本在中亚获得了较高的正面评价。

日本在援助的三重属性中所采取的措施与经验教训对于我国对外援助具有一定借鉴意义。尽管日本和中国的国情、外交政策与目标存在较大差异,但是在对"一带一路"沿线国家的基础设施援建和投资方面与日本的援助外交存在一定重合。因此日本官方发展援助对中国相关制度建设与周边国家外交具有一定启示意义。首先,中国与中亚各国的合作在上合组织、联合国框架等区域性、国际性组织中已取得可喜的成就。中国-中亚间官方合作互信还需进一步深化,双方也需要进一步拓展官方和民间合作交流机制,为双方增进互信互通提供制度基础与民意基础。其次,在持续提高对外投资的国别针对性的同时,还应注重制定更加翔实的国别援助与投资计划,以提高援助的针对性和效率。应鼓励更多企业等各界人士前往中亚各国进行田野调查,争取用较小的成本获得中亚各国的国别知识,明确各国所需,将资源投入到各国急需的产业部门中,做到精准投资、高效产出。再次,应推动国内志愿者赴"一带一路"沿线国家进行志愿服务,对社会服务和民生领域的志愿服务更有利于改善中国的国际形象,更能增加当地民众的好感度与信任。最后,转变援助与投资叙事,侧重报道安全、减贫、环境等议题,提高中亚各国对我国项目的认可度与支持度,努力使我国的援助与投资项目能够在具体实施中尽量克服援助的三元困境。

作者简介:王耀正,北京大学区域与国别研究院博士生。

沙特 2030 愿景：实施六年来的综合评估

刘庆龙

摘要：2015 年初，沙特成立了穆罕默德·本·萨勒曼领导的经济和发展委员会负责推动改革，一年后，该委员会对外公布 2030 愿景文件。随后六年里，沙特政府围绕 2030 愿景发布众多的文件和报告，制定一系列的计划和项目，形成从目标到计划再到项目的改革方式。这场由经济和发展委员会从上至下领导的威权主义现代化改革，以经济社会改革为主要内容，展现了多元与可持续、温和与开放的改革精神，是沙特、海湾阿拉伯产油国和后"阿拉伯之春"中东国家探求国家发展道路的历史实践。

关键词：沙特阿拉伯　2030 愿景　经济和发展委员会

2011 年初，"阿拉伯之春"席卷阿拉伯世界，给地区国家带来无尽的革命、政变和内战，民主政治的尝试没能给中东带来稳定、繁荣和发展。十多年后，有关民主和威权的争论已经停止，但引爆"阿拉伯之春"的经济社会问题未能得到有效解决。

2014 年起，页岩革命开始撬动国际能源市场，海湾国家主导的石油输出国组织（Organization of the Petroleum Exporting Countries，OPEC）先后掀起两次不成功的价格战，其主导地位开始动摇。页岩革命和气候变化议题已加速全球能源结构的变革，海湾阿拉伯产油国面临挑战。

2015 年 1 月 23 日，萨勒曼（Salam bin Abdulaziz Al Saud）继位为沙特阿拉伯的新国王，随即对国家权力进行改组，国王之子穆罕默德·本·萨勒曼

(Mohammed bin Salam bin Abdulaziz Al Saud)领导新成立的经济和发展委员会(the Council of Economic and Development Affairs)专门负责推动改革实施。

2016 年 4 月 25 日，沙特内阁正式批准经济和发展委员会提出的 2030 愿景(2030 Vision)。这一愿景无疑是沙特摆脱传统发展模式，走向现代国家的美好蓝图；也是海湾阿拉伯产油国在君主制体制下迎接挑战，寻找发展转型的尝试；更是阿拉伯国家在后"阿拉伯之春"背景下走出困境，在威权主义领导下探索国家现代化改革的历史实践。

一、2030 愿景

2016 年，沙特政府对外发布 2030 愿景文件，提出雄心壮志的国家、繁荣发展的经济和充满活力的社会三大改革主题。

首先，国家层面的改革强调既要提升政府效率，又要增强社会责任。一方面要求政府提高透明度、扩大参与度，平衡财政收支，保护重要资源，提升决策的效率、效能和速度；另一方面要求民众要提升责任意识，个人对社会生活和经济发展都有重要负责。愿景在此试图对国家与个人、社会与生活之间的权责重新进行划分，国家的责任在于创造一个良好的生活、工作环境，国民的责任在于努力奋斗，追求幸福美好的生活和理想的工作。

其次，经济层面的改革提出就业、投资、开放和区位四个关键词。第一个关键词是就业，提出通过增强职业培训、促进中小企业发展、提供平等就业机会等方式来增加就业，特别强调无论男性还是女性都应充分参与经济活动并享受经济发展的成果，"沙特女性也是一笔伟大的财富"①。第二个关键词是投资，沙特认为推动改革的一个重要支柱是石油财富长期积累形成的投资能力，可通过长远规划和长期投资实现经济多元化，重点是将公共投资基金(Public Investment Fund，PIF)打造为全球最大的主权财富基金，以此为核心提升沙

---

① 2030 Vision，https://www.vision2030.gov.sa/v2030/overview/，p. 37，2022-03-10.

特的投资能力。投资的重点行业将包括新能源、制造业、旅游业、数字经济、矿产业等,投资的主要经济形态将囊括私营部门和中小企业。第三个关键词是开放,沙特政府在对内注重改革的同时强调对外开放、融入全球经济,提出将改善营商环境、遵守国际法和商业惯例、推动私人投资,重组各个经济城,与企业合作翻修、升级经济城的主要基础设施,并运用政策杠杆在沙特国内不同地区设立不同的特区等。第四个关键词是区位,中东是三洲五海之地,沙特居于阿拉伯半岛,东西两侧的波斯湾和红海都是重要的国际航道,美国能源信息署(Energy Information Administration,EIA)将扼守波斯湾和红海的霍尔木兹海峡和曼德海峡列入全球七大石油运输咽喉点。① 沙特将自己的战略区位视为推进改革的另一个重要支柱,强调利用地处欧亚非三洲之间、占据国际贸易重要水道的区位优势,打造独特的区域物流枢纽,以海湾阿拉伯国家合作委员会(Gulf Cooperation Council,GCC)为核心增强地区经济一体化。

最后,社会层面的改革旨在打造一个信仰坚定、生活充实和基础牢固的社会。作为一个伊斯兰国家,沙特拥有麦加、麦地那两座圣城,自法赫德国王(Fahd bin Abdulaziz Al Saud)之后,沙特国王都以“两圣地的仆人”(the Custodian of the Two Holy Mosques)自居,在伊斯兰世界拥有独一无二的地位,这被沙特视为愿景改革的第一大支柱。因此,在社会改革中,沙特强调伊斯兰信仰,明确改革与伊斯兰教并无冲突,将以伊斯兰教义为基础,遵照伊斯兰价值,并为来沙特朝觐的穆斯林们提供更好的服务。在强调伊斯兰的同时,改革明确要增强沙特人的民族认同感和归属感,对沙特国内前伊斯兰时代的古迹文物进行修缮和保护,并增设新的国家节日。1932 年 9 月 23 日,阿卜杜勒-阿齐兹国王(Abdulaziz bin Abdulrahman Al Saud)创立沙特阿拉伯王国,9月 23 日为沙特的国庆日,2022 年初,萨勒曼国王颁布了 A/371 号国王令,宣布之后每年的 2 月 22 日为沙特建国日(Foundation Day)。② 新设的建国日将

---

① U. S. Energy Information Administration, *World Oil Transit Chokepoints*, p. 1, https://www. eia. gov/international/content/analysis/special_topics/World_Oil_Transit_Chokepoints/wotc. pdf, 2022-03-05。

② أمر ملكي: 22 فبراير من كل عام يوماً لذكرى تأسيس الدولة السعودية باسم يوم التأسيس, https://www. alriyadh. com/1931902, 2022-03-05。

沙特历史从 1932 年成立的沙特阿拉伯王国延伸至 1727 年穆罕默德·本·沙特(Mohammed bin Saud)创立的第一沙特王国，旨在突出近三百年来沙特人的归属感和幸福感，构建一种历史性的荣誉感和自豪感。① 此外，愿景在社会改革中强调提高沙特人的生活质量，提供更多的文体活动和休闲娱乐，引导健康环保的生活方式；并注重培育家庭观念、完善教育体系、实现人格全面发展，提升社会福利补贴水平、完善公共卫生体系、构建现代福利国家，从而建设一个团结稳固的社会。

　　2030 愿景文件在以上三大主题中设立了 24 个量化考核指标，其中经济指标 11 个，社会和国家相关的指标各有 7 个和 6 个。② 这些指标有的具体，有的宏观，甚至出现交叉覆盖的现象，各指标间的层级关系，量化考核指标与愿景三大主题间的关系，以及如何实现三大主题和指标等重要问题，文件未能予以说明。

　　愿景文件发布后，经济和发展委员会颁布了众多的文件、报告，将三大主题演化为经济层面、社会层面和国家治理三个领域的愿景目标（Vision Objectives），明确由一级总体目标（Overarching Objectives）、二级分支目标（Branch Objectives）和三级战略目标（Strategy Objectives）组成的愿景三级目标。同时，该委员会制订了一系列计划和项目，以愿景实现计划（The Vision Realization Programs，VRPs）为桥梁，对接愿景重大项目（Vision 2030

---

　　① المأضي بالحاضر，https://www.alriyadh.com/1933423；تحمل مضامين ترمز لأمجاد وبطولات وعراقة الدولة السعودية
وصل：كلمة الرياض，https://www.alriyadh.com/1933543，2022-03-10。

　　② 其中，社会层面包括 7 个目标：朝觐游客数量从每年 800 万增加到 3000 万，联合国教科文组织认证的沙特文化遗产数量翻倍，社会资本指数排名从目前的 26 位提升到第 10 位，国民平均寿命从 74 岁提高到 80 岁，有三个沙特城市进入全球城市排名前一百位，每周至少有一次运动习惯的人口比例从 13% 提升至 40%，家庭用于文化娱乐的消费支出从 2.9% 提升至 6%。经济层面包括 11 个目标：非石油出口占非石油国内生产总值的比例从 16% 提高到 50%，物流绩效指数排名从目前的 49 提高到 25，私营部门对 GDP 的贡献从 40% 增长到 65%，外国直接投资从占 GDP3.8% 增加到 5.7% 的国际水平，公共投资基金资产从 6000 亿美元增加到 7 万亿美元，全球竞争力指数排名从目前的第 25 位上升到前 10 位，从目前的世界第 19 大经济体发展至世界前 15 强，石油和天然气产业本地化程度从 40% 提高到 75%，中小企业对 GDP 的贡献率从 20% 提高到 35%，女性在劳动力构成中的占比从 22% 提高到 30%，失业率从 11.6% 降低至 7%。国家治理包括 6 个目标：每年组织 100 万志愿者（目前仅有 11000），非营利机构对 GDP 的贡献从不足 1% 提高到 5%，家庭存款占家庭总收入的比例从 6% 提高到 10%，政府效率指数排名从第 80 位提高到第 20 位，非石油政府收入从 1630 亿沙特里亚尔增加到 1 万亿沙特里亚尔，电子政务调查指数排名从目前的第 36 位提高到全球前五名。

Projects),推进 2030 愿景。这场从目标到计划再到项目的改革实践由穆罕默德·本·萨勒曼王储领导的经济和发展委员会全权负责,充分展现了威权主义从上至下的改革方式。

这里,我们分析不同层面的目标、计划和项目,可以看到沙特走向 2030 的改革内容和改革精神。

二、国家治理:愿景总纲

国家治理包括提高政府效率、增强社会责任感 2 个一级总体目标,以及 7 个二级分支目标和 21 个三级战略目标。国家治理的目标、计划和项目远少于经济和社会两个领域,更重要的是国家治理的目标设定并非政治改革,而是经济社会改革的总括。

表 1　国家治理的愿景三级目标

愿景	一级总体目标	二级分支目标	三级战略目标
雄心壮志的国家	提高政府效率 (4,15)	平衡政府开支	提升财政计划的效用和政府支出的效率 最大化国有资产收入 最大化服务费收入 最不引进新税、通过收费增加收入 最大化石油生产收入
		提升政府组织表现	设计一个学习且更有效的政府结构 提升政府组织表现 提升政府雇员的生产力 发展电子政务 提升公民服务质量
		公民更有效参与	增加政府透明度 增强公民和商业的沟通渠道 确保政府组织对反馈负责
		保护国家重要资源	确保食品安全 确保可持续使用水资源

（续表）

愿景	一级总体目标	二级分支目标	三级战略目标
雄心壮志的国家	增强社会责任（3,6）	提升公民责任	提升财政计划 鼓励志愿服务
		提升商业的社会贡献	提升商业聚焦社会责任 提升商业聚焦可持续发展
		扩大非营利部门的影响	支持非营利部门发展 赋权非营利组织发挥更大作用

2016 年,2030 愿景颁布不久,经济和发展委员会便在国家治理领域提出财政可持续计划(Fiscal Sustainability Program)和国家转型计划(National Transformation Program),其中财政可持续计划前身是 2016 年底启动的财政平衡计划,目前尚未明确负责人和领导团队。① 该计划旨在维持短期公共财政平衡、确立中期财政预算平衡的规划机制、扩大公共财政收入能力、创建新的金融机构、加强金融监管能力、提升沙特的金融体系。

2016 年 6 月 7 日出台的国家转型计划是第一个愿景转型计划,它承担着改革总纲的统领作用,将 2030 愿景中各项目标细分拆解到政府各相关部门,成为阶段性可量化考核的关键绩效指标(Key Performance Indicator,KPI)。国家转型计划涉及内阁九个部门,由经济和发展委员会委员、国王办公厅顾问穆罕默德·马兹亚德·图瓦伊利(Mohammed Mazyad Al-Tuwaijri)领导,团队有 11 人。② 该计划包括提高劳动力市场的参与度和吸引力、赋能私营部门、开发旅游业和保护国家遗产、保护重要资源和实现可持续发展、改善医疗保健能力、提高生活水平和社会安全、社会赋权和发展非营利部门、提升政府运营水平等八大经济社会改革主题,体现出多元与可持续、温和与开放的改革精神。随后,经济和发展委员会在经济层面和社会层面颁布了一系列计划和项目,将这八大主题进一步发展实践,不断丰富完善愿景。

---

① Fiscal Sustainability Pragiam, https://www.vision2030.gov.sa/v2030/vrps/fsp/, 2022-03-15.

② National Transformation Program, https://www.vision2030.gov.sa/v2030/vrps/ntp/, 2022-03-15.

表 2 国家治理的愿景实现计划

愿景实现计划	负责人	启动时间	领域
国家转型计划	经济发展委员会委员、国王办公厅顾问 穆罕默德·马兹亚德·图瓦伊利 （Mohammed Mazyad Al-Tuwaijri）	2016	国家治理
财政可持续计划		2016	国家治理

国家治理的愿景重大项目本质上也是经济社会改革项目。以 2019 年 3 月的"绿色利雅得"（Green Riyadh）为起点，2021 年 3 月 27 日，王储对外公布了"绿色沙特倡议"（Saudi Green initiatives）和"绿色中东倡议"（Middle East Green initiatives）两个雄心勃勃的绿色倡议，强调可持续发展在国家治理中的重要性。半年后，2021 年 10 月 23 日，首届绿色沙特倡议论坛（Saudi Green Initiative Forum）在利雅得正式召开。[①] 王储在开幕致辞中对两项绿色倡议的内容进行修正，公布沙特应对气候环保议题的路线图，提出到 2030 年每年减少 2.78 亿吨碳排放，是之前提出减排目标的两倍多；并确认第一阶段植树造林计划将种植超过 4.5 亿棵树木，恢复 800 万公顷退化土地，划分新的保护区，使沙特保护区面积超过国土总面积的 20％。[②] 其中最令人瞩目的是，第一次正式宣布沙特将在 2060 年前实现碳中和。[③] 为实现这些目标，王储表示首先将提供超过 7000 亿里亚尔（约 1866 亿美元）的资金，主要用于培育和发展可再生能源行业，助力绿色经济、创造就业机会。[④]

从提出两项绿色倡议到首届论坛发表的具体措施表明，沙特的国家治理已注入多元与可持续的改革精神。

---

① Https://www. saudigreeninitiative. org/events/saudi-green-initiative-forum/，2022-03-01.

② Saudi Green Initiative forum，https://www. arabnews. com/node/1953431/saudi-arabia，2022-03-01.

③ HRH Crown Prince Inaugurates Saudi Green Initiative Forum with Wide Regional and International Participation，https://www. spa. gov. sa/viewfullstory. php? lang = en&newsid = 2297752，2022-03-10；Saudi Arabia Pledges 'Net Zero' Carbon Emissions by 2060，https://www. wsj. com/articles/saudi-arabia-pledges-net-zero-carbon-emissions-by-2060-11634979405，2022-03-01.

④ ولي العهد يطلق خار طة طريق لحماية البيئة ومو اجهة تحديات التغير المناخي，https://www. alriyadh. com/1914452，2022-03-01.

表 3　国家治理的愿景重大项目

项目	类别	启动时间	领域
绿色利雅得（Green Riyadh）	都市	2019.3	国家治理
绿色沙特倡议（Saudi Green Initiative）	都市	2021.3	国家治理
绿色中东倡议（Middle East Green Initiative）	都市	2021.3	国家治理

2030 愿景本质是经济社会改革，国家治理是总括，其目标、计划和项目所呈现的改革精神和改革内容在随后的经济、社会两个层面的改革中得以实践和发展。

三、经济改革：多元与可持续

经济改革包括实现经济增长和多元化、增加就业 2 个一级总体目标，以及 11 个二级分支目标和 46 个三级战略目标。

表 4　经济层面的愿景三级目标

愿景	一级总体目标	二级分支目标	三级战略目标
繁荣发展的经济	实现经济增长和多元化（7，30）	提升私营经济对经济的贡献	提升经商便捷程度 向私营部门打开国有资产 部分政府服务私营化 确保建立一个高水平的资本市场 确保金融机构支持私营部门的发展 吸引外国直接投资 创建并恢复经济特区
		最大化石油行业的价值	增强油气行业的本土化 提升天然气生产和运输能力 发展油气相关工业 提升可再生能源对全国能源的贡献 提升能源市场的竞争力

（续表）

愿景	一级总体目标	二级分支目标	三级战略目标
繁荣发展的经济	实现经济增长和多元化(7, 30)	解锁非石油行业的潜力	最大化采矿业 发展数字经济 本土化有前途的制造业 本土化军工业 促进零售业的发展 提升旅游业的发展 增强非石油行业的本土化
		提升公共投资基金增长引擎的作用	提升公共投资基金规模 以公共投资基金解锁新行业 以公共投资基金将前沿科技知识本土化 以公共投资基金建立经济战略合作伙伴关系
		成为全球物流枢纽	创建和提升物流枢纽的表现 提升与当地、地区和全球贸易运输网络的联系
		进一步整合入地区和全球经济	推动海合会一体化进程 超越海合会发展与地区国家的经济联系 提升与全球伙伴的经济联系
		提升非石油产业出口	支持国内行业领军企业在全球巩固领导地位 发展当地有前途的公司成为地区和全球的领导者
	增加就业(4, 16)	根据劳工市场的需要发展人力资本	构建终身学习 提升公平获得教育的渠道 提升基础学习成果 提升教育系统排名 在优先领域发展最闪亮的思想 确保教育成果符合劳工市场需求 扩大职业培训以满足劳工市场需要

（续表）

愿景	一级总体目标	二级分支目标	三级战略目标
繁荣发展的经济	增加就业（4，16）	确保可公平获得就业机会	提升年轻人进入劳工市场的准备 提升女性参与劳工市场的比例 使残障人士进入劳工市场
		通过中小企业创造就业机会	支持和培育创新及企业家文化 促进中小企业对经济的贡献 提升家庭生产对经济的贡献
		吸引相关优秀的外国人才	提升外来者的生活环境 提升外来者的工作环境 更有效获得外国相关人才

　　长期以来，丰富的石油资源及其带来的巨额财富对沙特经济产生重大影响，一方面，石油生产、加工和出口带来的财富构成沙特经济活动和收入来源的主体部分；另一方面，沙特逐步形成以国家公职为渠道向全体国民分发石油财富的分配方式，最终演化为"食利国家"。在内外变革压力下，传统依靠石油产业生产、营收和分配的发展模式难以维系。

　　经济层面的首要改革精神是多元，即发展非石油产业、实现多元化发展。作为全球第一大石油出口国，长期以来，沙特依靠石油立国，石油工业在经济发展过程中形成了锁定效应。沙特政府在一直努力追求多元化发展，早在费萨尔国王（Faisal bin Abdul Aziz Al Saud）执政时期，就曾提出要将沙特建成一个"受安拉庇护，农业自给，国民收入多样化的工业国家"。[1] 在 1970 年第一个五年计划中，实现经济结构多元化就是三大主要目标之一。[2] 2030 愿景的经济改革继承多元化发展的目标，并依靠愿景文件中提出的改革支柱，重视投资能力和区位优势的作用，为此经济和发展委员会提出了金融部门发展计划

　　① 〔美〕威廉·匡特著：《石油巨人——八十年代的沙特阿拉伯》，李国富、伍永光译，梅平校，北京：世界知识出版社，1986 年，第 385 页。
　　② 戎云飞：《沙特四个经济发展五年计划实施情况分析》，《世界经济与政治论坛》1991 年第 1 期。

(Financial Sector Development Program)与国家工业发展和物流计划(National Industrial Development and Logistics Program)。

金融部门发展计划由经济和发展委员会委员、财政大臣穆罕默德·阿卜杜拉·贾丹(Mohammed Abdullah Al-Jadaan)领导,6 位经济领域的重要人士一同组成该计划的负责团队。[1] 金融部门发展计划于 2017 年正式启动,旨在使金融机构支持私营部门的发展和增长,培育先进的资本市场,提升金融规划能力。至 2020 年,该计划已向 13 家金融科技支付公司颁发牌照,目标在 2025 年培育 30 家有竞争力的新兴金融科技公司。颁布该计划后,沙特股市塔达武尔(Tadawul)已被成功纳入 MSCI、标普道琼斯(Standard & Poor's Dow Jones)和富时罗素(FTSE Russell)的新兴市场指数,这有利于沙特吸引国际投资者的关注、获得丰富的融资渠道、吸引更多的海外资本,该计划目标至 2025 年沙特股市市值在剔除沙特阿美石油公司(Saudi Aramco)后达到国民生产总值的 80.8%。

国家工业发展和物流计划由经济和发展委员会委员、工业矿产资源大臣班达尔·本·易卜拉欣·霍拉耶夫(Bandar bin Ibrahim Al khorayef)领导,团队成员包括通信信息技术部、运输和物流服务部、经济和计划部、能源部、投资部等其他五个部门的代表。[2] 该计划于 2019 年正式启动,旨在最大化沙特采矿和能源部门的价值,在第四次工业革命浪潮推动下,释放沙特资源的全部潜力,将沙特发展为国际领先的工业强国和全球物流中心。该计划颁布后,沙特已在境内兴建一批新能源项目,包括第一个产能为 300 兆瓦的萨卡卡(Sakaka)太阳能发电站[3],该计划的目标是至 2025 年将国内发电效率提升40.8%。

与此同时,多元化发展的目标强调私营经济和中小企业在经济发展中的

---

[1]　Financial Sector Development Program,https://www.vision2030.gov.sa/v2030/vrps/fsdp/,2022-03-15.

[2]　National Industrial Development and Logistics Program,https://www.vision2030.gov.sa/v2030/vrps/nidlp/,2022-03-15.

[3]　محطة سكاكا للكهرباء «الشمسية».» عهد الطاقة المتجددة,https://www.alriyadh.com/1879577,2022-03-15.

地位,重视金融创新和人力资源对改革的作用。对此,经济和发展委员会提出人力资源发展计划(Human Capability Development Program)和私有化计划(Privatization Program)。

表 5　经济层面的愿景实现计划

愿景实现计划	负责人	启动时间	领域
公共投资基金计划	经济发展委员会主席 穆罕默德·本·萨勒曼王储 (Mohammed bin Salam bin Abdul-Aziz AI Saud)	2017	经济层面
金融部门发展计划	经济发展委员会委员、财政大臣 穆罕默德·阿卜杜拉·贾丹 (Mohammed Abdullah Al-Jadaan)	2017	经济层面
私有化计划	经济发展委员会委员、财政大臣 穆罕默德·阿卜杜拉·贾丹 (Mohammed Abdullah Al-Jadaan)	2018	经济层面
国家产业发展和物流计划	经济发展委员会委员、工业矿产资源大臣班达尔·本·易卜拉欣·霍拉耶夫 (Bandar bin Ibrahim Al khorayef)	2019	经济层面
人力资源发展计划	经济发展委员会主席 穆罕默德·本·萨勒曼王储 (Mohammed bin Salam bin Abdul-Aziz Al Saud)	2021	经济层面

人力资源发展计划由王储亲自领导,负责团队由 11 位重要成员组成。[①]该计划于 2021 年正式启动,旨在通过培育正确价值观、发展基本技能、提高知识水平,提升沙特公民在全球竞争中所需的能力。该计划已将沙特幼儿园入

---

① Human Capability Development Program,https://www.vision2030.gov.sa/v2030/vrps/hcdp/,2022-03-15.

学率从 2015 年的 13％提升至 2020 年的 23％,目标至 2025 年达到 40％。高等教育方面,2022 年,沙特有 14 所大学被选入 QS 前 1000 榜单,[1]其中阿卜杜勒-阿齐兹国王大学(King Abdulaziz University,KAU)与法赫德国王石油和矿物大学(King Fahd University of Petroleum and Minerals,KFUPM)分列第 109 和第 163 位,[2]该计划目标至 2025 年有 6 所沙特大学进入全球前 200榜单。

私有化计划由经济和发展委员会委员、财政大臣贾丹领导,团队成员有 9人。[3] 该计划于 2018 年正式启动,旨在确立可进行私有化的政府资产和服务、发展私有化制度及机制,确定公共和私营部门的合作框架,目前已完成四家制粉公司的私有化,并达成两家海水淡化项目私有化的协议,目标至 2025 年政府与社会合作(Public-Private Partnership,PPP)规模达到 620 亿里亚尔(约165 亿美元)。同时该计划鼓励经济多元化发展,提升沙特公司在中东地区和全球的竞争力。

另一重要改革精神是可持续。沙特石油立国的发展模式面临页岩革命和全球气候议题的双重冲击,正像石油替代煤产生的历史性变革一样,可再生能源对化石能源的替代将使其迅速贬值,导致能源产业价值链、国际贸易和地缘政治进行深刻重组。因此,2030 愿景特别重视以可再生能源为核心的绿色发展,发布一系列计划和倡议,进行制度、机制建设。2017 年,公布国家可再生能源计划(National Renewable Energy Program),启动萨勒曼国王再生能源倡议(King Salman Renewable Energy Initiative),并成立沙特投资回收公司(Saudi Investment Recycling Company)和国家能源服务公司(National Energy Services Company,"Tarshid");2018 年,组建皇家储备委员会(Council of Royal Reserves),颁布国家环境战略(National Environment

---

① ارتفاع عدد الجامعات السعودية إلى 14 جامعة في تصنيف QSلعام 2022، https://www. alriyadh. com/1945587, 2022-03-14.

② QS University Rankings 2022, https://www. qschina. cn/university-rankings/world-university-rankings/2022, 2022-03-14.

③ Privatization Program, https://www. vision2030. gov. sa/v2030/vrps/privatization/, 2022-03-14.

Strategy）；2019 年，加入国际太阳能联盟（International Solar Alliance），成立国家环境中心（National Environmental Centers）。并从机构制度建设上升到理念构建，2020 年 11 月 21 至 22 日，沙特利用担任二十国集团（G20）轮值主席国的机会，提出循环碳经济（Circular Carbon Economy，CCE）。英国经济学家凯特·拉沃斯（Kate Raworth）认为传统单纯追求 GDP 增长的发展模式已不再适合 21 世纪的世界，需要对经济持续增长的前景持不可知论，并准备好直面退化的线性经济。① 对此，循环碳经济主张通过减量化、再利用、回收和去除，将线性经济模式转变为循环经济模式。如今，沙特已正式将这种可持续发展理念作为自己的改革精神，提出 2030 愿景是一个"可持续的沙特愿景"（A Sustainable Saudi Vision）。②

　　多元与可持续的改革精神贯穿于公共投资基金计划重点推出的经济改革项目。公共投资基金计划于 2017 年四季度正式启动，由王储亲自领导，该计划的负责团队有 8 位重量级成员。③ 公共投资基金计划旨在提升规模，推动公共投资基金成为全球最大的主权财富基金。截至 2020 年，该基金规模已达 1.5 万亿里亚尔（约 4000 亿美元），成为沙特金融市场中最重要的变革力量之一。④ 该计划目标在 2025 年达到 4 万亿里亚尔（约 1.1 万亿美元），同时，寻求通过基金投资推动新经济领域的发展、在中东和全球建立经济伙伴关系、实现技术和知识的沙特本土化。该计划已在娱乐、旅游、军工、新能源、再融资等十多个领域投资建立 30 十多家企业，特别是全力推动未来城（NEOM）、红海（the Red Sea）等愿景重大项目的发展。

---

① 凯特·拉沃斯：《甜甜圈经济学》，闾佳译，北京：文化发展出版社，2019 年，第 24—27 页。

② A Sustainable Saudi Vision, https://www. vision2030. gov. sa/v2030/a-sustainable-saudi-vision/，2022-03-05.

③ Public Investment Fund Program, https://www. vision2030. gov. sa/v2030/vrps/pif/，2022-03-05.

④ Jean-François Seznec and Samer Mosis, *The Financial Markets of Arab Gulf*：*Power*，*Politics and Money*，London：Routledge，2018，pp. 84—85

表 6 经济层面的愿景重大项目

项目	类别	启动时间	领域
未来城（NEOM）开发建设项目	都市	2017.10	经济层面、社会层面
迪利亚门（Diriyah Gate）历史文化开发项目	都市	2017.7	经济层面、社会层面
欧拉（AIUla）古城开发项目	都市	2017.7	经济层面、社会层面
萨勒曼国王能源公园（King Salman Energy Park）建设项目	都市	2018.11	经济层面、社会层面
低功率研究堆（Low Power Research Reactor, LPRR）研究开发项目	能源	2018.11	经济层面
太阳能海水淡化（Water Desalination Project Using Solar Power）研究开发项目	能源	2018.11	经济层面
太阳能光伏电池组件制造厂和光伏实验室建设项目（Solar PV Cell & Module Manufacturing Plant and PV Reliability Laboratory）	能源	2018.11	经济层面
齐迪亚（Qiddiya）休闲娱乐项目	都市	2018.4	经济层面、社会层面
阿玛拉（Amaala）旅游休闲项目	旅游	2018.9	经济层面
利雅得艺术（Riyadh Art）文化开发项目	文化	2019.3	经济层面、社会层面
复合材料飞机制造（Composite Aerostructure Factory）研究开发项目	都市	2021.11	经济层面
红海（Red Sea）旅游娱乐项目	旅游	2017.7	经济层面
苏达发展（Soudah Development）旅游娱乐项目	旅游	2021.2	经济层面
沙特制造（Saudi Made）	都市	2021.3	经济层面
萨卡卡太阳能发电站（Sakaka Solar Power Plant）建设项目	都市	2021.4	经济层面
海水淡化场（Building an Absorption Base Desalination Plant）建设项目	能源		经济层面

　　未来城"NEOM"一词来自自希腊语和阿拉伯语，"NEO"是希腊语"新"的意思，"M"是阿拉伯语未来的缩写，合起来意为"新的未来"。如同它的名字，2017 年 10 月，王储提出在沙特西北部，面向埃及、横跨红海的位置建造这座占地 2.65 万平方千米的新城，表示这是针对新未来的一项大胆设想，不仅是一个新建造的工业城，改变沙特原有的经济格局，更是为人类进步而建。作为经济社会改革的重大项目，未来城致力于多元化发展，提出创造 38 万个就业岗位、创造 1800 亿里亚尔（约 480 亿美元）价值产出的目标①，同时，强调将吸引全球超过一百万人来此居住、工作，打造开拓、冒险和创新的文化氛围。

　　未来城项目建造资金为 5000 亿美元，旨在探索崭新的可持续生活模式，强调四大发展特色。第一，秉持可持续发展理念，完全以可再生能源驱动，创新可持续发展模式；第二，以创新经济作为发展引擎，吸引全球行业龙头和新兴企业入驻，助力新技术研发，协助突破性技术的孵化、商业运行，构建高效运作的创新供应链；第三，采取全新的城市布局，以"步行友好"作为规划核心，将商业和工业整合到社区之中，整合物理和数字化基础设施，充分利用地下空间，注重感受和舒适性，重塑城市生活；第四，人性化为核心的交通网络，以人取代汽车在城市交通的主角地位，采取行人优先的规划方法鼓励步行，提出步行 5 分钟可抵达所有便利设施的目标。② 2021 年初，王储宣布未来城第一个子项目——光线社区群（Line）。这是一个狭长如线的社区群，全长 170 千米，设计理念是"以人而非以道路为中心"，光线将实现未来城每个社区的居住、生活和工作范围都在 5 分钟步行距离内的目标，体现以人为本核心的可持续生活理念，探索全新的城市可持续发展模式，创立以人为本、社区安全、绿色环保、高效实用的新标准，使沙特在全球可持续发展的竞争中居于领导地位。

　　2030 愿景经济层面改革的重点行业是旅游业。2017 年 7 月，王储对外公布红海项目，2018 年红海发展公司（The Red Sea Development Company, TRSDC）成立，由王储亲自领导，2021 年 2 月 10 日，王储对外宣布奢华的红海开发项目——"珊瑚绽放"（Coral Bloom）。"珊瑚绽放"由英国知名设计公司福斯特事务

---

①　NEOM, https://www.vision2030.gov.sa/v2030/v2030-projects/neom/, 2022-03-09.
②　未来城官方网站，https://www.neom.com/en-us, 2022-03-09.

所(Foster＋Partners)一手打造,占地超过 2.8 万平方公里,包括 90 多个岛屿,其中以舒亚拉岛(Shurayrah)为核心枢纽岛连接其他 11 个旅游度假景点,如同在红海上绽放的花朵。该项目耗资数十亿美元①,围绕红海全球第四大珊瑚资源创建新的海滩、潟湖,设计一系列海洋主题的旅游,因此取名为"珊瑚绽放"。同时,红海项目还拥有高山峡谷、休眠火山以及古老的文化遗产等旅游资源。②该项目一大的亮点是其可持续发展的设计理念,项目开发全面融入主岛的原始环境,强调对岛屿、水资源等进行保护和再利用,配套基础设施均使用可再生能源,旨在打造全球领先的可持续发展旅游项目,成为绿色旅游的新标杆。③

红海项目的主要目标是通过开拓旅游业,推动非石油产业发展,为沙特经济增长和多元化做出贡献,并通过项目的开发创造更多的就业就会,为沙特青年人赋权。同时,解锁沙特旅游业,建立世界级旅游目的地,吸引沙特国内外游客来此享受独特的旅游体验,塑造沙特开放的全新形象。④ 除红海项目外,沙特还在旅游业推出阿玛拉(Amaala)和苏达发展(Soudah Development)两个愿景重大项目,这两个项目也强调可持续发展,致力于开拓沙特的休闲娱乐业,推动非石油产业的发展,实现经济增长和多元化、增加就业的改革目标。⑤

四、社会改革：温和与开放

社会改革拥有强化伊斯兰和国家身份、提供幸福健康生活 2 个一级总体目标,以及 9 个二级分支目标和 29 个三级战略目标。

---

① 据悉,该项目将耗资 120 亿到 140 亿里亚尔,即 32 亿到 37 亿美元, Cost of Red Sea Development's Coral Bloom project estimated at ＄3.7bln, https://www. zawya. com/mena/en/story/Cost_of_Red_Sea_Developments_Coral_Bloom_project_estimated_at_37bln-SNG_200346531? utm_campaign＝magnet＆utm_source＝article_page＆utm_medium＝related_articles, 2022-03-17.

② 红海项目官方网站, https://www.theredsea.sa/en＃, 2022-03-17.

③ ولي العهد يُطلق الرؤيةالتصميمية لـ«كورال بلوم», https://www.alriyadh.com/1869292, 2022-03-17.

④ The Red Sea, https://www. vision2030. gov. sa/v2030/v2030-projects/the-red-sea/, 2022-03-17.

⑤ AMAALA, https://www. vision2030. gov. sa/v2030/v2030-projects/amaala/, 2022-03-19; 50 مليار ريال ولي العهد يطلق استراتيجية تطوير منطقة عسير بضخ, https://www. alriyadh. com/1910036, 2022-03-19; غيض من فيض:كلمة الرياض, https://www. alriyadh. com/1910147, 2022-03-19.

表 7　社会层面的愿景三级目标

愿景	一级总体目标	二级分支目标	三级战略目标
充满活力的社会	强化伊斯兰和国家身份(3，10)	增强伊斯兰价值观	增强温和包容的价值观 增强出众和纪律的价值观 增强公平透明的价值观 增强决心和意志的价值观
		为朝觐者提供更好的服务	为更多朝觐者提供便利并方便其前往圣地 提升为朝觐者服务的质量 丰富朝觐者的精神文化体验
		增强国家身份认同	注入国家价值并增强国家归属感 保护阿拉伯、伊斯兰和国家遗址 坚持阿拉伯语
	提供幸福健康的生活(6，19)	提升健康服务	更便捷的获得医疗资源 提升医疗服务价值 加强医疗预防
		促进健康生活方式	在特定专业运动中达到地区和全球领先水平 促进公众参与体育运动
		提高沙特城市的生活质量	提升沙特城市提供服务的质量 改善沙特城市郊区的风景 增强国家对毒品的防范 增强交通安全
		确保环境可持续发展	保护和恢复自然风景 保护环境免于自然威胁 减少各种形式的污染
		提升文化和环境	发展和丰富娱乐方式以满足民众的需要 促进沙特对文化和艺术的贡献
		为沙特人创造赋权环境	提升家庭对孩子未来规划的参与 确保沙特家庭拥有合适的房屋所有权 发展儿童积极、坚韧、热爱工作的品格 通过社会福利系统向沙特人赋权 提升福利体系的效用和效力

　　为推动实现这些目标,经济和发展委员会秉持温和与开放的改革精神,启动了 4 个愿景实现计划和 11 个愿景重大项目,旨在创造安全、稳定、健康、舒适的生活环境,帮助沙特人更好工作、创造更大的价值。

　　作为两圣城所在地,沙特的社会改革无法回避伊斯兰议题。2030 愿景重视伊斯兰属性,强调沙特的伊斯兰身份,提出了朝觐计划(Doyof Al Rahman Program)。与经济改革相比,社会层面的愿景实现计划具有跨部门、宽领域、多层次、全方面的特点,需要横向多个部门、纵向多层级组织和机构之间进行广泛的沟通和协调。因此,朝觐计划的负责团队人数较多,由阿卜杜拉・本・班达尔王子(Abdullah bin Bandar bin Abdulaziz Al Saud)领导,团队成员多达17 人,但职级普遍不高。[①] 该计划于 2019 年正式启动,旨在提升接待前往沙特两圣地朝觐者的能力,为朝觐者提供更优质的服务,丰富他们的宗教和文化体验,同时,更好地塑造沙特为两圣地和朝觐者服务的光荣形象。在该计划主导下,沙特已推出朝觐电子签证,将审批流程从原来的 14 天节省至 4 分钟,并为朝觐活动设计推出健康保险,全面涵盖了健康、交通和意外险。

　　在强调伊斯兰属性的同时,沙特明确提出"温和伊斯兰"(the Islamic principle of moderation)的理念[②],将其尊为开国国王阿卜杜勒-阿齐兹的建国精神[③],彰显出社会层面首要的改革精神是温和。长期以来,伊斯兰教瓦哈比派在沙特拥有巨大影响,瓦哈比派创始人穆罕默德・本・阿卜杜勒・瓦哈卜(Mohammed bin Abdul Wahhab)及其后人谢赫家族(Al-Sheikh)在历代沙特王国中占据宗教权威的重要地位。在社会改革中,王储明确表示穆罕默德・瓦哈卜不代表沙特,他只是生活在第一沙特王国众多宗教学者中的一位,瓦哈比派也不代表沙特的伊斯兰,伊斯兰教有逊尼派和什叶派,在逊尼派中有四大教法学派,什叶派也有不同的教派,他们都在沙特宗教委员会中占有一席之地,没有任何一个教派的观点可以成为沙特宗教的唯一权威。温和伊斯兰推

---

① Pilgrim Experience Program, https://www.vision2030.gov.sa/v2030/vrps/darp/, 2022-03-15.

② 2030 Vision, https://www.vision2030.gov.sa/v2030/overview/, p. 12, 2022-03-15.

③ الحوار الوطني.تعزيز وحدة الصف, https://www.alriyadh.com/1898892, 2022-03-15.

崇和奉行先知、四大哈里发时期的温和理念，旨在构建一个包容平和的社会，尊重不同的文化和信仰。①

为此，王储重点对沙特的教育系统进行改革。一方面，沙特政府更新课程内容，将科学、哲学、音乐以及中文等引入教学体系，配合和推动经济社会改革；另一方面，王储要求宗教机构予以配合、发挥作用，在政府的要求下，沙特国内的宗教学者们对温和伊斯兰进行阐释、表示支持②，这使温和伊斯兰精神主导下的教育改革取得了更大的成绩③，使沙特在全球化时代更好地融入国际舞台，进行经济社会改革，探索国家发展之路。④

只有在温和改革精神的支持下，沙特政府才可能改变以往沉闷、守旧的社会状态，以改革、创新的姿态开发和推进各领域的重大项目。其中，坐落在利雅得市西郊的齐迪亚项目（Qiddiya）引人注目，该项目由公共投资基金主导驱动，欲在沙特打造全球最大的游乐园，总面积将达到 367 平方公里，是美国奥兰多迪士尼世界的 2.5 倍。⑤ 齐迪亚项目具有经济和社会双重使命，旨在打造成全球旅游目的地、为沙特和全球游客提供全新体验，以旅游业为沙特经济多元化做贡献，并通过旅游、度假、娱乐等产业的发展为沙特人创造就业机会。同时，该项目旨在推动沙特人转变生活方式，重塑沙特充满活力、锐意进取的国际形象。⑥ 2022 年，王储在接受美国《大西洋月刊》采访时，盛赞齐迪亚项目是绝无仅有的创造，是沙特基于自身文化和传统为全世界奉献的全新创意。⑦

① Saudi Crown Prince talks reforms, international relations and economy with The Atlantic, https://www. arabnews. com/node/2035471/saudi-arabia, 2022-03-19.

② الشكر لخادم الحرمين وولي العهد على جهودهما في خدمة الإسلام والمسلمين وتعزيز الوسطية والاعتدال ,https://www. alriyadh. com/1873391, 2022-03-21; المملكة.. الإجراءات القضائية اللازمة تمت بشفافية ونزاهة لا تقبل التشكيك ,https:// www. alriyadh. com/1872398, 2022-03-21; المؤتمر الإسلامي للأوقاف يوصي بإنشاء مدينة ذكية للحج والعمرة ,https:// www. alriyadh. com/1891842，2022-03-21.

③ المملكة العربية السعودية 2030 نجاح بنت مطلق العتيبي ,رؤية إصلاح التعليم الديني في ,https://kfcris. com/ar/ view/post/305，2022-03-21.

④ رشيد الخيون,التسامح مهمة عالميّة.. في عصر العولمة ,https://kfcris. com/ar/view/post/248, 2022-03-11.

⑤ 齐迪亚官方网站,https://qiddiya. com/, 2022-03-11.

⑥ Qiddiya, https://www. vision2030. gov. sa/v2030/v2030-projects/qiddiya/, 2022-03-11.

⑦ Absolute Power, https://www. theatlantic. com/magazine/archive/2022/04/mohammed-bin-salman-saudi-arabia-palace-interview/622822/, 2022-03-09; Saudi Crown Prince talks reforms, international relations and economy with The Atlantic, https://www. arabnews. com/node/2035471/saudi-arabia, 2022-03-11.

表 8　社会层面的愿景实现计划

愿景实现计划	负责人	启动时间	领域
住房计划	经济发展委员会委员,市政、农村和住房大臣马吉德·阿卜杜拉·霍盖尔(Majed Abdullah Al Hogail)	2018	社会层面
生活质量计划	旅游大臣艾哈迈德·哈提布(Ahmed Al Khateeb)	2018	社会层面
朝觐计划	阿卜杜拉·本·班达尔王子(Abdullah bin Bandar bin Abdulaziz Al Saud)	2019	社会层面
卫生部门转型计划	经济发展委员会委员、卫生大臣法赫德·加拉吉(Fahad Al-Jalajel)	2022	社会层面

社会层面另一重要的改革精神是开放,经济和发展委员会为此提出住房计划(Housing Program)、卫生部门转型计划(Health Sector Transformation Program)生活质量计划(Quality of Life Program)三个愿景实现计划。

经济和发展委员会委员,市政、农村和住房大臣马吉德·阿卜杜拉·霍盖尔(Majed Abdullah Al Hogail)领导住房计划,团队成员有 17 人。[①] 该计划于 2018 年正式启动,旨在提供住房解决方案,为沙特公民提供各种住房选择,使他们能够根据个人需求和财务能力拥有合适的房屋,提高沙特人拥有住房的比例。2020 年,沙特人房屋占有率从 2016 年的 47％提升至 60％,该计划目标至 2030 年将这一数据进一步提升至 70％。

最新推出的卫生部门转型计划由经济和发展委员会委员、卫生大臣法赫

---

① 　Housing Program，https://www.vision2030.gov.sa/v2030/vrps/housing/，2022-03-19.

德·加拉吉(Fahad Al-Jalajel)领导的 17 人团队负责。[①] 2020 年,新冠疫情暴发,在全球范围内造成重大影响,2022 年沙特推出该计划从战略层面予以应对,旨在重组沙特的卫生部门,建设一个健康、全面、有效、综合的卫生系统,提高医疗质量和效率,提升应对健康风险的防护水平,升级卫生部门,增强应对相关挑战的能力,目标到 2025 年实现沙特境内电子医疗记录系统的全覆盖,并使医疗服务覆盖88％的人口。

最能体现开放精神的生活质量计划由旅游大臣艾哈迈德·哈提布(Ahmed Al Khateeb)领导,团队成员有 16 人。[②] 该计划于 2018 年正式启动,在其推动下沙特在 2021 年全球幸福报告中位居阿拉伯世界的第 1 位、全球第21 位。[③] 生活质量计划旨在改善沙特的社会环境,开发和倡导全新的生活方式,推动沙特公民和外国游客参与、享受开放的社会。

一个全新开放的沙特社会,首先是对内开放,赋权女性。过去,沙特女性难以在劳工市场上获得平等工作的机会,难以获得机会表达自身的诉求,在经济社会中居于从属地位。自 2030 愿景提出后,沙特女性地位显著提高,在社会生活中获得更多的自由和权利。2017 年 2 月 15 至 18 日,在海滨城市耶达赫,沙特官方举行第一届动漫展,沙特妇女不仅可以各种 Cosplay 的形象展示自己,甚至还可以和男性一同进入某些展厅,翻看漫画书和游戏视频。同年 9月 26 日,萨勒曼颁布国王令:"鉴于禁止女性驾车带来的负面影响和女性驾车的积极意义,参考沙特宗教学者委员会大多数成员意见,我同意执行交通法中关于给女性和男性颁发驾照的规定,并在 30 天内组建由内政部、财政部、劳工部和社会发展部高级官员组成的委员会,提出具体操作建议,使女性驾车在

---

① Health Sector Transformation Program, https://www. vision2030. gov. sa/v2030/vrps/hstp/, 2022-03-19.

② Quality of Life Program, https://www. vision2030. gov. sa/v2030/vrps/qol/, 2022-03-21.

③ رؤية 2030 اعتمدت تقرير السعادة العالمي كمؤشر لـ《جودة الحياة》, https://www. alriyadh. com/1877267, 2022-03-21.

2018 年 6 月成为现实。"①一个月后,沙特女性被允许进入利雅得、吉达和达曼三个国家体育场观看现场体育赛事。② 2019 年,王储颁布一系列法令解除对女性的约束,其中包括:女性可以自主获得护照,进行旅行无须男性成员的许可;③女性可以报告新生儿的出生、家庭成员死亡以及结婚或离婚等家庭事务。④

　　女性在劳工领域的地位提升尤为突出,越来越多的行业和岗位向女性开放,"萨勒曼的愿景将女性纳入所有领域"。⑤ 根据沙特官方数据,截至 2020 年底,沙特女性工作参与率为 33.2%,基本完成设定的阶段目标。⑥ 沙特女性就业人数持续增长,到 2020 年底达 117.3 万人,与 2011 年底相比几乎翻了一番,同时期沙特女性劳工与沙特男性劳工人数比率更是从 17.1% 升至 56.4%。⑦ 除整体数据向好外,沙特女性在劳工市场中特定的领域也获得更多的工作机会和晋升渠道。在安全司法部门,如禁毒总局、监狱、法院等,沙特女性已获得更多的晋升机会,2020 年沙特各司法部门工作的女性雇员人数已达 1814 名,全国获得执照的女性律师增加至 618 人,同比增长 66%。⑧ 2021 年 9 月,沙特首批女性入伍,成为社会改革女性赋权又一标志性成就。⑨

---

①　"Saudi king issues decree allowing women to drive -state media", https://www. arabnews. com/node/1167916/saudi-arabia, 2022-03-11.

②　"Saudi Arabia to Allow Women into Sports Stadiums", https://www. bbc. com/news/world-middle-east-41798481, 2022-03-19.

③　Cleared for Takeoff: Saudi Women Start Exercising Their Newest Right, https://www. reuters. com/article/us-saudi-women/cleared-for-takeoff-saudi-women-start-exercising-their-newest-right-idUSKCN1VC1Xi, 2022-03-19.

④　Saudi Women Can Obtain Passports without Male Guardians' Permission, http://saudigazette. com. sa/ article/573746/SAUDi-ARABiA/Saudi-women-can-obtain-passports-without-male-guardians-permission, 2022-03-19.

⑤　Saudi Arabia opens military recruitment to women, https://www. arabnews. com/node/1812906/saudi-arabia, 2022-03-19.

⑥　Vision 2030, https://www. vision2030. gov. sa/v2030/vrps/ntp/, 2022-03-19.

⑦　Https://www. stats. gov. sa/ar/814, 2022-03-19.

⑧　ارتفاع عـدد المحـامـيات 66 %, https://www. alriyadh. com/1870339, 2022-03-19.

⑨　تحت رعاية رئيس هيئة الأركان العامة, https://www. alriyadh. com/1904940, 2022-03-19.

表 9　社会层面的愿景重大项目

项目	类别	启动时间	领域
未来城（NEOM）开发建设项目	都市	2017.10	经济层面、社会层面
迪利亚门（Diriyah Gate）历史文化开发项目	都市	2017.7	经济层面、社会层面
欧拉（AlUla）古城开发项目	都市	2017.7	经济层面、社会层面
穆罕默德·本·萨勒曼历史清真寺开发项目（Mohammed bin Salman Project for Developing Historical Mosques）	文化	2018.11	社会层面
萨勒曼国王能源公园建设项目（King Salman Energy Park）	都市	2018.11	经济层面、社会层面
齐迪亚（Qiddiya）休闲娱乐项目	都市	2018.4	经济层面、社会层面
萨勒曼国王公园（King Salman Park）	都市	2019.3	社会层面
利雅得体育大道（Riyadh Sports Boulevard）	文化	2019.3	社会层面
利雅得艺术（Riyadh Art）文化开发项目	文化	2019.3	经济层面、社会层面
罗森（ROSHN）	住房	2020.8	社会层面
沙特基因组项目（Saudi Genome Program）	医疗		社会层面

　　此外，沙特社会对外更加开放。2019 年 9 月，沙特首次推出旅游签证，目前可供全球 49 个国家使用[1]，女性游客不需要穿着长袍阿巴亚，仅要求穿着得体。未婚外国夫妇将被允许一起入住酒店房间；无人陪伴的女性游客也没有限制，所有女性都可以单独预订和入住酒店。[2] 2021 年底，在北京冬奥会成功举办和沙特首次参加冰雪项目的助力下，沙特旅游局举办新一届的冬季节，允许沙特国民和非沙特居民以个人、家庭或团体的身份在沙进行旅行活动。同

①　Saudi Arabia to Open up to Foreign Tourists with New Visas，https://www.bbc.com/news/business-49848068，2022-03-19.

②　Saudi Arabia：Unmarried Foreign Couples Can Now Rent Hotel Rooms，https://www.bbc.com/news/world-middle-east-49947515，2022-03-19.

时,沙特致力于开展全新的国际体育赛事。2017 年 3 月 17 至 18 日,利雅得法
赫德国王国际体育场(King Fahd International Stadium)举办了一场 4×4 赛
车活动①;同年 5 月,哈林环球旅行者篮球队(the Harlem Globetrotters
basketball team)首次在沙特进行表演赛②;2018 年 2 月,沙特首次举办世界拉
力赛③;2019 年 1 月,沙特娱乐总局负责人图尔基·谢赫(Turki Al al-
Sheikh)宣布一项新的政府赞助活动计划,其中包括说唱艺术家 Jay-Z 的音乐
会、美国男子职业篮球联赛(NBA)、迪士尼音乐剧和杜莎夫人蜡像馆展等;
2020 年初沙特再度公布一项新计划,将于 2023 年起举办 F1 方程式赛车
赛事。④

　　为更好地向世界开放,2021 年 3 月 14 日,沙特人力资源和社会发展部
(the Ministry of Human Resources and Social Development)宣布正式废除七
十多年来的保人制度(Kafala sponsorship system),意味着外籍人员可在沙特
自由流动。在沙外籍雇员在具有约束力的工作合同到期时,无须雇主同意即
可更换雇主自主择业;同时改革出境和再入境签证制度,允许外籍人员在提出
申请后不经雇主同意就离开沙特外出旅行,并以电子方式告知雇主;并改革最
终离境签证制度,外籍人员在雇佣合同终止后可不经雇主同意离开沙特,并以
电子方式通知雇主,但将承担违反雇佣合同有关的所有后果(财务或其他方
面)。⑤ 所有申请均可在沙特政府的两款手机应用程序平台(Absher 和 Qiwa)
上操作完成。

---

① General Entertainment Authority Backs Monster Jam in Riyadh, https://www. arabnews.
com/node/1063911/saudi-arabia, 2022-03-19.

② Harlem Globetrotters Wow Saudi Fans in Riyadh, https://www. arabnews. com/node/
1105861/saudi-arabia, 2022-03-19.

③ Race of Champions 2018: David Coulthard Beats Petter Solbergt to Win, https://www.
autosport. com/general/news/race-of-champions-2018-david-coulthard-beats-petter-solberg-to-win-
4986650/4986650/, 2022-03-23.

④ Formula 1: Saudi Arabia Unveils Plans for Race in 2023, https://www. bbc. co. uk/sport/
formula1/51137520, 2022-03-23.

⑤ Labor Reform Initiative to help boost Saudi Arabia's private sector, https://www. zawya.
com/mena/en/legal/story/Labor_Reform_Initiative_to_help_boost_Saudi_Arabias_private_sector-SNG
_204448652/, 2022-03-23.

五、一场历史实践

过去六年里，沙特取得了诸多成绩，但也存在一定不足，社会层面的改革成果远多于经济层面。[①] 有研究认为经济改革不力的主要原因在于沙特从上至下的改革方式缺少专业支持和底层声音。[②] 这种观点值得商榷。2030 愿景并非政治民主化改革，它是在威权主义引导下，由皇家政府领导并推动的注重民意、回应民声的经济社会改革。

这场威权主义下的现代化改革不仅包括经济社会领域的改革内容，以及多元与可持续、温和与宽容的改革精神，特别值得关注的还有经济和发展委员会这一改革领导核心。该委员会的成员组成表明沙特主导、推进改革的权力中心已发生变化，从沙特家族转向非王室成员。2015 年 1 月 29 日，萨勒曼国王重组政府架构，颁布国王令宣布成立经济和发展委员会[③]，该委员会共有 24 人，除王储外均非沙特王室。截至 2022 年 4 月，2030 愿景推出了 11 项愿景实现计划，负责人大多由委员会成员出任，除王储外，只有朝觐计划由沙特家族的阿卜杜拉·本·班达尔王子负责，其余计划的负责人均为平民出身，11 项计划涉及的团队成员有 118 人次，王室成员仅占其中 3 席。经济和发展委员会委员、财政大臣穆罕默德·阿卜杜拉·贾丹参与了 4 项计划，是王储外唯一一个领导两项计划的负责人，他作为平民的晋升履历是沙特权力结构变化的一个缩影。

贾丹于 1963 年出生，是一名商业律师，1995 年与全球知名的高伟绅律师事务所（Clifford Chance）合作创办贾丹律师事务所（Al Jadaan and Partners Law Firm），在其中供职 10 年，直至 2015 年 1 月 29 日被任命为沙特资本市场

---

① Saud al-Sarhan, *Vision 2030 and Reform in Saudi Arabia*: *Facts and Figures* (April 2015 - April 2021), https://kfcris.com/en/view/post/339, 2022-03-23.

② Stephen Grand and Katherine Wolff, *Assessing Saudi Vision 2030*: *A 2020 Review*, June 2020, Atlantic Council.

③ King Salman Restructures Government, https://web.archive.org/web/20180127002425/http://susris.com/2015/01/29/for-the-record-king-salman-restructures-government/, 2022-03-19.

管理局(Capital Market Authority)主席,首次正式进入沙特政府。仅一年后,2016 年 11 月 1 日,他取代在任 20 年的易卜拉欣·阿萨夫成为新任财政大臣。[①] 贾丹快速升迁并被委以重任,不仅因为他与萨勒曼父子关系密切[②],更重要的是他平民出身,在专业领域有丰富的工作经验和高超的专业能力。2004 至 2014 年,他被国际权威法律评级机构钱伯斯(Chambers and Partners)评为沙特境内公司、商业银行、金融业务领域的优秀律师,同时,他担任摩根士丹利沙特董事会的特别顾问。贾丹对改革充满热情、积极支持 2030 愿景,就任财政大臣后,他表示尽管面临巨大挑战,对沙特在 2030 愿景框架下实现经济增长、社会繁荣的改革蓝图充满信心。[③] 贾丹的任命表明沙特的官僚体系和权力结构正转向非王室的年轻一代,他们在政府中的履历尚浅、经验不足,但具有专业技能和改革热情。因此,沙特威权主义下的现代化改革虽是从上至下的改革方式,但经济和发展委员会大量吸纳和启用非王室成员,使改革具有一定的专业态度,并关注到底层意见和平民声音。

在改革实践过程中,经济和发展委员会已经认识到经济改革成果有限,坚持目标到计划再到项目的改革方式,加大经济层面的改革力度和深度。2021 年 4 月 28 日,王储接受阿拉伯电视台的专访,重点回答有关经济改革的问题,表达坚定的改革信念[④],2030 愿景在五周年之际进入一个新阶段。

应该看到,一方面 2030 愿景延续沙特历史中的改革传统,如建造新城。自 1975 年沙特第二个五年发展计划起到 2004 年第七个五年发展计划结束,沙特在全国兴建十多座工业城,吸引投资以促进多元化发展,作为经济结构中石油产业的补充,包括利雅得 1 期、利雅得 2 期、吉达、达曼 1 期、达曼 2 期、麦

[①]　"Minister CV - Mohammed bin Abdullah Al-Jadaan". Ministry of Finance, https://www. mof. gov. sa/en/about/Pages/ministercv. aspx, 2022-03-19.

[②]　Clock ticking for Saudi Arabia's new finance minister as oil kingdom teeters closer to recession, https://financialpost. com/investing/global-investor/saudi-arabia-names-new-finance-minister-as-clock-keeps-ticking-on-ambitious-economic-reforms, 2022-03-19.

[③]　Who is Saudi Arabia's new finance minister?, https://www. arabnews. com/node/1005446/business-economy, 2022-03-19.

[④]　Https://www.youtube.com/watch? v=aWvt-39XSs8, 2022-03-19.

加、卡西姆、阿哈萨、麦地那、阿希尔、朱夫、塔布克、哈伊勒、纳吉兰等工业城，其中最成功的当属朱拜勒（Jubail Industrial City）和延布工业城。① 2005 年阿卜杜拉国王（Abdullah bin Abdul Aziz Al Saud）继任后，继续兴建工业城。最著名的当属拉比格经济城（Rabigh Economic City），又被称为阿卜杜拉国王经济城（King Abdullah Economic City）②，此外，还有哈伊勒经济城（Hail Economic City）③和麦地那经济城（Madinah Economic City）④等。2021 年初，未来城光线项目的推出是沙特改革建城史中的又一篇章。同时，复合材料飞机制造、红海的"珊瑚绽放"等项目也在原有项目基础上的进一步深化和拓展。

另一方面，2030 愿景展现国际视野，反映当下最重要的国际议题。2020年 11 月 7 日，约瑟夫·拜登（Joseph R. Biden）在美国大选胜出后，美国在全球气候变暖议题上的态度发生重大变化。前国务卿约翰·克里（John F. Kerry）出任总统气候特使，在 2021 年 2 月 19 日的慕尼黑安全会议上表示美国将重新加入《巴黎协定》。美国的重视进一步增强全球气候议题在国际事务中的重要性，加速可再生能源领域的竞争，各国争先抢占影响力和话语权先机。在此情况下，沙特将可持续作为经济层面重要的改革精神，在 2021 年推出萨卡卡太阳能发电站和两个绿色倡议旨在进一步提升新能源行业的研发和竞争力，同时在苏达发展等休闲娱乐和旅游产业的开发中强调可持续发展理念。沙特制造涵盖旅游和娱乐业、制造业、新能源等非石油行业，目标是从生产和消费两端一起推动经济多元化、可持续发展。

改革不能回避的问题是，新阶段的这些项目与前一阶段的愿景重大项目一样需巨额的资金投入，能否得到持续充足的资金保障极为重要；同时，新

---

① 孙承熙：《朱拜勒、延布——建立在荒滩上的两座现代化工业城》，《阿拉伯世界》1997 年第三期。
② Inside Saudi Arabia's King Abdullah Economic City, https://www.arabianbusiness.com/travel-hospitality/427948-inside-saudi-arabias-king-abdullah-economic-city, 2022-03-19.
③ 又被叫作阿卜杜-阿齐兹·本·穆萨德王子经济城（Prince Abdul Aziz bin Mousaed Economic City），https://www.scb.com/project/prince-abdulaziz-bin-mousad-economic-city-master-plan/，2022-03-19.
④ 又被叫作知识经济城（Knowledge Economic City），https://www.rlb.com/middle-east/projects/knowledge-economic-city/，2022-03-19.

兴行业的研究和发展需要科学技术支撑,目前沙特国内的科技、人才储备与改革需求之间存在鸿沟;此外,诸多重大项目所涉及的执行机构和发展目标存在重合甚至竞争关系。这些问题意味着新阶段改革具体的实践情况和效果尚需观察。

毋庸置疑的是,沙特正在经济和发展委员会的领导下沿着从目标到计划再到项目的改革方式不断深化和推进 2030 愿景,这场威权主义下的现代化改革专注于经济社会层面的改革内容,展现多元与可持续、温和与开放的改革精神,是沙特、海湾阿拉伯产油国和后"阿拉伯之春"中东国家探求国家发展道路的历史实践。

作者简介:刘庆龙,北京大学国际关系学院博士研究生。

从坐而论道到经世致用

——评述《政策制定的艺术——一位经济学家的从政感悟》

隋雪濛

　　阿米塔夫·阿查亚(Amitav Acharya)认为,传统区域研究与国际关系学科可能走向融合,这种被称作"学科化的区域研究"的趋势产生了两种学者:一类是"区域导向的学科专家"。他们以理论见长,没有接受过亚洲研究的传统训练,但对亚洲经济崛起、中国、印度和日本作为全球参与者日益提升的重要性十分感兴趣;另一类被称为"学科导向的区域主义者",他们的研究主要集中于区域事务,具有很强的学科导向,在使用国际关系理论来分析区域事件和模式的同时,希望通过对区域事件的分析,为国际关系理论和分析工具的发展做出贡献。[①] 上述分类没有考虑到学科专家担任国家政府官员的情况,这一视角在 2016 年出版的《政策制定的艺术——一位经济学家的从政感悟》中却有生动的体现。

　　该书由资深印度经济学家考希克·巴苏(Kaushik Basu)撰写,他目前是康奈尔大学国际研究和经济学教授,研究聚焦于政治经济学、经济理论、经济发展等领域。受时任印度总理辛格之邀,他曾于 2009 年 12 月在印度政府担任了两年半的首席经济顾问,主要负责为财政部部长提供咨询。本书正是对其担任印度首席经济顾问经历的记录,撰写于 2009 年至 2014 年,作者基于个

---

　　① 〔加〕阿米塔夫·阿查亚著,周雨晨译:《国际关系与区域研究:迈向新的综合?》,《周边外交研究》2019 年第 2 期。

人经验探讨了在政治因素占主导地位的环境中,决策者如何基于经济学原理和印度经验制定宏观和微观经济政策。不同于政府官员或传统研究者视角,他的思维凸显了学者从政、跨学科思维的独特视角。巴苏认为,制定经济政策是一门综合各领域知识的艺术,既要善用统计学和数据,恰当运用经济理论和演绎推理,还要具备出色的叙事能力。[1] 而政策制定者的任务就是将科学知识、常识、直觉有机地结合,在了解每个国家发展历史的基础上运用最佳的科学理论和统计分析,设计出适用可行的政策。[2] 本书语言通俗易懂、引人入胜。

全书共十个章节,可分为四个部分。第一部分包含前言和第一章,主要介绍了作者受命担任印度首席经济顾问的经过和直观感悟,写作风格类似于个人日记。第二章是第二部分,作者分析了当前印度经济状况的历史背景,回顾了印度从独立到当前的经济理念和实践,为后续制定经济政策的讨论做历史铺垫。第三至第九章为第三部分,作者先探讨了印度经济领域的通货膨胀、市场监管(财政和货币政策、贸易和汇率管理)、基础设施建设、全球化、粮食制度、金融部门等议题,之后又分析了经济之外的法律、社会和组织基础等问题。第十章是最后一部分,作者基于前文的探讨展望了印度经济发展前景。虽然每部分都有主要议题,但作者对部分问题的探讨分散在多个章节,难以分章节一一介绍。因此本文围绕该书探讨的主要问题“如何制定适用可行的经济政策”,提炼出作者探讨相关问题的三条主线,即经济发展与印度历史和政体、经济理论与印度实践、全球化与印度经济发展,在梳理书中主要观点的基础之上提出自己的思考。

一、经济发展与印度历史和政体

经济发展与社会理念、政治体制之间需要协调。国家历史、政治制度、思维方式和认知、行为规范都会对经济发展产生影响。因此,一国经济的成功不仅取决于合理可行的经济政策,还要与良好的政治制度、正确的共同价值观、

---

① 〔印〕考希尼.巴苏(Kaushik Basu):《政策制定的艺术:一位经济学家的从政感悟》,卓贤译,北京:中信出版社,2016 年,第 179 页。

② 〔印〕考希尼.巴苏(Kaushik Basu):《政策制定的艺术:一位经济学家的从政感悟》,第 XII—XIII 页。

人人信守的社会规范相结合。①

巴苏先是回顾了印度经济演变历程,分析了抑制和推动印度经济增长的历史因素。受英国殖民历史的影响,印度曾用"许可证制度"把自己封闭起来,拒绝来自所有跨国公司的外商直接投资。独立之初,印度开国总理尼赫鲁部分采纳了甘地的复古主义理念,在苏联式计划体系中加入了保护小企业和手工企业、禁止大公司和企业生产某些必需品等政策,一定程度上造成了印度经济的断层和停滞。② 英迪拉·甘地执政时期,政府先后采取社会主义、极权化和自由化政策,致使印度经济发展大幅波动。1991—1993年总理拉奥进行了一场根本性的改革,包括废除许可证制度,进行外汇交易和国际贸易改革,成为印度经济的又一转折点。

在政治制度方面,巴苏探讨了民主制度对经济发展的影响。在民主体制下,每个人对制定经济政策都有不同的看法,政策制定者既需要考虑到多样的观点和利益需求,也需要将自己的专业知识与大众想法和认知综合在一起,这使得这项任务变得非常复杂。③ 以推进经济改革为例,由于印度建立了民主制度,人们逐渐形成了民主观念,政府需要用事实和改革红利说服普通民众和选民,并通过改变民众观念降低重大改革的难度。④ 同时,由于民众更看重近期得失,好的政策可能因为民意阻碍而无法被采纳,而民主国家的领导人又无法大幅度背离主流意见。因此普及经济知识、教育普通民众并实现择优施策是领导者的重要任务。⑤ 除了国家体制外,巴苏还探讨了许可证制度和腐败问题对经济发展的影响。独立之后沿用许可证制度的初衷是政府引导资源高效利用,却逐渐演变为官僚主义和腐败的温床。⑥ 1991年印度宣布废除许可证制度,促进了印度经济的市场化和对外开放,但这种"许可主义"文化至今仍是印度经济发展的一大绊脚石。

---

① 〔印〕考希尼.巴苏(Kaushik Basu):《政策制定的艺术:一位经济学家的从政感悟》,第160页。
② 〔印〕考希尼.巴苏(Kaushik Basu):《政策制定的艺术:一位经济学家的从政感悟》,第17页。
③ 〔印〕考希尼.巴苏(Kaushik Basu):《政策制定的艺术:一位经济学家的从政感悟》,第XVI页。
④ 〔印〕考希尼.巴苏(Kaushik Basu):《政策制定的艺术:一位经济学家的从政感悟》,第18页。
⑤ 〔印〕考希尼.巴苏(Kaushik Basu):《政策制定的艺术:一位经济学家的从政感悟》,第190页。
⑥ 〔印〕考希尼.巴苏(Kaushik Basu):《政策制定的艺术:一位经济学家的从政感悟》,第29页。

巴苏将印度历史和政治体制与经济发展相结合,为后面结合经济理论探讨实践奠定了基础。但他的分析仍存在三个不足之处:第一,忽略了印度不同地区、不同利益集团之间的差异和分歧。法国学者克里斯托弗·亚弗雷洛特(Christophe Jaffrelot)研究了印度古吉拉特邦独特的经济发展模式——"古吉拉特模式"。该邦通过"最小化政府,最大化治理"的模式创造商业友好环境,实现以增长为导向的经济发展,但也存在社会两极分化、不平等现象加剧等问题。第二,缺少对历史、政治、社会等"上层建筑"的综合分析。相较巴苏自上而下、聚焦现代和碎片化的解释,罗纳德·赫林(Ronald J. Herring)曾运用"嵌入式特殊主义"对印度经济发展背后的历史和政治问题进行了更系统、更聚焦的分析。他认为,不同国家存在不同的国家—社会嵌入式关系,印度的失败(增长率偏低)归根到底是国家干预与碎裂的民主制和联邦制之间的矛盾。赫林提出三个阻碍印度国家经济干预效果的关键因素,包括中央与各邦政府之间的分歧,资本的碎片化和统一商业阶级的缺失,中央官僚机构团体的腐败。[①] 第三,未详加论述对印度经济造成结构性影响的近代历史。曾发起"生产方式"之争的巴基斯坦学者哈姆扎·阿拉维(Hamza Alavi)认为,殖民历史对印度经济生产方式造成了根深蒂固的影响。印度农业经济被殖民主义封装进了高度工业化的世界帝国主义经济之中,这种扭曲的生产方式导致印度经济的"内部脱节",殖民地经济的各部分之间不存在相互贸易,只能通过与大都市经济的联系相关联。这种内部脱节可能造成了印度如今在产业升级上的独特道路——突破了从第一、第二产业向第三产业升级的线性模式,先实现第三产业自身和整体产业结构的优化发展,再由第三产业向制造业扩展。

二、经济理论与印度实践

经济学理论与实体经济实践有一定落差。同一时期的不同区域国别、同

---

① Ronald J. Herring, "Embedded Particularism: India's Failed Developmental State," In *The Developmental State*, edited by Meredith Woo-Cumings, Ithaca, NY: Cornell University Press, 1999, pp. 306—334.

一国家的不同发展阶段各有特点,早年基于欧美国家实践的研究成果并不一定适用于非欧美国家,政策的运行环境也可能迅速发生变化,因此有必要将经济理论与印度等新兴市场经济的政策实践相结合。① 巴苏在书中列举了印度的一些案例,如通货膨胀和浮动汇率制。通货膨胀本质和测算方法的研究有很多争论,例如选择哪类消费者作为代表衡量通胀水平。印度应用最广的消费者价格指数(CPI)是产业工人消费者价格指数,但由于印度大部分官僚和政府工作人员的工资都与该指数有关,负责研究该指数的官员可能会通过抬高指数来获得个人利益。② 对此巴苏提出引入批发价格指数,通过对比两个指数研究制定更合理的政策。此外,在控制印度整体通货膨胀的时候,粮食价格对于部分贫困地区依旧十分重要,这需要政策制定者考虑到不同地区的需求和变化。巴苏也探讨了印度的汇率制度。印度目前奉行的是"有管理的浮动"汇率制度,在不违背汇率市场变动大趋势的基础上,采取干预措施防止汇率过度波动。③ 对于为什么不采取固定汇率制,巴苏分析了中印经济发展的核心差异——中国经济增长主要是出口导向,而印度则更多依靠国内驱动。④ 出口导向型发展能否成功取决于政策的执行方式和政府长远规划的能力,维持固定汇率制所需的高额外汇储备在稳定国际收支平衡的同时也存在较大风险。因此印度应该抵制固定汇率的诱惑,通过适当的干预实现汇率调控。

具体来说,自由市场原则与政府监管之间需要寻求平衡。巴苏认为,既要避免呼吁绝对合约自由和市场自由的"市场原教旨主义"⑤,也要避免过度监管。政府和决策者应该尊重自由合约原则,避免在未考虑周全的情况下干预市场;但自由合约的集体效应会导致社会部分群体的利益受损⑥,这需要政府进行适当的监管和干预。他列举了印度金融领域的一些例子。印度经济最初的飞速发展就源于政府的金融改革,印度国有共同基金计划——单位信托基

---

① 〔印〕考希尼.巴苏(Kaushik Basu):《政策制定的艺术:一位经济学家的从政感悟》,第51页。
② 〔印〕考希尼.巴苏(Kaushik Basu):《政策制定的艺术:一位经济学家的从政感悟》,第55页。
③ 〔印〕考希尼.巴苏(Kaushik Basu):《政策制定的艺术:一位经济学家的从政感悟》,第80—81页。
④ 〔印〕考希尼.巴苏(Kaushik Basu):《政策制定的艺术:一位经济学家的从政感悟》,第78页。
⑤ 〔印〕考希尼.巴苏(Kaushik Basu):《政策制定的艺术:一位经济学家的从政感悟》,第151页。
⑥ 〔印〕考希尼.巴苏(Kaushik Basu):《政策制定的艺术:一位经济学家的从政感悟》,第152页。

金与银行业的国有化一定程度促成了储蓄和投资率的上升,使印度经济摆脱了"印度式低经济增长率"的枷锁。① 但是政府监管需要根据变化不断做出调整,这要求政策制定者具备一定经济学知识和灵活性。印度银行账户普及率低、私人银行业务较为落后、金融业监管法律缺漏等问题,都需要更明智的监管办法改善。

同时,法律作为政府监管的手段之一是一把双刃剑。在巴苏看来,法律通过在博弈中构建新聚点改变了人们的生活。每个人在选择如何行动时会考虑自己的福利水平,后者不仅取决于他自己的选择,也受他人选择的影响,为了让每个人都获得集体博弈中的最好收益,他们的选择需要组合形成纳什均衡点。由于存在不止一个纳什均衡点,因此需要法律作为灯塔,告诉人们应该瞄准哪一个。② 然而,一些为保护普通民众颁布的经济法律在具体情景下可能会反过来损害民众的利益。印度于 1955 年颁布了《必需品法》(Essential Commodities Act),旨在保护普通消费者便利地购买必需品,防止大型贸易商通过囤积商品操纵物价。③ 有人却滥用该法律,限制所有储备和囤积商品的行为,反倒伤害了该法律想要保护的利益。除《必需品法》外,印度为管理劳动力市场颁布的大批条文和法律也存在类似问题,例如 1947 年生效的《劳动争议法》。该法律规定"员工数量达到 50 人或更多的企业应依法向被裁减(被解雇)的员工支付赔偿金",旨在保护工人利益。但是由于该法律提高了企业裁员的成本,反倒降低了印度企业雇佣更多工人的意愿,损害了工人的利益。④ 这表明政府干预经济的悖论,即使政策初衷是好的,也可能产生负面甚至相反的后果。

巴苏对于理论与实践的辩证解释旨在破除经济学理论和西方中心的"迷信",这主要有两点原因。一是经济学家知识的有限性。巴苏以货币政策和财政政策为例,说明经济学家在重大问题上的认识仍严重依赖经验法则,学术界

---

① 〔印〕考希尼.巴苏(Kaushik Basu):《政策制定的艺术:一位经济学家的从政感悟》,第 129 页。

② 〔印〕考希尼.巴苏(Kaushik Basu):《政策制定的艺术:一位经济学家的从政感悟》,第 154—155 页。

③ 〔印〕考希尼.巴苏(Kaushik Basu):《政策制定的艺术:一位经济学家的从政感悟》,第 56 页。

④ 〔印〕考希尼.巴苏(Kaushik Basu):《政策制定的艺术:一位经济学家的从政感悟》,第 148—149 页。

远未完全理解通胀等问题产生的机制。① 二是当前经济学理论的西方中心性。很多经典理论都是依据欧美国家的经验和事实建立的。巴苏在上述通货膨胀测算方法、粮食价格重要性、汇率制度、市场监管等方面都运用了印度自己的案例论证，为非西方专家运用理论制定本国政策提供了新的素材。

但是巴苏在本书中并未进一步提出以印度为本体的理论和叙事，仅是零碎地探讨了部分具体问题，对印度的评价仍沿用了西方评判标准。笔者尝试在文化相对主义和印度中心性的基础上重构上述内容。文化相对主义认为，每种文化对于理解和操纵现实世界有自己独特的范畴系统和逻辑体系，使得这种文化中的信条与其他文化不可通约。② 借鉴非洲中心性的观点，印度中心性要求以本国人作为主体而非观察对象，将印度利益和价值观置于中心地位，并将印度主体性置于本土的历史和文化情景之中。③ 这就产生了非西方叙事的两个内容：一是运用印度本土经验补充或重构经济学理论，例如在经济学"理性"假定的基础上加入宗教信仰、社会阶序等因素，充分考虑中央政府与各邦之间的分歧等。二是部分摒弃以现代性为目标的西方评判标准，基于国际大环境，在印度价值观和语境中确定自身的评判标准。"发展"可以作为印度的评判指标之一，但印度发展情况不能单从 GDP（国内生产总值）、收入分配等货币衡量的指数来看。一些无法用货币衡量的发展指标如普通民众的健康指数、安全保障、尊严等同样重要。④ 这种非西方叙事可以更好地解释一些不符合西方评判标准但在第三世界国家颇为奏效的措施。

三、全球化与印度经济发展

国内经济与国际经济格局之间存在双层博弈。巴苏认为，随着全球化的

---

① 〔印〕考希尼．巴苏（Kaushik Basu）：《政策制定的艺术：一位经济学家的从政感悟》，第48、50页。

② 〔印〕帕尔塔·查特吉：《民族主义思想与殖民地世界：一种衍生的话语?》，范慕尤等译，南京：译林出版社，2007年，第20页。

③ 季芳芳：《"非洲中心性"（Afrocentricity）：概念缘起及其意涵演化》，《新闻与传播研究》2017年第6期，第118—119页。

④ 〔印〕考希尼．巴苏（Kaushik Basu）：《政策制定的艺术：一位经济学家的从政感悟》，第12—13页。

深入发展,我们的世界更加互联互通,这对经济政策制定者提出了新的要求。一方面,研究全球经济格局变迁对国家的影响需考虑到各国实际情况,全球化的影响程度和结果取决于本土因素。1991 年第一次海湾战争严重冲击了印度国内经济,是因为海外印度人汇款(特别是中东劳工)是当时印度最重要的外汇来源,战争造成大批印度劳工失业。① 2008 年金融危机致使印度 GDP 增速骤降,但由于印度房产交易市场普遍存在的黑钱支付现象,印度本土并未发生类似美国的次贷危机。另一方面,各国必须准备好应对他国的政策变化,认识到本国政策在全球化背景下可能产生的不同政策效果。例如,一国或地区内减缓不平等的努力,通常会导致资本和人才流失,并反过来加剧当地贫困。② 在印度的西孟加拉邦,为了保证农村居民获得良好教育,该邦强制要求所有教师到农村授课一个学期,这致使很多有才能的人不愿从事教职或调离至其他地区。③ 同时,为了实现本国国民总体收益提升,国家可能会轻微下调税率吸引其他国家的有技能者,通过增加纳税者数量提升税收,并将更多税收转移给本国贫困者。但其他国家会相继效仿,进行税率逐底竞争甚至将税率降至零,这将使各国都受损。④

后疫情时代,印度需要兼顾国内经济发展与提升国际经济格局影响力两个目标。印度议会事务部国务部长穆拉里德哈兰(Shri V. Muraleedharan)在 2022 年 4 月 25 日"瑞辛纳对话"的致辞中提到,印度国内政策和外交政策之间的界限越来越模糊,但外交政策和全球愿景将继续由其在国内发展的优先事项来塑造,外交政策不能脱离国内现实。⑤ 因此,决策者需同时考虑国际环境、本国利益与能力、他国意向来制定经济政策。

在书的最后,巴苏展望了印度经济的发展前景。他认为,2016 年的印度正

---

①　〔印〕考希尼. 巴苏(Kaushik Basu):《政策制定的艺术:一位经济学家的从政感悟》,第 28 页。

②　〔印〕考希尼. 巴苏(Kaushik Basu):《政策制定的艺术:一位经济学家的从政感悟》,第 95 页。

③　〔印〕考希尼. 巴苏(Kaushik Basu):《政策制定的艺术:一位经济学家的从政感悟》,第 96 页。

④　〔印〕考希尼. 巴苏(Kaushik Basu):《政策制定的艺术:一位经济学家的从政感悟》,第 99 页。

⑤　Https://mea. gov. in/Speeches-Statements. htm? dtl/35230/Opening ＋ Remarks ＋ by ＋ Minister＋of＋State＋for＋External＋Affairs＋Shri＋V＋Muraleedharan＋at＋Raisina＋Dialogue＋2022＋on＋India75＋New＋Approaches＋for＋Foreign＋Policy,2022-10-09.

处于经济转折点,未来它将披上"全球重要增长引擎"的斗篷,成为对世界经济有极大影响力的发动机。① 虽然巴苏任职期间的执政党国大党已经下台,但现任莫迪政府并未改变其经济目标。近年来,印度参与世界经济事务的意愿和能力都在提升,它正在灵活运用经济政策促进经济发展。新冠疫情暴发以来,印度政府相继推出政策改善本国营商环境,以提升对外资的吸引力。根据中国驻印大使馆"到印度投资须知",只要外国公司的股权不超过印度政府对不同行业外资股权最高限额的限制,外资项目均可享受"自动生效制度"获得批准,无须经印度政府有关部门批准。② 同时,印度积极参与美、日、澳等国家的"弹性供应链"倡议,通过"古吉拉特全球峰会""瑞辛纳对话"等全球性平台积极与各国展开经贸合作,以高层领导人宣传和高层国际互访推广印度投资市场。上述投资政策已初显成效。根据印度 2022 年联邦预算数据,以固定资本形成总额(GFCF)衡量的印度投资在 2021—2022 年预计将增长 15%,完全恢复到疫情前水平。投资与 GDP 的比率在 2021—2022 年提高至 29.6%,为七年来的最高水平。③ 越来越多的国家和跨国企业将目光转向印度,从 2020 年 7 月富士康计划投资十亿美元在印度扩建苹果手机代工厂,到 2022 年 5 月初,丰田计划在印度南部卡纳塔克邦投资 480 亿卢比(合 6.24 亿美元)用于生产电动汽车零部件④,印度正在推进以印度为主要引擎的世界经济秩序的形成。

作者简介:隋雪濛,北京大学国际关系学院国际政治专业博士研究生。

---

① 〔印〕考希尼. 巴苏(Kaushik Basu):《政策制定的艺术:一位经济学家的从政感悟》,第 192 页。

② "到印度投资须知",中华人民共和国驻印度共和国大使馆经济商务处,http://in. mofcom. gov. cn/column/print. shtml? /ddfg/tzzhch/200406/20040600230755,2022-12-05。

③ Https://www. indiabudget. gov. in/economicsurvey/,2022-10-15.

④ Https://car. tom. com/202205/1729607321. html,2022-10-15.

全球海陆枢纽的生命史

——评菲利普·鲍灵《风之帝国：亚洲大群岛的全球角色》

王胤兆

　　直至 1509 年，葡萄牙人为寻觅风靡欧洲的热带香料产地，顺着航海先驱达·伽马开辟的东方航线到达苏门答腊岛的比迪尔（今印度尼西亚实格里）和巴塞（临近今印度尼西亚司马威），欧洲才第一次真正踏足东南亚这片充满神秘感的"风下之地"。① 即便欧洲人晚近才与东南亚建立直接联系，"东南亚"（Southeast Asia）和"海洋东南亚"（Maritime Southeast Asia）也是两次世界大战及冷战之后才被广泛使用的地理名词，但是，这片被当地语言称作"努山塔里亚"（Nusantaria，即海洋东南亚）的广袤区域早在 13 世纪就已经形成了繁荣的区域贸易体系②，因其地处太平洋与印度洋之间并连接海陆两大板块的区位扮演着全球枢纽角色。《风之帝国：亚洲大群岛的全球角色》正是这样一部致力于超越欧洲中心主义视角，以海洋东南亚内部演化和对外交流进程为线索写就的区域生命史。③

　　该书的作者是英国记者兼作家菲利普·鲍灵（Philip Bowring），鲍灵曾长期活跃于亚洲的新闻评论界。退休以后，鲍灵重拾历史研究的兴趣，将目光转向早期亚洲的海洋史和对外交流史，本书的出版引起了东南亚地区学术界的

---

① 〔澳〕安东尼·瑞德：《东南亚史：危险而关键的十字路口》，宋婉贞、张振江译，上海：上海人民出版社，2021 年，第 136 页。

② 〔美〕珍妮特·阿布卢格霍德：《欧洲霸权之前：1250—1350 年的世界体系》，杜宪兵等译，北京：商务印书馆，2015 年，第 43 页。

③ 〔英〕菲利普·鲍灵：《风之帝国：亚洲大群岛的全球角色》，冯奕达译，台北：联经出版公司，2021 年。

广泛关注。

　　全书共分为三个部分,包括二十七个章节。第一部分包含第一至第五章,从地区整体史的角度介绍了海洋东南亚的生命起源,包括地理构造、气候特征以及交融激荡的多元文化基因;第二部分包含第六至第二十二章,以列国志的形式分别介绍了曾在该地区产生重大影响的政权与文明,描绘了海洋东南亚繁荣发展的青壮年时期;第三部分包含第二十三至第二十七章,作者再次回到区域视角审视海洋东南亚进入现代以来的挫折与新生,从审慎乐观的态度出发对该地区的未来进行了展望。

一、列国与枢纽:海洋东南亚的生命历程

　　阿尔君·阿帕杜莱(Arjun Appadurai)提出了"社会生命"概念(social life),认为"物"像人一样拥有社会生命,其属性并非由自然特征决定,而是由社会互动决定。[1] 区域(region)作为若干国家的集合,同样可以被视为不断演化之中的社会生命,内部行为体的互动交流以及与外部世界的邂逅碰撞构成了生命意义的关键要素。虽然作者并未在书中着意任何理论建构,但是其对海洋东南亚发展历程的书写却清晰地展现出以起源、繁荣、挫折与新生为主轴的社会生命史线索。

　　首先,作者从地理、气候和文化等角度概述了海洋东南亚的生命起源。东南亚地区原属于冈瓦纳大陆的一部分,在几百万年前经历分裂和北移大致才形成今天的区位。距今两万至七千年前,海平面上升淹没了巽他陆架的大部分地区,形成星罗棋布的马来群岛。作为生活的最大族群,南岛语族大约在六千年前从中国大陆的闽浙一带向台湾迁徙,最后散布至包括马来群岛、太平洋诸岛和马达加斯岛的广阔地区。其迁移扩散为海洋东南亚带来了今日随处可见的稻米耕作、嚼食槟榔和装饰陶器制作等生活习俗。海洋东南亚也被称为

---

① Arjun Appadurai, *The Social Life of Things*: *Commodities in Cultural Perspective*, New York: Cambridge University Press, 1998, p3.

"风下之地"①,印度洋盛行的季风是塑造该地区居民生产、生活方式的重要因素。季风与洋流帮助该地区居民较早发展出成熟的造船与航海技术,并得以开辟与东亚、西亚和非洲等地区海上航路,开展以香料、矿物、木材和其他热带物产为主体的海上贸易。随着东西之间贸易的发展,以扶南为代表的大型国家在泰国湾与安达曼海之间的区域崛起。同时,海洋商路同样成为引进新思想的通道,印度教和佛教先后传入海洋东南亚地区,该地区逐渐形成了诸多使用南岛语和梵语的印度化国家。

其次,作者描绘了海洋东南亚作为列国云集的群岛以及全球海陆枢纽的历史图景。在欧洲人对东南亚进行殖民以前,该地区曾经涌现出诸多繁荣的早期国家,其中包括东南亚地区首屈一指的贸易帝国室利佛逝、善于建造大型佛教浮屠的爪哇王国、起源于印度的军事强国泰米尔王国、长于水稻种植的中南半岛印度化国家占婆王国、南岛语族在非洲的孑遗马达加斯加地区、香料贸易中心满者伯夷王国、扼守两洋咽喉要冲的马六甲王国、坚守海洋法治与自由的望加锡与武吉士、游走于"努山塔里亚"与欧洲殖民者之间的苏禄王国……除此之外,还有对海洋东南亚地区产生深远影响的域外大国,比如中国、印度,以及近代以来用贸易与火器征服该地区的西班牙、葡萄牙、荷兰与英国。长久以来,海洋东南亚一直是国家与文明的马赛克拼贴画,但从更宏观的区域视角来看,海洋东南亚无愧于海洋与大陆之间、东西文明之间的枢纽辐辏之地。在近代之前,海洋东南亚就已经连接起东亚、南亚、西亚于东非之间的贸易路线。大航海时代的到来,更是直接促成了欧洲与亚洲在该地区的相遇。历史上,海洋东南亚的兴衰与全球贸易网络紧密相关,一方面全球贸易促进了该地区的繁荣和现代化,另一方面航路贯通也使得殖民者不断西来,造成近代以来东南亚沦为边缘地区的命运。

最后,作者回顾了海洋东南亚进入现代化以来经历的挫折与新生。随着欧洲对香料等商品的需求不断扩大,双方之间的自由贸易逐渐发展为欧洲主导的垄断贸易,荷兰、英国相继建立专门面向亚洲贸易并具有准国家职能的东

---

① 〔澳〕安东尼·瑞德:《东南亚的贸易时代 1450—1680 第一卷》,吴小安、孙来臣译,北京:商务印书馆,2010 年,第 7 页。

印度公司。在此过程中,海洋东南亚国家间不断内讧,频繁与外部势力建立同盟关系,加之基督教和伊斯兰教开始加快向该地区的传播,使之出现了被作者称为"认同危机"的分裂趋向。经历了 17—19 世纪的漫长争夺与博弈,欧洲国家在东南亚的殖民格局大抵形成,荷兰人确立了对爪哇的统治权,法国则控制了大部分的中南半岛,英国则通过 1824 年的《英荷条约》攫取了咽喉要道马六甲,一跃成为该地区的领头羊。18—19 世纪,随着接连不断的移民潮,华人在海洋东南亚的影响力不断增加。华人在当地开办公司,管理种植园,通过掌握贸易网络,成为推动东南亚走向现代化的另一股重要力量。最后,作者用"自由"与"恐惧"表达了他对"努山塔里亚"未来的展望。他认为该地区曾先后因为殖民扩张、意识形态分歧和民族主义运动陷入分裂的境地,成为依赖外部力量的"边缘地带",但自 20 世纪后期,基于东南亚的身份认同正在逐渐形成,直至今日依然欣欣向荣。虽然大国竞争的回归为该地区投下了一丝恐惧的阴霾,但是自由与自主仍将是该地区永恒不变的追求。

二、区域与全球:海洋东南亚的历史书写

法国"年鉴学派"的史学巨擘费尔南德·布罗代尔(Fernand Braudel)曾在《菲利普二世时期的地中海和地中海地区》一书中把 16 世纪后半期即西班牙国王菲利普在位时期(1556—1598 年)的地中海世界当作一个整体,并综合运用历史学、地理学、社会学和政治学等视角加以考察,开创了地区整体史研究的范式。"东南亚"作为二战以后才被广泛使用的地理空间概念,东南亚区域史学研究深受"后殖民冲突"与"民族国家"等叙事方式影响,去殖民视角与现代化视角被广泛应用。[①] 另外,21 世纪以来全球史视角的区域研究开始兴起,区域与全球的联系成为学者们关注的重点。

在《风之帝国》出版以前,已有许多学者尝试从上述角度重建海洋东南亚的历史叙事。弗朗索瓦·吉普鲁(François Gipouloux)借鉴了布罗代尔的研究,进一步阐发了"亚洲地中海"的概念。吉普鲁描绘了一幅以中国南海、东海

---

① 张云:《东南亚史的编撰:从区域史观到全球史观》,《史学理论研究》2019 年第 3 期。

与日本海等东亚海洋水体为中心,各港口城市为外围连接点的区域图景。在此基础上,作者探讨了该区域如何通过重要港口、商业组织和贸易网络取得13—21 世纪全球经济体系中的关键地位。① 乔万尼·阿里吉(Giovanni Arrighi)等学者指出,东亚区域内部的交换和联系,包括移民、私人贸易与朝贡贸易体系,决定了东亚成为一个具有特定功能的政治经济联合体,与它所嵌入的全球交往体系有明显不同。② 杜赞奇(Prasenjit Duara)曾提出"区域亚洲"概念,他认为"区域亚洲"首先是根植于陆上丝绸之路与海上贸易通道,自下而上形成的非线性历史概念。从地理单位到社会单位的"区域化"过程中,知识发挥了重要的作用。③ 罗德里希·普塔克(Roderich Ptak)提出了"海洋共相"(Maritime Universals),即类似布罗代尔"地中海"概念的基本要素条件或者最低标准。根据地理条件和自然环境,中国、中南半岛国家和马来群岛国家共同构成了"环中国南海区域",它可以作为这一地缘概念的研究原型。④ 上田信则揭示了海洋联系起来的中国、东南亚、日本和欧洲的同时代性,并从海洋与陆地两种秩序互动的角度展示了欧亚空间的变化。另外,他还以中国与"海洋亚洲"之间的分合为线索,探讨了中国在国际贸易中角色的变迁及其对国内政治、经济、社会的深刻影响。⑤ 安东尼·瑞德(Anthony Reid)在 2015 年出版的《东南亚史:危险而关键的十字路口》是这一趋势的代表性作品。在本书中作者延续了布罗代尔"长时段""全领域"的研究范式,从环境、宗教、社会、文化、人口和思想角度剖析了东南亚作为一个整体近两千年的历史。同时,运用全球史视角展现了东南亚作为全球体系的"十字路口",如何在与其他区域的互

---

① 〔法〕弗朗索瓦·吉普鲁:《亚洲的地中海:13—21 世纪的中国、日本、东南亚商埠圈与贸易圈》,北京:新世纪出版社,2014 年。

② 〔美〕乔万尼·阿里吉、〔日〕滨下武志、〔美〕马克·赛尔登:《东亚的复兴:以 500 年、150 年和 50 年为视角》,北京:社会科学文献出版社,2006 年。

③ Prasenjit Duara, Viren Murthy, and Andrew Sartori, eds, *A companion to global historical thought*, Chichester: John Wiley & Sons, 2014, pp. 1—5.

④ 〔德〕罗德里希·普塔克:《北部湾:小地中海?》,《海洋史研究》2014 年第 1 期。〔德〕罗德里希·普塔克:《海上丝绸之路》,史敏岳译,北京:中国友谊出版公司,2019 年。

⑤ 〔日〕上田信:《海与帝国:明清时代》,高莹莹译,桂林:广西师范大学出版社,2014 年。

动中经历塑造与被塑造的历史过程。①

　　与之相比，《风之帝国》一书涵盖了从地理到人文，从族群到国家，从区域到全球的视角，不仅展现了以上几种研究传统的汇流，并呼应了近年来海洋东南亚历史研究的趋势。从历史书写的角度看，本书作为一家之言具有一定创新意义，但仍具有许多不足之处。首先，本书对中国在海洋东南亚的角色理解具有一定偏差。虽然本书中对中国的角色着墨甚多，在书中单列两章描写郑和下西洋与华人经略东南亚的历史，但是作者有意将中国定位为该区域的"局外人"，过分突出了中国与该地区族群之间的竞争关系，而忽视了中国与海洋东南亚之间互利共存、彼此交融的积极因素。其次，作者过分强调海洋东南亚地区的"海洋性"，忽略了该地区跨越海陆的二元特征。虽然该地区大部分地形属于群岛地貌，生活在此的居民依赖航海发展对外贸易，但是沿海地区和群岛地区不是独立的经济单位，其粮食供应、劳动力来源依赖陆地与半岛地区的供应，两者具有紧密的政治、经济与文化联系。正如瑞德指出的，"对于15世纪的马六甲、17世纪的大泥……城市而言，如果没有这些新源地不断供应出口大米，他们将很难维系下去"。②

三、亚太与印太：海洋东南亚的未来展望

　　作者在序言中声明自己无意预测"努山塔里亚"的未来，只是希望通过重新梳理该地区的历史经纬将其发展线索重新置于全球史观之下。但在本书最后一章"自由、恐惧与未来"中，作者还是选择以古喻今，用以两条线索将海洋东南亚的历史与未来串联起来。首先，在政治层面，作者认为海洋东南亚的历史发展可以归纳为外来力量与本土自主之间的博弈。作者通过引用19世纪的菲律宾民族主义者何塞·黎刹《起义者》《不许犯我》等小说中的片段，反映了自主抗争精神在东南亚近现代历史中的重要推动作用。其次，在思想层面，

---

①　〔澳〕安东尼·瑞德：《东南亚史：危险而关键的十字路口》。
②　〔澳〕安东尼·瑞德：《东南亚史：危险而关键的十字路口》，第103页。

作者认为海洋东南亚先后经历了一元普世思想的冲击以及本土多元性的觉醒的过程。作者将古代的基督教与伊斯兰教、近代的自由主义与共产主义思想视为对该地区影响最大的一元普世思想。虽然以上思潮在东南亚精神世界的建构中曾经扮演了不可或缺的角色，但是也使东南亚思想文化的本土性、多元性隐而不彰。因此，作者认为海洋东南亚地区的未来应该找回本土认同，对传统进行批判的继承，从而重建思想文化的主体性。

回身现实，面对近年来兴起的"亚太"与"印太"之争，东南亚又一次站在了选择本土自主/边缘追随、一元对立/多元共存的十字路口上。"亚太"与"印太"仅一字之差，背后却反映了不同的区域秩序观念。"印太"是近年来美国战略学界率先提出的地缘政治概念，旨在以符合美国战略利益的方式，以海洋和海上通道整合西太平洋与印度洋所涉范围内的广阔地区。"印太"概念提出以来，受到日本、印度、澳大利亚以及部分海洋东南亚国家的呼应。"亚太"一词在政治上的生发则由来已久。冷战后在"亚太"的框架下，东南亚国家不仅参与了亚太经合组织（APEC）等区域合作组织，还通过自身的实践与引领建立了以东南亚国家联盟（ASEAN）为中心的区域体系，东盟地区论坛（ARF）、东亚峰会（EAS）、区域全面经济伙伴协定（RCEP）都是在这一理念下诞生的区域合作成果。

面对以美国为首的国家通过"印太战略"强势介入地区秩序塑造进程，东南亚国家一方面通过柔性的呼应与融入化解地区秩序走向应对抗的风险，另一方面仍然坚持使用"亚太"概念以此维护东盟的主体性和地区秩序的包容性。2018 年，印度尼西亚提出"印尼的印太合作构想"（Indonesia's Indo-Pacific Cooperation Concept），在强调维护东盟中心地位和印尼的主体性的同时，重视与美国在海洋、防务等方面开展"开放、透明"的合作，并强调在"尊重国际法"的前提下与中国发展经贸关系。2019 年，东盟推出"东盟印度-太平洋展望"（ASEAN Outlook on the Indo-Pacific）发展路线图。作为回应美国等国家"印太战略"的替代性话语，该文件反映了东南亚国家对"印太"地区的自主理解，并着重强调了东盟中心地位、地区秩序的开放与包容等原则。2022 年初，新加坡总理李显龙访问美国，在接受采访时李显龙使用"亚太"一词的频率大大高于"印太",并在对地区秩序愿景的阐述中着重强调"自由""包容"
"开放"。

　　展望未来,无论是拥抱"印太"还是坚守"亚太","努山塔里亚"地区的国家
仍将在地区秩序发挥举足轻重的作用。作为连接全球各大板块的海陆枢纽,
海洋东南亚的兴衰系于整体世界的发展;作为具有独特生命活力的地区,海洋
东南亚的未来同样需要"反求诸己",通过团结克服挑战,通过自我觉醒摆脱边
缘与"失语者"的命运。

　　作者简介:王胤兆,北京大学国际关系学院博士研究生。

英文提要

The 21st Century Trans-regoinalism, Trans-regionalization, and Trans-regionness

Pang Zhongying & Du Haiyang

Abstract: The Comprehensive and Progressive Agreement for Trans-Pacific Partnership (CPTPP) and its predecessor the Trans-Pacific Partnership (TPP) contain a key word "Trans-Pacific", which leads us to raise a research framework entitled "trans-regionalism, trans-regionalization and trans-regionness". Of course, the framework is deeply inspired by an analytic trinity of "regionanlism, regionalization and regionness" originated from Europe. This article argues that the difference between the "trans-regionalism, trans-regionalization and trans-regionness" and the "regionalism, regionalization and regionness" do matter for understanding/explaining so many trans-regional developments in the 21st century world. Since the end of the Cold War, confusedly and incredibly as well as regretfully, the "Trans-Pacific", "Asia-Pacific" and other similar areas, in theory and practice, have been largely regarded as the "new regions". This article tries to use our framework of "trans-regionalism, trans-regionalization, and trans-regionness" to examine a number of truly "trans-regional" arrangements forged during the last many years including not only the Asia-Pacific Economic Cooperation (APEC) and the CPTPP but also the Regional

Comprehensive Economic Partnership （RCEP）, Shanghai Cooperation Organization （SCO）, the Belt and Road Initiative （BRI） and the Indo-Pacific Economic Framework for Prosperity （IPEF）.

Keywords：Trans-regionalism; Trans-regionalization; Trans-regionness

The 2022 French General Election and China-EU Relations

Wang Shuo & Wu Yiwen

Abstract：In the 2022 general election of France, the current president Macron was reelected, but he failed to obtain an absolute majority in the parliamentary election, which reflects that French society has undergone important changes, especially political fragmentation and populism further intensified. As a European politician of a new generation, Macron always has ideals and convictions. It can be predicted that he will continue to promote his reform route and European strategic independence, but at the same time, will also face many severe internal and external challenges. On the whole, Macron's re-election is conducive to maintaining the continuity of France's and Europe's foreign policies and the stability of China-EU relations.

Keywords：France; General election; China-EU Relations

Analysis of the Development of Drone's Weaponization in the Middle East and its Impact on the Regional Security Situation

Ma Xiaodong

Abstract：Drones have played an increasing role in the Middle East conflicts and beyond. The strategic value of drones is embodied in the two characteristics, "low cost" and "high threat". Drones are usually illustrated as a weapon of lower costs in aspects of finance, blood and audience. Meanwhile, drones can really pose an overwhelming threat to the regional security environment. Since 2015, the development of drones in the Middle East has accelerated. US and Israel step down the altar of the only significant players. Although they are still the influential drone players in the region, Turkey and Iran have made rapid progress in the research, development and use of drones. Some Arab countries have struggled to catch up by various ways. The development of drones in the Middle East has significant implications for the regional security environment and geopolitics. Drones enhance the air power of non-state actors and the ability to standoff against governments, which exacerbate regional security fragmentation. Also, drones are used as important tool of targeted killings and political assassinations. Drones also intensify the regional arm race to a certain extent and become a new uncertain factor affecting regional security.

Keywords: Drones; Middle East security; Middle East politics

A Study of the Historical Changes of the Selection Methods of the Presidents of Russian Universities

Wang Chenhaozhi

Abstract: Based on the relevant laws, regulations and documents of the Russian government and universities, this article analyzes and researches the selection methods of university presidents in the Russian Empire, the Soviet Union and contemporary Russia. During the period of the Russian Empire, the Tsarist government established an institutional mechanism responsible for the selection of university presidents. The selection method was swinging between the appointment system and the election-appointment system, and the government was playing a more and more important role in the selection. After the October Revolution, the Soviet government established the president appointment system and president's responsibility system in universities. During Gorbachev's reform period, the selection method of university presidents quickly altered from the appointment system to the election-appointment system. After the dissolution of the Soviet Union, the selection of university presidents in Russia changed from "free elections" to "controllable elections" under the governmental standardized policy. A "hierarchical governance" selection system and combination of election-appointment system and appointment system for university presidents have been formed until now.

Keywords: Russia; University presidents; Selection method

The Economic, Political and Social Purposes of International Aid: Evidence from Japan's Official Development Assistance to Central Asia

Wang Yaozheng

Abstract: Official Development Assistance (ODA) is an essential part of foreign aid programs of donor countries. While allocating international aid, donor states pay attention to the balance of interests and aid effectiveness, as well as to international norms and domestic public opinion. Donor states also expect the internationalization of domestic political agenda, which demonstrates that international aid has economic, political and social attributes. To a certain extent, these three purposes are in contrast with each other. It is difficult for one aid program to satisfy all three purposes at the same time. Maximizing the effectiveness and benefit of aid programs is a key issues. Japan's aid programs to Central Asia are noteworthy. As a country located outside Central Asia, Central Asia countries are not the core concern of Japan's foreign policy. Japan needs to consider the trade-offs between these three purposes in its aid to Central Asia. Therefore, the empirical study of Japan's aid programs can provide lessons and examples for China's foreign aid programs.

Keywords: Japanese Official Development Assistance; Foreign Aid; Aid Diplomacy; Central Asia

Saudi 2030 Vision: A Comprehensive Review, 2016 to 2022

Liu Qinglong

Abstract: In early 2015, Mohammed bin Salam bin Abdulaziz led the Council of Economic and Development Affairs to carry out reforms in the Kingdom of Saudi Arabia. The council introduced the 2030 Vision one year later. The Saudi government has published many documents and reports and launched a series of programs and projects based on the 2030 Vision over the last six years, which has constructed a detailed reformation plan, including Vision Objectives, Vision Realization Programs and Vision 2030 Projects. The authoritarian modernization reform focuses on economic and social affairs and expresses pluralism, durability, moderation and openness. It is a historical practice to find a development road not only for Saudi Arabia but also for the Gulf oil production countries and whole countries in the Middle East after the Arab Spring.

Keywords: Saudi Arabia; 2030 vision; the Council of Economic and Development Affairs